从经验管理到实证研究

——高等教育管理研究、成果报告合集

陈庆华 王 鹏 编著

云南大学出版社
YUNNAN UNIVERSITY PRESS
·昆 明·

图书在版编目（CIP）数据

从经验管理到实证研究：高等教育管理研究、成果报告合集 / 陈庆华，王鹏编著. -- 昆明：云南大学出版社，2019

ISBN 978-7-5482-3708-2

Ⅰ. ①从… Ⅱ. ①陈… ②王… Ⅲ. ①高等教育－教育管理－云南－文集 Ⅳ. ①G649.2-53

中国版本图书馆CIP数据核字(2019)第123269号

策划编辑：张丽华
责任编辑：张丽华
封面设计：任 微

从经验管理到实证研究
——高等教育管理研究、成果报告合集

陈庆华　王　鹏　编著

出版发行：云南大学出版社
印　　装：昆明珵煋印务有限公司
开　　本：787mm×1092mm 1/16
印　　张：14
字　　数：250千
版　　次：2019年6月第1版
印　　次：2019年6月第1次印刷
书　　号：ISBN 978-7-5482-3708-2
定　　价：48.00元

地　　址：昆明市一二一大街182号（云南大学东陆校区英华园内）
邮　　编：650091
发行电话：0871-65033244　65031071
网　　址：http://www.ynup.com
E-mail：market@ynup.com

若发现本书有印装质量问题，请与印厂联系调换，联系电话：0871-64167045。

目 录

"高等职业技术教育对云南经济发展的贡献比较研究"课题研究报告
…………………………………………………………… 陈庆华（1）

地方工科院校实验管理体制现状与对策
——西部高校实验室管理状况调研报告 …………… 陈庆华（65）

"院级教学质量监控体系构建研究"课题报告 ……………… 陈庆华（84）

"对高校'非典'及其突发性事件管理内容和机制的研究"课题
报告 ………………………………………………………… 陈庆华（100）

"新校区学院教务办高效管理运行机制研究与实践"课题成果报告
…………………………………………………………… 陈庆华（128）

昆明理工大学教师教学发展中心现状、需求分析及对策研究报告
…………………………………………………………… 陈庆华（156）

"基于'卓越教师'理念的教师教学能力发展模式构建与实践"
成果总结报告 ………………………………… 陈庆华　王　鹏（174）

国内外高校学分制实施情况调研及分析报告 ………… 王　鹏　陈庆华（196）

"高等职业技术教育对云南经济发展的贡献比较研究"课题研究报告

陈庆华

（本报告完成于 2004 年 10 月）

一、课题内容总述

当今世界正在发生着全面的、深刻的变革，这是生活在这个世界的每一个人都能强烈地感受到的。其中与职业教育关系最密切的有两方面：一是经济的全球化；一是新技术的革命。这些变革必然导致整个世界的根本变化，从而对我们已有的职业教育体系提出了严峻的挑战。世界各国职业教育面临的问题不尽相同，因此改革的课题也不尽相同，但其中许多基本问题是具有国际性和普遍性的，因此世界各国对这些问题采取的战略也基本相同，这就使得当今世界职业教育的发展呈现出许多共同趋势。如果要用一个词来概括这一趋势的话，就是"职业教育的现代化"。

（一）发达国家职业教育发展简况

二战以后，特别是 20 世纪 60 年代以后，经济全球化趋势日益加强，经济的国际竞争日益加剧。这一趋势在最近一二十年中已表现得十分明显，成为当今世界经济发展的主要趋势，为了在竞争中取胜，世界各国纷纷谋求新的经济发展战略。20 世纪 60 年代的人力资本理论从理论层面为这一努力提供了答案：德国和日本经济发展的奇迹让人们在现实层面深刻地感受到了职业教育的威力。一个国家和地区的职业教育与培训体系的质量被看作是掌握未来经济繁荣的命脉，这一观点在世界经济界和职业教育界已成为共识。

对职业教育与经济发展关系认识的深入，促使世界各国从新的、更高的层面来发展职业教育，即不仅仅把职业教育作为"济贫教育"，而是从维护各自经济繁荣的高度来发展职业教育。为此，世界各国政府均把发展职业教育作为其总体政策中的重要的一条，通过各种途径，如立法、拨款、建立专门的管理机构等，来加强对职业教育的干预。这是当前世界职业教育发展的重要趋势之一。

以美国为例，美国在20世纪八九十年代颁布了一系列重要的职业教育法案，这些法案都是以增强美国的经济竞争力为基轴的，例如，20世纪80年代颁布的两部重要的职业教育法案：1982年的《事业训练合作法》、1988年的《美国经济竞争力强化教育训练法》便是美国20世纪70年代末国际竞争力衰退后激发国家意志的产物。1990年9月制定的《卡尔·D.金斯职业教育与实践技术教育法》则明确地阐明了其立法目的：通过更充分地开发美国所有阶层的学术能力及职业能力，进一步提高美国的国际竞争力。其后的一些重要教育法案，如1994年的《学校——工作多途径法案》等，其出发点也莫过于此。

英国在20世纪80、90年代也加强了政府干预职业教育的力度，颁布了一系列的重要的职业教育改革方案。其中有著名的青年培训计划（YTS）、技术与职业教育改革计划（TVEI）以及青年培训（YT）等。这些方案也都是以增强英国经济的国际竞争力为基本出发点的。

俄罗斯这样一个经济一度困难的国家，在其经济状况十分恶劣的条件下，也从未停止过稳定、改革与发展职业教育的步伐。其1999年的教育预算为1998年的121%，并且其中的大部分经费拨给了初等职业教育（相当于我们的高中阶段职业教育），从而使这一年的初等职业教育经费预算增长了37%。

职业教育发展理念的这一转变，给职业教育大量的、最直接的影响是教育对象的扩充。世界各国不再把职业教育仅仅局限于失业者和社会处境不利者，而是把普通教育、成人教育的学生也纳入职业教育的视野，主张成人和所有的未来劳动人口都应该接受职业教育，以确保经济发展所需要的劳动力。这就是通常所说的普通教育职业化。美国20世纪80年代中期至90年代形成的崭新的职业教育概念——从"职业教育训练"转换成"劳动力教育训练"，便是这一转变的杰出代表。

高等职业教育的兴起是工业化发展到一定阶段的必然产物，也是高等教育大众化的要求。在工业经济起步时，需要普及义务教育；在工业化发展过程中，需要加强中等职业技术教育；而当产业结构转型、产品更新换代进入国际市场后，则需要发展高等职业教育。这是一条已经被发达国家的职业教育发展所证明的普遍规律。在20世纪60年代末到70年代，发达国家的职业教育普遍出现了由中级向高级的上移。美国和加拿大的社区学院、日本的高等专门学校、英国的多科技术学院和继续教育学院、德国和法国的高等专科学校等，都是以改制教育为主要方向的。这类院校为上述各国的经济发展做出了非常重要的贡献。

（二）我国职业教育发展简介

我国自20世纪80年代以来，随着改革开放和现代化建设进程的推进，科学技术和社会生产力不断进步，大量新技术、新工艺、新材料、新设备的采用和引进，在资金、技术密集的行业和经济发达地区，对一线从业人员的技术水平和能力结构都提出了更高更新的要求，急需大量的既掌握较高技术技能，又有一定理论知识的高层次的技术人才，这一重任就只能通过发展高等职业教育来完成。国民经济的结构调整也必将带动劳动力结构调整。目前我国生产技术水平低和劳动力素质差的现状，正严重制约国民经济的发展，职业教育的改革应以加入WTO为契机，尽快融入世界发展的潮流中去。我国经济的发展不仅需要构建知识和技术创新体系，还需要构建知识传播和应用系统；不仅需要培养一大批高层次知识型和技术型方面的创新人才，更需要职业教育培养一大批具有创新精神的技能型高素质劳动者。社会发展实践证明，职业教育水平在很大程度上决定着劳动力大军的素质水平，而劳动力大军的素质水平又在很大程度上决定着国家生产和服务的总体水平，决定着科学技术转化为现实生产力的综合竞争力；劳动力结构也在很大程度上影响着国民经济结构、企业组织结构和产品结构。职业教育的状况和水平应得到社会各方面的高度重视。

党中央、国务院历来重视职业教育工作，每年都要举行全国的职业教育工作会议。在2002年国务院组织召开的"全国职业教育工作会议"上，当时的国务院总理朱镕基、副总理李岚清、吴邦国等领导人还出席了会议。会议明确提出："职业教育是我国教育体系的重要组成部分，是国民经济和社会发展的重要基础。推进职业教育的改革与发展是实施科教兴国战略、促进经济和社会可持续发展、提高我国国际竞争力的重要途径，是加快人力资源开发、全面提高劳动者素质、发展先进生产力的必然要求，也是提高劳动者就业能力、促进劳动就业的重要举措。"朱镕基总理指出，在新的形势下，推进职业教育改革与发展，是适应产业结构调整的需要，是适应企业提高产品质量和效益的需要，是适应扩大就业和再就业的需要。在我国加入世贸组织和经济全球化深入发展的新形势下，加快职业教育的改革和发展，加快人力资源开发不仅势在必行，而且非常紧迫。这既是教育工作的一项重要任务，也是我国现代化建设中一项重要的基础性工作，直接关系我国工业化、现代化的进程，关系我国第三步战略目标的实现。这体现了党中央、国务院对职业教育工作的高度重视。会议最后还形成了《国务院关于大力推进职业教育改革与发展的决定》，作为后来几年职业教育发展的纲领性文件。

2003年，经国务院批准，由教育部等七部委联合召开了全国职业教育工作会议，更加体现了党中央和国务院对职业教育的高度重视，胡锦涛总书记和温家宝总理多次视察职业教育学校，并对职业教育工作作出多次重要指示。会议讨论形成了《关于进一步加强职业教育工作的若干意见》，对今后的职业教育工作做了部署。陈至立同志做了《抓住机遇，积极进取，开拓职业教育工作新局面》的讲话，讲话进一步明确了职业教育发展的目标和任务，并对今后的工作提出了要求，对各地、各部门如何进一步认真开展职业教育工作提出了指导性的意见。

改革开放以来，在党中央、国务院正确领导下，在各级党委和政府高度重视以及有关部门大力支持下，经过广大职业教育工作者的艰苦努力，我国职业教育事业有了很大发展，取得了可喜成就，为落实科教兴国战略、促进社会主义现代化建设做出了重大贡献。具体可从以下几个方面体现出来：

（1）职业教育基本建成了具有中国特色的初等、中等、高等职业教育相互衔接，又与普通教育、成人教育相互沟通，学历教育和职业培训并举的体系框架。2001年，全国初等职业教育招生30万人，在校生83万人；中等职业学校招生398万人，在校生1164万人；独立设置的高职院校有386所，招生35万人，在校生为72万人。到2003年，中等职业教育的招生人数增加到了515万人，高等职业教育招生人数增加到了480万人。与1980年相比，中等职业学校在校生规模增加了4倍多，独立设置的高等职业技术院校在校生的规模增加了11倍。职业教育的发展，既扩大了我国教育的总体规模，也使我国教育结构得到了历史性的改变，特别是中等职业教育的发展，优化了高中阶段教育的结构。

（2）各级各类职业学校培养了5000多万名毕业生，他们中的大多数已成为生产和服务第一线的骨干力量。

（3）各级各类职业学校广泛开展各种形式的培训。改革开放以来，累计培训城乡劳动者13亿人次。通过培训，城乡广大新增劳动力和在岗从业人员的综合素质、就业能力、创业能力普遍得到提高。

近年来，职业教育不断深化改革，取得新的发展。我国职业教育工作认真贯彻落实《职业教育法》和1996年召开的第三次全教会精神，从适应社会主义市场经济体制改革和产业结构调整需要出发，按照"规模、质量、结构、效益相统一"的原则，努力满足社会主义现代化建设对多样化人才的需要和人民群众日益增长的多样化教育需求，职业教育在调整改革中获得了新的发展。

（4）大力调整职业学校的专业结构。根据我国经济社会发展出现的新情况和产业结构的调整，特别是新兴产业和现代服务业的发展，我国中等职业学校的专业门类经过调整，共形成了470多个指导性专业方向，可以全部覆盖我国第一、二、三产业的职业岗位，其中52%的专业方向是近年来新设立的。同时，还确定了与我国支柱产业相对应、覆盖面宽、需求量大的83个重点建设专业。由于专业适应了市场需要，职业学校的毕业生受到了用人单位欢迎。据14个省份的抽样调查，2001年，中等职业学校毕业生有78.4%实现了就业，10%左右继续升学深造。

（5）适应区域经济发展需要，优化资源配置，大力调整职业学校布局。职业学校的数量从1996年的2.2万多所调整到2001年的约1.8万所，校均规模从592人提高到655人。在此基础上，各地抓紧建设骨干示范性职业学校。目前，共建设了省级以上骨干示范中等职业学校3200多所，办学规模在2000人以上的中等职业学校近3000所，成为职业教育的骨干力量。

（6）大力改革职业学校招生制度，努力扩大中等职业教育招生规模。中等职业学校进一步放开了招生计划，实行了更加灵活的招生办法；同时，积极扩大招生面，为农村进城务工人员提供多种形式的职业教育和培训。积极开展社区教育、再就业培训、农村劳动力转移培训等工作，2001年，接受各种形式培训的城乡劳动者达1亿人次。

（7）积极发展高等职业教育，职业教育的层次结构更加合理。2001年，独立设置的高等职业技术院校达到386所，招生数和在校生数比1996年分别增加了8倍和6倍。如果包括高等专科学校和成人高校，则高职学校总计招生286万人，在校生达614万人。

（8）全面实施素质教育，加强学生的职业道德教育和创业教育，重视培养学生的创新精神和综合能力。加强安全生产教育和诚实守信教育，提高法制观念。转变就业观念，提高学生的就业能力。2001年，中等职业学校毕业生中自主创业的占12%。

（三）我国高等职业教育发展的几个阶段

1999年国家明确提出要大力发展高等职业教育，高等职业（后称高职）教育得到了空前的发展机遇。从职业教育的发展过程来看，我国高职教育发展大体经历了三个阶段：

（1）1985年《中共中央关于教育体制改革的决定》颁布以后，全国先后建立了128所职业大学发展高职教育，比如江苏的金陵职业大学、广东的广州大学、山西的太原大学等。但是，由于当时指导高教发展的方针不太适应高职教育发展，所以，大部分职业大学都转型为普通高校，只有极少数学校坚持下来，南京金陵职业大学就是其中一所。

（2）1996年，全国召开职业教育工作大会并颁布了《职业教育法》以后，根据原国家教委提出的"三改一补"的方针，高职教育才开始了新一轮的发展。

所谓"三改一补"发展高职教育，就是通过职业大学、成人高校和高等专科学校改革发展高职教育，这就是"三改"的精神；如若还满足不了需要的话，可在国家级重点中专里办高职班作为补充，这是"一补"的含义。但是在"三改一补"方针中，只有高等专科学校改革成高职院校不需要国家教委批，其他都要经过国家教委的严格审批，而高等专科学校又不愿意办，所以，1996年全国职教会后，全国举办的高职学校数目是很有限的。

（3）1998年，新组建的教育部高度重视高职教育的发展，提出了"三多一改"发展高职教育的方针，并拨出了11万个招生指标，在20个省市用于发展高职教育，高职教育开始了大发展时期。

所谓"三多一改"的方针，就是多渠道、多规格、多模式发展高职教育，重点是教学改革，真正办出高职特色。多渠道的含义是，除了"三改一补"中提到的学校可以办高职外，普通高校也可举办二级学院（技术学院）发展高职教育。多规格的含义是，专业宽一点可以，窄一点也可以；学制长一点可以，短一点也可以；学历教育可以，非学历教育也可以，总之，根据经济和社会发展的需要来定。多模式的含义是，既可以政府办，也可以民间办；既可以公办民助，也可以民办公助，要按新的模式和运行机制办学，比如：招生计划是指导性计划，招多少由各省市自己定；毕业文凭国家教育部不验印，派遣证发不发、户口转不转由各省市自己定；学费的标准可以高一点；等等。

从全国的职业教育发展情况来看，与地区人口的办学规模比较，云南省职业教育发展规模总体低于全国的平均水平。2001年中等专业学校平均在校生人数为1063人，每十万人中在校生数为300人，处于全国第24位，在西部省份为第8位。这样的规模既难以发挥整体规模效益，又不适应广泛提高劳动者素质的要求。与发达地区相比，云南省的职业技术教育还处于相对滞后的状况。在国家西部大开发的政策指导下，云南省要抓住机遇，紧紧围绕建设"绿色经济强省，民族文化大省和中国连接东南亚、南亚国际大通道"的三大目标，实施科教兴滇、可持续发展、城镇化和全方位开放战略。在2001年1月制订的《云南省国民经济和社会发展第十个五年计划纲要》中，云南省在今后几年内将实施以发展生态农业，加强基础设施建设，抓好产业结构调整，大力发展旅游、能源、高新技术产业，推进城镇化建设为主的经济发展计划。要实现这些计划，云南省最紧迫的任务就是在继续抓好基础教育的基础上，大力发展职业技术教育，逐步提高劳动者的知识水平，从整体上提高劳动者的素质，从根本上解决生产力水平低下、对自然因素过分依赖的状况，使地区经济得到发展，劳动者个人真正脱贫致富。

二、一些国家、地区职业教育发展现状及对经济发展的推进作用分析

早在1964年，美国学者哈比逊和麦尔斯撰写的《教育、人力和经济增长》一书中，通过对75个国家和地区的有关数据分析研究，发现教育发展综合指标与人均国民生产总值的相关系数为0.88，呈高度显著正相关，说明教育与经济发展之间的关系非常紧密。从经济学的角度看，职业教育与经济发展也是一种正相关关系，职业教育发达的国家，经济发展水平也相对比较高。下面，我们从美国、德国、日本等国家的职业教育的发展情况来进行比较分析。

（一）美国社区学院的发展概况

美国的人口和国土面积均居世界第四位，而且只有近300年的发展历史，但是目前其经济实力却位列世界第一，在世界上100多个国家中，美国的人口仅占5%，而其国民生产总值却占了近30%。美国的经济第一，是全世界无可争辩的事实，其教育方面所取得的成绩也堪称世界第一。长期以来，许多研究美国经济和教育的专家都一致认为，美国的经济能有今天的成绩，在很大程度上归功于对教育的重视。

美国独立后，第一任总统华盛顿就提出，教育是一个"与国家利益密切相关的主题"，后来的各届总统都非常重视教育，特别是杰斐逊，一生都在努力探索建立适合美国国情的教育制度，真正称得上是一位"教育总统"。在1862年美国国会通过《莫里尔法》后，诞生了大量的农工学院（也称"赠地学院"），极大地推动了美国高等教育和美国经济的发展。值得一提的是美国教育发展进程中的"威斯康星"思想，在建立学校时就明确提出"州立大学应该有利于促进农业，使工业效率更高和有利于政府"，使美国的大学在教学上具有了更大的实用性，是高等职业技术教育的典范。

在美国，职业教育的运作体系面广又多样，州和地方的不同体系至少有57种。在20世纪90年代，职业教育改革受到美国历届政府的特别重视。尽管在1992年总统换届选举中白宫易主，执政党更迭，但这丝毫未殃及已出台的职教改革法案的实施和新法案的批准。克林顿政府上台后又通过了《由学校到就业法案》及《2000年目标法案》。这些法案的付诸实施将美国职教改革推向新高潮。

社区学院是美国实施高等职业教育的主要机构。美国的社区学院这一概念有广义与狭义之分，广义的社区学院包括了初级学院与社区学院，而狭义的社区学院仅指与初级学院相对应的一种教育实体。这里的讨论以广义社区学院为对象，包括初级学院在内。美国的社区学院在美国整个教育体系中占有非常重要的地位，每个社区基本都有这样一所高等职业技术教育机构。社区学院的产生体现了对个人才能、个人天性和自由思想的关注，是美国人崇尚实用观念和务实精神的体现，在美国的教育体系和经济生活中扮演了重要的角色。据统计，美国目前有各类高等学校3665所，其中社区学院1600所，在校生达1000多万人，占美国大学生总数的44%。据美国国家教育中心统计，1997年美国入学新生中，有39%的学生年龄在21岁以下，27%的学生年龄在22到29岁，34%的学生年龄在30岁或以上。在学生中，有三种背景的人，一种是高中毕业生，一种是失业者，一种是未充分就业者。预计年龄在40岁以上的学生今后还将大量增加。这表明美国的社区学院是向所有人打开大门的学校。

美国的社区学院能获得今天的地位，是与其办学特点有着密切的内在联系的。具体有以下几个特点：

1. 扎根社区，实力雄厚

美国的社区学院是为社区经济和社区发展服务的，因而学院的专业全部依据社区的需要开设，不同的社区需求不同，社区学院所开设的专业也就不同，这样的专业设置决定了社区学院学生的就业不成问题。由于社区的居民都有可能成为学院的学生，因而保证了社区学院具有源源不断的生源。有人曾这样形容，社区有多少居民，社区学院就有多少学生，很多社区学院的学生达到几万人甚至十多万人。

社区学院除了对社区内的居民进行教育、培训，提高其技能水平外，还兼具服务功能。如社区学院的卫生中心既是学院的教学、实训中心，对学生开放，同时也是社区的卫生服务中心，对社区居民开放。社区学院还积极依托社区，将学院的许多工作与社区的工作紧密结合，甚至融合在一起。

美国社区学院的成功，其中一个重要原因就是扎根于社区、依托于社区。社区学院的一个指导思想是："为大众提供大专教育课程和服务，使社区变得更健全和更有生命力。社区学院的所有活动均源于自身的使命。"

我国的高等技术教育从根本上讲依托的是行业，是一种行业学校，这是与美国高等技术教育在体制上的重要区别。高等技术教育依托行业，具有其优势，但也有不利的方面，就是专业狭窄，学校的存在与发展受到行业存在与发展的影响。为了使教育更好地为经济建设服务，也为了使我们的学校得到发展，必须要向美国的社区学院学习，加强与社区的联系。

美国社区学院经费十分充足，大部分由政府提供。据全美教育统计中心1998年资料，社区学院的经费来源是：州政府39.8%，学费20.5%，地方政府17.3%，PELL基金7.3%，其他联邦基金5.9%，其他9.2%。由于经费充足，教职员工的待遇比较高，实验与实训设备能得到保证，校长可以把精力全部集中到办学上。

我国的高等技术教育存在的一个重要问题就是缺少经费，导致人员流失、实验与实训设备落后。但我们是穷国办教育，这种情况在短期内难以改变，因此应该探索一条适合我国高等技术教育的办学路子。

2. 教育产品丰富，实训真刀真枪

社区学院开设了大量的课程，让所有想进入社区学院学习的人都能得到满足。进入社区学院学习的人具有不同的目的，有人想升学，有人想学技术，有人想更新知识与技能。社区学院根据这些不同的需要，确定自己的任务，培养不同的人才。

社区学院的任务包括：一是转学教育，为到大学继续学习的高中毕业生开设相关课程，学生通过结业考试后获得副学士学位，转入大学三年级学习；二是职业技术教育，培养半专业技术人员或半专业熟练劳动人员，学生接受两年中等教育后，具有初步的专业理论知识和一定的技术，能在复杂的生产岗位上工作；三是继续教育，为在职人员进修或补习某些课程，满足人们终身学习的需要。

社区学院的学生在毕业时，一部分人获得准学士学位，另一部分人获得各种各样的证书，如机械工、修理工的证书，企业行政管理证书，精密产品交易证书等。美国社区学院每年授予准学士学位达45万个之多，颁发的证书达20万份。

美国的社区学院为人们提供了丰富的教育产品，满足了人们对教育的不同需要，这是社区学院为人们所接受并不断发展的一个重要原因。而我国现在的高等技术教育主要是职业教育，成人继续教育进行了一段时间，转入转出方式才刚刚开始。我国职业教育目前存在的一个重要问题就是为人们提供的教育产品太少，不能满足人们对教育产品的需要。

美国社区学院的一个显著特点是真刀真枪地实训，实训与实验设备大部分与企业是同步的，甚至比企业还要先进。学生在学校就学会了操作先进设备的技能，一毕业就能上手工作，为企业所欢迎。许多实训与实验设备还具有可开发性的特点，这对于培养学生的创新能力具有积极的作用。学生在实验实训时，通常3—5人一组，具有较多的动手机会，可以很快地掌握技术。

美国社区学院的实验与实训，对于保证学生的培养质量具有重要的作用。而我国的职业教育在这方面存在着不足，特别是在实验与实训设备的先进性方面，与企业差距较大，从而影响了教学质量，也会影响职校学生的就业。

3. 打开大门纳学生

当然，大门洞开并不等于任何人一进入社区学院都能接受高等教育。虽然社区学院只要注册就可以入学，但学生入学后首先要接受测试，只有达到规定水平后，才能进行正常课程的学习。那些还没有达到规定水平的学生，要通过学习基础性的课程，才能进入正常课程的学习。社区学院与其他高等学校的区别在于它为学生提供了取得必须条件的途径，而不是将不具备这些条件的人拒之门外。

社区学院学生不受年龄限制，在社区学院的学生中，有许多成年人，他们主要是来进行知识更新，以适应科学技术不断发展的需要。社区学院的学生也不受民族、宗教信仰的限制，少数民族大学生中有49%的学生是进社区学院就读的。接受高等教育的残疾学生有一半以上在公立的社区学院中就读。

扩大招生与保证生源质量是我国高教改革中遇到的一个矛盾。要扩大招生，就要降低入学标准；要提高学生质量，则要提高入学标准，减少生源。美国社区学院较好地解决了这一问题。我们感到，美国社区学院确实是唯一的不分贫富及学力程度、敞开大门欢迎一切有志学习者的教育机构。而我国是大国办教育，教育资源有限，不可能满足所有人对高等教育的需要，而只能是通过一定的选择途径，让一部分人进入高等学校。随着经济的发展，国家将提供更多机会，满足人们对接受高等教育的需求。因为无论从国家的需要，还是从学校自身的发展上看，对于高职这类学校来讲，注册入学都是一个方向。

4. 以学生为本

美国的社区学院都实行学分制，学习方式多样。学生可以根据自己的情况选择适合自己的学习方式，可以是全日制，也可以是业余学习。目前在社区学院学习的学生中，全日制的学生占学生总数的37%，非全日制学生占学生总数的63%。学生还可以根据自己的情况，选择面授或选择远程教育。社区学院一年有3个入学阶段，学生可以选择适合自己的时间入学接受教育。社区学院的一个特点就是涉及对学生诸如注册等事项，都采取一门式全天候的服务方式。学生随时可以注册，在选修一些课程时，要进行的测试也是全天候的，学生可以根据自己的情况，选择适合的时间，到测试中心进行测试。

美国社区学院实行的管理模式，其出发点是最大限度地方便学生，真正做到了以学生为本。这实际上也是适应市场经济的一种教育管理模式。我们的学校管理的出发点往往是方便学校对学生的管理，这与我们的体制、文化有关。这是我们与美国社区学院的一个区别、一种差距，也是我们改革的一个重要内容。

5. 师资建设有特色

美国的社区学院形成了具有自己特色的师资队伍建设模式。在美国，社区学院对教师的要求很高，大部分教师需要具有硕士学位，许多社区学院要求教师具有实际的经验，不同的学校侧重点不同。在这些学校，实训教师往往是本专业的专家，他们本身在社会上从事这一方面的工作，这为提高教学质量提供了保证。

美国社区学院对教师还具有不同于普通高校的要求。他们除要求教师上好课外，还要求他们了解本专业的技术在企业中的运用情况。学校教师分为专职和兼职两种，专职教师教授基础课，兼职教师一般教授专业课，以及艺术、音乐等之类的课程。由于聘请了大量的兼职教师，可以通过他们将知识与经验带进课堂，同时也降低了教学成本。社区学院十分注重对教师进行培训。兼职教师是本专业的专家，但他们毕竟缺乏教学经验，为此，学校专门对他们进行教育方法的培训。专职教师也经常进行培训，一般是5年一次。美国社区学院经过了上百年的积累，形成了一整套不同于普通高校的师资队伍建设路子。

反观我国高职教育，我们在师资队伍建设方面则存在着诸如师资队伍缺乏实践经验，兼职教师队伍尚未形成，教师的培训与考核机制尚未形成等问题。但我们也要看到，美国从一开始建立裘利耶初等学院，到1925年发展至200所左右，到1985年激增至1200所，到现在的1600所，是经历了近100年的发展历程，才达到今天这个程度的。

6. 功能多元，兼含就业、升学与社区服务

功能多元化是美国社区学院的显著特点之一。它的功能不仅仅限于就业，而是包含就业、升学与社区服务三大功能。尽管不同社区学院在功能上各有侧重，比如初级学院的功能主要以学生升学为主，而狭义社区学院的功能主要以学生就业、社区服务为主，但事实上他们都同时承担着这三方面的功能。比如大多数的狭义社区都提供三种类型的课程：学士转学课程，学生以毕业后转入大学三年级继续深造为目的，这部分学生占30%左右；生计教育课程，以获得职业资格证书然后就业为目的，这类学生占50%左右，这是它的主要功能；社区服务课程，包括成人继续教育和工商业的培训与再培训，学生以更新知识，充实提高为目的，这类学生占20%左右。由此可见，进入社区学院，并不意味着学生只能在社区学院获得最后学历，相反，社区学院既可以为学生的就业做好充分准备，又可以是学生通向更高级教育的阶梯，从而为学生提供了广阔的发展空间。在强化升学功能的同时，美国社区学院并没有削弱其为就业做准备的功能，相反，其就业培训也很有效，课程非常灵活，以至许多已获得博士学位的学生，在就业前仍要到社区学院接受培训，以增强就业竞争力。这一现象在美国已经越来越普遍。在完成升学与就业这两个功能的同时，美国社区学院还大力发展社区服务，使之真正成为"社区学院"，从而形成了以升学、就业、社区服务三大功能为核心的办学功能多元化格局，在美国高等教育体系中独树一帜。

7. 办学集中、规模大

在美国，通常一个城市只有一所社区学院，其规模多在万人以上。目前，美国社区学院学生超过1000人的学院占87%，超过5000人的占33%，如休斯敦社区学院有3.6万名学生，戴尔米社区学院有4.4万名学生，而费城社区学院，其全日制学生就接近5万人，部分时间制学生数达6万人。

办学集中、规模大在办学上有以下优势：①避免了学院之间的恶性竞争。如果一个地区有许多同类学院，且每所学院的规模又很小，那么学院之间为了争夺生源，必然展开激烈的竞争。一定的竞争有利于提高办学效益，但当竞争达到较激烈的程度，以至采取一些不利于教育发展的手段进行竞争，比如我国某些地区高职为争夺生源无限制地降低录取分数线，那么这种竞争便是无益的，会损害这类学院在社会中的形象，给这类学院的发展带来巨大的障碍。②有利于教育资源的优化配置。社区学院要开展职业教育与培训，必然需要大量的实习设备和实习基地。社区学院只有规模大，才有可能集中财力、物力进行实习设备的投资和实习基地的建设，并可大大提高它的利用率；如果规模小，则必然缺乏进行这方面投资所需的足够的资源，并且难以避免重复建设，降低利用率，造成教育资源的巨大浪费。③有利于获得规模效益。办学规模大，可以在单位学生收费低的情况下，仍然获得可观的经济收入。比如费城社区学院，每年的赢利都是非常可观的。如果规模小，学院为了赢利，只能提高学生收费，而过高的收费，会降低学生入学积极性，反而不利于社区学院的发展。

目前，美国有关部门正在制订社区学院第二个世纪计划，考虑不断增加办学经费，坚持公开入学，进一步提供综合性课程，增加入学人数，到2007年使社区学院在校生人数达到1600万人，让每一个追求高等教育的人都能得到满足。

技术教育在美国具有重要的地位与作用，对经济发展起到了重要作用。比照之下，我国发展高等技术教育也有着广阔的前景。

社区学院为美国经济发展发挥了重要的作用。它们作为教育的基础结构，为社会培养了大量有技术、能适应社会发展需要的技术应用人才。在目前竞争激烈的经济环境里，全美各地的社区学院都在努力扶持新企业，同时也努力帮助地方维持与发展现有的企业。社区学院在这些经济发展活动中扮演了一个重要的角色。

（二）德国"双元制"教育体系及职业证书制度

1. 德国"双元制"教育体系发展的情况

在二次世界大战后，德国的工业基地几乎都被夷为平地，百废待兴，但是经过不到30年的建设，德国的经济又重新得到恢复，在20世纪80年代经济实力位列世界第三位。从资源拥有量、国土面积等各个方面来看，德国都不占任何优势，但是德国却创造了经济发展的神话。产生经济奇迹的因素很多，但其中一个不可忽视的重要因素，就是与其他欧洲国家相比，德国企业更重视将受过专业培养的人才安排到工业界领导或合适的岗位上。在国际上，一致公认德国的"双元制"教育体系是德国经济起飞的"秘密武器"。德国的产品质量总是一流的，具有很强的国际竞争力。德国很重视产品的质量，认为产品的质量最终由生产第一线的工人来保证，因此必须重视对工人的职业培训，培训不仅是生产技能的培训，更重要的是培养质量意识和严格认真的工作精神。这种职业培训需要企业和学校合作进行，双元制职业教育正是由企业和学校共同完成的职业培训模式。学生在学校学习文化理论课，在企业接受实训，而且实训的时间多于在学校学理论的时间，企业在职业培训中承担了更多的责任，双元制较好地发挥了企业在职业培训中的主导作用。根据企业对劳动者素质的要求制订培训计划，培训的目的明确，专业技术训练面宽，要求严格。学习期间完成了上岗的训练，毕业后就可以上岗工作，成为一个熟练的劳动者，双元制职业教育为企业培养了大批高素质劳动者，使德国产品的质量较高，具有较强的竞争力。

德国前总理科尔在探讨德国科学技术与经济发展的奥秘时曾指出，德国人民所具有的文化素质和发达的职业教育是促成德国今日强盛的关键所在。在德国，职业教育被视为政府、社会、企业与个人的共同行为，是德国在国际市场竞争中的原动力，是企业生存与竞争的重要手段，也是个人生存最重要的基础及个性发展、感受自身价值和社会认可的重要前提。特别是企业界人士更认为职业教育就是产品质量，是德国经济发展的柱石。

因此，德国社会各界都高度重视职业教育。在各方努力与支持下，全国已形成了一个从学徒培训到中等和高等职业教育，多阶段、多功能、形式多样、结构复杂的完备系统。各州、市也形成了一个严密的职业教育网络。如今，德国有75%的中学毕业生进入职业教育领域继续接受教育。而作为其职业教育核心部分的双元制职业培训，每年培训的技术工人在就业人员中的比重高于42%。德国职业技术教育所培养出来的人才无论是在数量上还是在质量上基本能满足社会对具有职业技能劳动力的要求。同时，该体系具有高度的灵活性，能很好地适应与满足不断变化的社会与经济发展对人才的需求。

双元制职业教育体系形成于19世纪中后期。随着工业化的开始，传统的学徒培训在提高学徒文化知识结构及适应社会需求方面日益显出其弊端。因而，有不少城市明确要求将学徒期青少年的进修学校教育定为义务教育，并决定让企业参加职业培训，承担培训主要责任。与此同时，又用职业学校教育补充企业教育的不足。这样，整个职业教育就分在两个地点进行，即企业和职业学校。两者互相合作、互相补充，形成了职业教育的双元制，进而形成德国职业教育体系的核心。

但是，由于缺乏全国的法律基础，双元制也曾陷入过"危机"。在战后进行重建的过程中，当时的政府曾就是否应将已有的教育机构，特别是双元培训体系保存下来产生过疑惑。一些国际组织也曾对德国双元培训体系的现代性持强烈的怀疑态度。然而，双元制还是保留下来了，尤其是1969年《职业培训法》实施后，它的地位得到进一步巩固，成为德国职业教育的主要形式。

双元制培训体系的"双元"特性主要体现在以下几个方面：

（1）两个基本教育体——企业与职业学校。

企业与学校是双元制职业教育的两个基本教育体。企业着重进行实际操作技能的培训，学校注重知识的传授。从另一角度讲，这两个主体既涉及由国家举办的学校事业（职业学校），又涉及私营企业的市场经济体系。

（2）受训者的双重身份——学生与学徒。

在双元制培训体系中受训的青少年首先须同企业签订培训合同，成为企业的学徒，同时成为职业学校的学生。就企业而言，是受训者在初中毕业后与所选择的企业确定的权利和义务。而在职业学校，他们是学生，继续接受义务教育中的后三年教育。

（3）两种法律依据——职业教育法与学校法。

企业里的培训主要遵守联邦制定的职业教育法，属联邦管辖。职业学校的教学要遵守各州制定的学校法规，由各州监管。另外企业培训绝大多数是在私营企业里，是建立在民法性质的培训合同基础上，而职业学校大多是公立的，是建立在公法标准基础上的，学校教育是按公共教育法进行的。企业与职业学校的培训分属两个不同法律范围。

（4）两个主管——联邦政府与州文教部。

企业的职业培训由联邦政府主管。它按照联邦政府颁布的《职业培训条例》（实行大纲）进行，该条例是由联邦教育与科学部制定，全国各企业培训必须严格按照条例所规定的内容进行培训。职业学校的教学则由各州的文教部分管，它由各州文教部部长联席会议制订的《理论教学大纲》为指导性文件，该大纲规定了教学范围、教学目的、教学内容、时间安排等，各州可根据具体情况进行改动，而职业学校则必须依照各州制订的《理论教学大纲》组织教学。

（5）两类课程——理论课与实训课。

双元制培训体系中的课程总的来说可划分为两类，即理论课与实训课。实训课主要在企业内进行；理论课则主要在职业学校中进行。但这并不是固定不变的，而是有一定程度的交叉。企业中的实训，除在培训岗位、教学实训之外，实训指导课教师还可为学生讲解必要的理论知识。在职业学校，除了理论教室、实验室外，还有作为理论教学补充的实训演示车间。企业内的实训教师可根据需要对教材加以补充，在企业内上实训指导课。职业学校的教师则将那些在企业实训车间无法学到的技能在学校实验室或实训演示车间内向学生演示。

2. 双元制教育体系的特征

双元制目前已在德国职业技术教育领域内占据了主导地位，并在政府及各界的扶持下日趋完善、合理、有效。从总体上讲它具有如下几个特点：

（1）注重实践、突出技能培训。德国双元制教学模式，在培训过程中十分重视学生实践、技能、技巧的培训。理论与实践之比约为3∶7或2∶8。同时理论教育注重实用型，并紧密与实践相联系，服从实践需要。"注重实践技能，为未来工作学习"，这一指导思想不仅体现在职教理论教育与实践训练的时间分配上，还体现在培训的运行机制上。

（2）培训的实施方案合理、有效，并有法律作保障。德国的双元制教学模式无论是理论教学、实训、实验，还是企业培训，均有严密而完整的教学目标、计划、教材、设置和师资配置等。并且无论是企业还是学校，其办学都有法律保障。企业主要依据《职业教育法》及《培训规章》；学校则依据教育法。

（3）考试制度严格。接受双元制培训的学生必须经过企业协会或手工业协会主持下的考试委员会组织的统一考试。考试由长达十几个小时的实践技能考试与总时间为5—6小时的专业理论知识考试组成，考试合格才能获得技术工人或技术员的资格。

（4）以企业为核心，以企业实际培训为主，以学校教育为辅，两者平行进行密切合作，成为一个整体。在双元制培训体系中企业主和董事会不仅是职业培训的指导者和支持者，而且也是职业培训的参与者，他们非常重视职业培训。以企业为主具有如下优点：培养目标更符合企业的需要；真正的生产环境，使学生比较接近实践及未来工作的需要，并能较早地接触新工艺、新技术；企业重视使职业教育有了坚实的基础和充足的经费。

（5）在双元制职业教育中，以企业为主组织和管理职业培训。提供多少培训岗位，什么职业工种有培训岗位，这不由国家政策所决定，而是取决于某一时期的经济结构、市场需要以及各个企业的市场战略。但是对职业教育的质量，国家有法律规定，社会上有机构监督和考核。这就保证了培训质量一定程度的统一。

（6）在双元制职业教育中，教育体制与就业体制的相互衔接。培训是职业生涯的开始，它通向何方，结构如何，在培训时是难以预料的。尽管如此，社会经济结构变化能尽早反映在学徒培训中，使得培训结构与就业结构保持平衡。这是双元制职业教育具有吸引力的重要基础。在德国，任何一个从普通中学毕业的青年，都可以在国家承认的职业工作中选择一项，向招收学徒的企业报名申请，测试合格便可在该企业接受培训。学徒由企业发工资，但并不算是企业的正式职工。因此，德国的学徒，可留在该企业就业，也可到其他企业工作。因此，德国的学徒培训有很大的社会性。而在其他国家企业里招收的学徒，往往就是企业的一员。

（7）德国双元制职业培训较其他国家而言，具有更大的广泛性。约 2/3 的就业人员以学徒的形式接受过职业培训，其中有不少人在学徒前或学徒后还获得了其他的职业教育结业证书。接受双元制培训的人约占同龄人的 70%。双元制培训因此成了德国生产体制的支柱。有学者曾对德国大型化工企业做过有关部门技术人才构成的调查，结果表明：在德国的企业里，经过双元制培训的技术工人，在企业人员中占的比重特别高，达 42%。企业中层技术骨干力量的知识和技能水平也比其他国家均衡，技术员和技师占 30%，工程师占 17%。在技术骨干力量中对具有大学毕业水平者所占比重的比较中，德国所占的比重特别低，只占8%。这表明德国的技术骨干大多是由双元制培训体系培训出来的。其企业人才结构为金字塔形，而作为塔底的企业生产体制的支柱则是双元制。

（8）双元培训具有较强的灵活性及社会适应性。灵活性主要指它能对经济和社会结构的变化作出适当的反应，从而不断满足社会新的需求，承担起新的责任。在德国双元制培训体系的运行中，企业和学校具有充分的自主权，这使它们有可能使自己所提供的培训适应变化了的情况。另外，企业的培训又受公共法规制约，公共权利也运用多种手段如经济刺激、咨询服务等来影响培训供给者及接受者的行为。

为了使职业教育体系适应经济、走向市场、依法发展，德国颁布了十多项有关职业教育的法令，如《职业教育法》《职业促进法》《实践训练师资规格条例》

《手工业学徒结业考试条例》等。其中 1969 年公布的《职业教育法》是最基本、最权威的法规。它对当今社会条件下职业学校的办学条件、企业培训条件作了详尽的要求；对承认的 13 类约 450 个专业（工种）作了具体规定；对社会参与与监督作了全面系统的阐述。同时，对各类职业训练制度、组织、期限和考试制度作了原则性规定，也对职业教育研究工作作出了决定。依法发展、违法必究，法规体系的健全为职业体系的形成和良性发展奠定了法律基础。

3. 德国职业教育对我国职业教育的几点启示

（1）相对于学校制职业教育，双元制职业教育更注重实践技能的培养并使之得到了确切保证。这使得以培养生产第一线实际操作人员的职业教育真正成为受企业欢迎的教育。虽然我国目前也非常重视学生实际操作技能的培养，但学校制的培养模式客观上使学生远离了生产第一线，而集中安排的生产实习又不利于学生及时将所学理论同实践相结合。

（2）在双元制职业教育体制下，由于学生在特定的工作环境中学习，使得学生和企业有了更多的交流机会，大大降低了培训后失业的风险。这对我国多年难以解决的对口录用问题有一定的借鉴意义。

（3）同我国现行的偏重系统理论传授的职业教育教学内容相比，以岗位要求为培训目标的双元制职业教育更受企业的欢迎。以工人技术等级考核标准的要求为培养目标并构建与之相适应的教学大纲和教学内容体系，应当是我国职业教育教学改革的重要内容。

（4）由于跨企业培训中心具有其他形式无可比拟的优势，在德国被越来越多地用来作为培训机构不足的补救措施。对于我国而言，众多的中小企业难以单独举办职业教育中心，因此，组织企业联合举办或者由行业主办跨企业培训中心将是一个非常重要的发展职业教育的途径。

（三）日本高等专门学校、短期大学的发展状况

日本的职业技术教育历史悠久，自明治维新后，日本打破了"闭关锁国"的封建经济状态，向欧美先进国家学习，提出"殖产兴业""富国强兵""文明开化"三大新的治国政策，从此，由原来以农业为主、经济文化落后的国家，逐步跻身世界经济强国之列。日本不仅把教育视为"立国之本"，确定为基本国策，而且自明治维新以来，更注重发展职业教育。日本职业教育是伴随日本经济的快速发展而发展的，得到了政府的高度重视。在国家现代化进程中，一个资源

短缺的国家除了开发人力资源别无选择。因此，提高国民教育水平、努力使全体人民从少年到成人都掌握职业技术能力，是日本国的优先战略。

纵观日本职业技术教育发展的历史，不难看出，日本近代的职业技术教育作为殖产兴业政策的重要一环，其目的在于通过发展职业教育，学习和掌握欧美国家的先进技术。一百多年来，日本通过职业教育源源不断地培养了大批各级各类技术人才和优秀劳动力。职业技术教育对日本经济的发展，尤其是战后日本经济的高速发展起了重要作用。

二战后，在美国教育使团的指导下，日本对教育进行全面改革。日本的职业技术教育在此次改革中也发生了重大的变化。战前职业技术教育主体——职业学校成立新制高中；一些职业专科学校升格为大学；而作为义务教育的新制初中，开设可必修或选修的职业科目。1947年3月国会通过并公布了《学校教育法》，并于同年4月1日开始实施。该法的实施虽然建立起了较为完善的高中阶段教育体系，但是新制的高中传统思想影响依然存在，墨守旧制高中的成规，存在重普通教育、轻职业技术教育的倾向，这与以图经济自立而必须大力发展职业技术教育的国家要求产生了尖锐的矛盾。鉴于社会各界要求振兴产业教育的呼声日高，1949年6月，教育革新审议会提出了关于技术教育的振兴方案。在1951年6月，国会通过了《产业振兴法》，战后日本职业技术教育以此为契机获得了大发展。该法核心内容是：为扩充职业技术教育所必需的设备之经费，可由国库拨款补助，适用范围为初中、高中、大学里的职业技术教育，重点是高中。

随着战后日本经济的新发展，科学技术对提高生产力的作用日益明显，20世纪50年代后，随着产业经济的发展，发展高等职业技术教育，培养科学技术人才，提高科学技术水平成为当务之急。对此，日本政府及时采取有效对策，大力发展高等职业教育。1957年内阁公布《新长期经济计划》，预测至1962年，社会对理工类大学毕业生的需求量为2.75万人，而高校实际只能提供1.95万人，缺额8000人。于是，自1957年起，实施增加理工类大学生8000人的计划。

1960年后，日本随着"国民收入倍增计划"的实施，各类学校入学人数倍增，单一的四年制大学已经不适应经济发展的需要，设立专科性质高等机构的时机已成熟。1962年，第一批19所工业技术专门学校诞生，以培养中级骨干技术人才。此后，各地也相应增设各种类型的专门学校，截至1974年，高等专门学校已有63所，学生数达84391人。1964年时的短期大学也有相当规模，国、公、私立共计有339所，据此，当年修订了学校教育法，把短期大学也纳入大学范畴。20世纪80年代后，日本的国民生产总值占世界国民生产总值的10%，科技方面某些领域已达世界先进水平，又因高中教育接近普及，高等教育入学率达50%，至此，日本已实现了三个转变，即变"贸易立国"为"技术立国"，科技方面变"拿来主义"为"创新开拓"，教育体制则变"模仿型"为"个性型"。在高等职业技术教育方面，大力扭转高等教育重文法、轻理工的局面，提高高等职业技术教育在学部、大学院及博士课程中的地位。

20世纪60年代，社会要求把具有一定水准的各种学校同一般的各种学校加以区别，并给予其应有地位，这导致1975年学校教育法的部分修订，政府决定承认修业年限为1年以上，其间授课数达到800教时以上，学生数常年维持在40人以上的各种学校为专修学校，并规定其以培养职业或实际生活所需的能力和提高文化教育水平为目的。专修学校按入学者的学历水平分为三类，一是招收初中毕业生及以上学历者，设有高等课程，称高等专修学校，实施实用性较强的职业教育；二是招收高中毕业及以上学历者，设有专门课程，称专门学校，进行专门技术教育；三是没有学历、年龄规定的一般课程，主要为学院提供各种专门知识和职业技术方面的教育。

日本专修学校的主体是以具有高中毕业学历者为入学对象的专门学校，1991年这类学校在校生数在专修学校中占80%。就办学规模而言，作为高等教育机构之一，专门学校与大学、短期大学形成三足鼎立之势。专门学校已成为高中毕业生接受高等教育的第三条渠道。下面就来看看高专和短期大学的办学特点。

1. 高等专门学校

高等专门学校于1961年创立，是作为六、三、三、四学制的一种例外，其入学对象为初中毕业生，修业五年，目标是培养面向工业的操作人员，讲授专业和技艺，培养职业所需的能力。1961年第38届国会通过的《部分修改学校教育法的法律案》，俗称《高等专门学校制度法案》，确定其在高等教育体制中的地位。

就高等专门学校的现状看，有几个明显的特点：国立高专始终占主导地位；年级学生数约在万人上下，发展规模较均衡，且男生比例特高，约占90%；专业以工业类为主；报考数和录取数曾高达10∶1，20世纪70年代后稳定在2∶1，毕业生就业以制造业为中心的企业为主。

高等专门学校的办学特点，是对初中毕业生实施五年一贯制职业教育。在学习专业理论的同时，十分重视学生实验、实习等实用技术性操作实践教育。高专教育的高质量在社会上有很好的口碑。

2. 短期大学

短期大学创建于1950年,当时短期大学有149所,其中公立17所,私立132所。1964年第64届国会通过的《部分修改学校教育法的法律案》使短期大学制度得到法律上的承认,至此,短期大学作为日本高等教育结构的一个组成部分被确定下来。几十年来,短期大学发展迅速,学生数也不断上升,详见表1。

表1 日本短期大学学校数、学生数增加情况

(单位:所、人)

区分		合计	国立	公立	私立	私立比例(%)	女生比例(%)
1955	校数	264	17	43	204	77.3	54.0
	学生数	77885	3637	11080	63168	81.1	
1965	校数	369	28	40	301	81.6	74.8
	学生数	147563	8060	13603	125900	85.3	
1975	校数	513	31	48	434	84.6	86.2
	学生数	353782	13143	17973	322666	91.2	
1985	校数	543	37	51	455	83.8	89.8
	学生数	371095	17530	20767	332798	89.7	
1990	校数	593	41	54	498	84.0	91.5
	学生数	479389	18510	22647	438232	91.4	
1994	校数	593	36	56	501	84.5	92.8
	学生数	520437	15271	23547	481619	92.5	

资料来源:根据《学校基本调查》,转引自沈为初著《当代日本职业教育》,山西教育出版社,第56页。

日本短期大学的特点是:

(1)短期大学是日本高校的一个重要组成部分,截至1995年,日本短期大学总数达596所,学生总数近50万人。其中私立短期大学500所,占全部短期大学的84%;私立短期大学中女生达90%。

(2)从学科构成看,家政类和人文类约占50%,加上教育、法商类,人文、

社会类占 80%。

(3) 从地区角度看，本地区学生占 60%，显示了地区性强的特点，而大学同类学生的比率为 36%。

(4) 重视专门知识和专门技能的培养，毕业生实际工作能力强。

(5) 课程设置、学期安排、授课方式灵活多样，有自己的独创性，吸引大量具有各种需求的学生。

(6) 学费较低，基本上实行走读制和二部制，比读其他大学节约费用。

总之，日本的短期大学在实施高等职业技术教育方面起着重要作用，为日本培养了大量各种各样的专门人才。

社会的不断变化要求全体从业人员不停地更新知识和增强能力，特别是专业知识和技能。这种更新仅靠传统的正规教育体系是不够的。为适应 21 世纪难以预测的未来，应使任何时间、地点、科目的学习，小组还是自学方式学习都成为可能。在学校时期就为职业生涯道路做好准备是不可能的。过去，为职业生涯做准备是职业教育令人满意的功能，一个组织有序的培训计划就可以为企业界输送有才干的员工。现在形势变了，任何人在任何时间、地点都可以进入教育机构，更新其知识、能力。在这种背景下，需要有新的思路：职业学校要向社会开放；学生学习重在掌握学习方法，利用信息技术提供的广泛学习机会积累知识，以便得到社会认可。

日本经济学会 1993 年建议实施"结构调整和以人为本的教育"，强调教育改革要适应工业时代的需求，技术挑战是对职业学校的又一重要影响。1961 年，日本的初中五年制毕业生受企业欢迎。建立终身教育社会并不意味要建立新的学校，它意味着文化、教育和社会的整合。在日本成人职业教育也是一个需要加强的方面，非正规教育学校、初级学院和大学都逐渐敞开大门，为社会提供各种职业教育，改变了那种单一学历教育的办学形式。

(四) 亚洲"四小龙"经济腾飞与职业教育发展规律的关系研究

1. 亚洲"四小龙"经济发展的概况

亚洲"四小龙"指的是新加坡、韩国、中国台湾和香港地区。20 世纪 60 年代以来，"四小龙"表现不俗，成就瞩目。对来自新兴工业化国家（地区）的这一迅猛冲击，西方发达国家亦不敢等闲视之，纷纷强调与"四小龙"对话的必要性和重要性。可以认为，把握住了国际经济环境提供的生存、发展机遇，及时制定切实可行的发展战略，充分利用地理位置优势和人才资源优势，将战略构想付诸实施，这是"四小龙"经济腾飞的奥秘所在。然而，人才资源的开发显然离不开教育。

中国香港地区，被誉为"东方明珠"，全区面积只有1104平方千米，人口也只有600多万人。但是，1985年它对外贸易总额就达598亿美元；1988年，对外贸易总额达到1210亿美元，三年翻了一番；到1992年，对外贸易总额再次翻一番跃到2400多亿美元（1.88万亿港元），它已成为国际金融中心、国际贸易中心、国际航空运输中心、国际信息中心和国际旅游中心。中国台湾地区在二战前沦为日本的殖民地，1945年光复后着手经济的恢复工作。特别是自20世纪60年代以来，台湾调整了经济发展战略，从此开始了经济起飞、社会转型和技术升级。据统计，从1952年到1992年40年间，台湾经济增长率年平均为8.6%，其中有13个年份的增长率超过10%，其经济建设也取得了惊人的业绩，成为亚洲"四小龙"之一。20世纪50年代，韩国经济也处于恢复时期。但从20世纪60年代初开始，韩国经济出现了持续的高速增长，1980年人均国民生产总值为1589美元；1984年为2044美元；到1994年已达9000多美元，10年翻了两番多，创造了举世闻名的"汉江经济奇迹"，成为亚洲"四小龙"之一。新加坡是个海岛型城市国家，1965年才获得真正独立。在独立至今的30多年时间里，新加坡成功地实现了从单纯依靠贸易发展经济的国家向以高科技为基础的现代化工业国家的转型。从1980年至1990年，新加坡的国内生产总值的增长率年均为9.95%，通货膨胀率仅为3%，经济取得了非凡的成就，国家面貌发生了很大变化，成为誉满全球的花园式城市国家，人民生活水平也大幅度地提高，人均国民生产总值达到1万多美元。新加坡已成为"新兴工业国"。

2. 亚洲"四小龙"的教育改革及对经济发展的促进作用

亚洲"四小龙"都属于东方文化圈。由于受"学而优则仕"的传统儒家文化思想影响，"读书为了做官"在普通民众心目中根深蒂固。在经济起飞前，父母一般都把自己的孩子送到普通高中和普通高校去读书，而不愿送到职业技术学校。随着国家或地区经济开发战略的逐步实施，亚洲"四小龙"的经济腾飞调整了教育发展方向，由殖民地时期封闭式单一化的精英教育模式向开放式多样化的大众教育模式转变，其办学方向是坚持教育为经济建设服务，按经济发展需要办学，极力提倡实用教育。自20世纪60年代起，亚洲"四小龙"对教育结构进行全面调整，逐步建立起符合本地需求的实用型教育体系。具体从以下几个方面开始了改革工作：

首先，改造普通教育体系。20 世纪 70 年代前，亚洲"四小龙"经济刚开始起飞，产业水平较低，没有对从业人员提出过高的技术要求，整个教育体系以普通教育为主，学校教育主要服从升学、追求分数和文凭，脱离社会实际。但自 20 世纪 70 年代后，产业出现重大转型，要求教育全面服务经济发展，把教育与经济、社会、生计需要联系起来，这已成为每个国民必须面对的现实，普通教育开始了重大改革。其中最明显的就是调整普通学校的教学计划和课程设置，广设职教课和技能课，使之成为中小学的必修课，促进普通教育职业化。其次，构建完善的职教体系。这是亚洲"四小龙"经济起飞的前提，也是现代教育的重要特征。因为职业技术教育对经济发展具有最直接最有效的促进作用。20 世纪 60 年代，亚洲"四小龙"开始注重职业技术教育适应产业需求、适应社会发展，其发展历程是从重文史的文员教育向重理工技术职教转变，呈现出 20 世纪 60 年代以培养轻纺、制衣、文秘这样的初级技术人才为主的职教，20 世纪 70 年代以培养机械制造、建筑工程、加工等行业的中等技术人才为主的职教。到 20 世纪 80 年代则以培养重化、精密、电子等高级职业技术人才为主。目前，亚洲"四小龙"已形成由五大层级构成的职教体系：①在普通中学开设职业课程或职教班，实施职业预备教育；②高级职业学校（或职业中学、工业中学），以培养初级技术人才为主；③专科大学（或短期大学、初级职业学院），培养中级职业技术人才；④技术学院（技能大学、理工学院），培养高级技术人员，包括培养具有硕士、博士学位的职业技术人才；⑤建立各种职业训练中心或培训学院，提供继续教育机会，适应社会转型、技术升级而形成的职业转换和个人发展的需要。实践证明，亚洲"四小龙"正是树立了现代教育观念，建立了实用型现代教育体系，大力推行职业技术教育，培养了与地区产业结构、产业水平相适应的实用人才，才有力地推动了经济的迅速起飞和社会的巨大进步。

在半个世纪的发展中，亚洲"四小龙"职业技术教育以其灵活多样的办学形式，很好地适应了各个时期经济发展对人才的需要，推动国家或地区现代化的进程，如中国香港地区早期的近代化工业是始于 1843 年由英国人在港开设的第一家制造船舶的造船厂。虽然后来也有一些工厂在港设立，但都是一些服务性和辅助性的工业，香港仍以"转口贸易"为主导地位。至 1940 年，全港共有工厂 800 多家，工人约 3 万多人，工人的技术培训主要是由 1937 年创办的工艺学校开展的初级性质的职前工艺训练，尽管入学人数不多、技术水平不高，但这批技术工人为香港早期的工业发展做出了重要贡献。二战后，全球开始了以原子能、电子计算机和空间技术的发明和应用为主要标志的第三次科技革命。在新的科技革命的推动下，诞生了许多新的工业部门，最终，发达国家加快了自身产业发展，导致了20世纪50年代教育越发展经济越衰退的现象。香港当局进行深刻反省，采取了重大的教育改革措施，其核心是关停并转学术性科目，大力发展各种职业技术教育，并发动了"一人一技"运动，改革当时脱离实际的书本知识结构。

20世纪50年代韩国也遇到同样的问题，韩国政府及时把教育着重点转向为经济发展服务的轨道上来，具体战略措施有：一是将部分学术性综合院校转为实用型高校；二是增设实业专科学校，加强高校职业教育科目的建设；三是改革中等专业教育结构，广设职业技术学校；四是派遣留学人员出国深造，注重学习急需应用专业；五是在制定国家发展规划的同时制定教育发展规划，把经济发展与教育发展和人才培养结合起来，同步发展。这些措施以及三个五年计划的推行使韩国整个国民教育体系发生了一个根本性转变，推动了韩国经济起飞。

20世纪50年代，中国台湾地区也是文凭挂帅，功名盛行，突出强调教育的政治功能。高等学校从国民党政府迁台时的4所到1963年增达35所，学生达51707人。但经济情况每况愈下，社会不满情绪强烈。1963年台湾在着手全面调整经济发展战略的同时，对教育也作了大幅度改革：一是发展实科教育，大量设置各类职业技术学校；二是减少文史哲专业规模，增设理工科学系；三是优先举办设立工、农、医、商等实用学科的专科学校，推动了台湾教育的发展，经济也随之进入一个全面跃进时期。

新加坡由于长期在英国的殖民统治之下，20世纪50年代前后，经济也都极为落后，结构畸形单一，主要依赖转口贸易，工业及其他行业则极其薄弱。除了独特而优越的地理位置外，同样面临着本地自然资源缺乏、人口密度大的实际情况。为此，在20世纪60年代，不得不作出开发人力资源，提高劳动者的素质，使经济从过去依靠转口贸易转变为现在的依靠高新技术产业发展经济的战略决策。而提高劳动者的素质主要是靠教育。推动现代产业革命及国家或地区现代化的教育，从本质上说是职业技术教育，因为使教育更为有效地为社会经济发展服务这一历史使命，主要是通过培养实用技术人才的职业技术教育来承担的。

作为后发型现代化国家或地区的亚洲"四小龙"，在经济起步时就处于发达国家的巨大发展压力之下，面临较高的科技水平的挑战。英国用了150年实现了现代化，美国用了100年，而亚洲"四小龙"只用了短短20年左右的时间。翻开世界教育史,可以看出,人力资源开发问题,对于发达国家往往是早期经济起飞之后才发生的,但对当代作为后发型现代化的亚洲"四小龙"来说则是在经济起飞准备阶段就必须具备,而且职业技术教育与人才需要始终贯穿于现代化的全进程。中国台湾地区和韩国在20世纪50年代经济恢复时期,还停留在传统的功名教育上,结果教育越发展经济越糟糕。20世纪60年代初它们吸取了教训,重组了教育体系,建立与普通教育并行的职业技术教育体系,同时在普通教育体系中渗透职业技术教育,开展职业预备教育,彻底改变了人们"学而优则仕"的旧教育观念,解决了发展什么样的教育这一重大课题,使教育与经济建设得到了协调发展。

3. 亚洲"四小龙"注重对人才培养的规划和需求预测

从大教育观出发,教育作为社会系统中的一个子系统,有其发展速度、规模、结构和体制等特殊的问题,必须与整体和其他系统相适应,否则教育发展就会脱离实际需要,发挥不了它应有的作用,反而会拖经济发展的后腿。"四小龙"实行市场经济体制,但它们在发展经济中利用市场机制积极推动教育转型,着力通过构建实用型教育体系,特别是通过职业技术教育来保证和推动经济的高速发展。在历次制定国家或地区经济发展目标时也同时制定教育发展规划,通过教育规划,作为强化政府宏观调控的重要手段。中国香港和台湾地区、新加坡在20世纪70年代后多次进行人口普查和人才预测,以制定能适应经济增长对人才需求的教育发展规划,从而保证经济发展的预期目标的实现。在教育规划、教育转型方面,韩国表现得最为突出。如1962年,为配合"纠正"社会和经济恶性循环,构建"自主经济"为基本目标的第一个五年计划,制订了1962—1967年"文教重整五年计划"。为与第二个五年计划(1967—1972年)相配套,1966年制订了"科学技术振兴五年计划"。在第三个五年计划(1972—1977)前的1970年提出了15年教育发展规划(1972—1986年),在人才需求预测的基础上,提出由量的发展转向质的提高的指导方针,要求培养高级技术人才,以配合"尖端产业、技术立国"口号。

与韩国一样,中国台湾地区也很重视教育规划,强调技术人才的培养。根据社会经济发展对人才的需求,台湾分别于1966年10月、1968年8月、1971年2月和1972年12月就"人力发展计划"举行了四次"行政院"会议,提出对大专院校的教学目标、课程内容等方面进行改革,使高校能针对企业及团体与社会的实际,自主调整系科。20世纪70年代中期前后,由于国际经济大环境的变化,台湾调整经济发展战略，开始加强资金和技术密集型产业。至此，对高级技术人才的需求也就提到议事日程上来，1976年10月"行政院"会议通过"台湾经济建设六年计划"，明确了之后6年台湾教育发展要以"提高教育素质与学术水准"为指导思想，强调以未来需要出发，对人才开发作出了一系列规划。进入20世纪80年代，为配合发展以科技为导向的战略性工业，1981年12月"行政院"会议通过了"台湾经济建设十年计划与人力发展部门计划（1980—1989年）"，提出要根据总体建设所需各类高级人才来调整大学招生人数，优先发展机械、电机、电子、化工、土木工程及电子计算机科学等专业。

和韩国、中国台湾地区不同，新加坡是个海岛型城市国家，自然资源缺乏，要靠开发人力资源，培养实用技术人才来发展经济。当时，新加坡经济发展的战略是以发展工业为中心，其特征是通过引进外资和外国先进科学技术来发展出口工业。政府认识到如果没有足够的相应的知识和技能的人力资源，必然会使引进外资和技术收效甚微，难以实现国家工业化、现代化。这一点对于改革开放，搞现代化建设的中国来说尤其值得借鉴。新加坡政府更清楚地意识到职业技术人才培养的数量若满足不了国家经济发展的需要，经济发展目标就难以实现，这是不争的事实，同样，人才的数量若大大超出了国家经济发展的需要，就会造成人力、物力和财力上的浪费。这一点从20世纪50年代韩国盲目发展高等教育可以得到印证，特别是对新加坡这样一个自然资源缺乏、人口密度大的国家来说，更有必要由国家对各级各类人才培养机构的发展加以规划和控制。近年来，新加坡在制定国家经济发展规划时，工商部就同时作出全社会需要职业技术人才的类型和数量的预测，政府多次组织成立专门的人力规划委员会。该委员会的主要任务是具体制定全国高等教育的发展目标，作出培养全国高级职业技术人才和管理人员的规划。1979年成立的专业和技术教育理事会正是为了加强这方面的工作。

中国香港地区是亚洲"四小龙"中实行市场经济最为彻底的地区，政府很好地利用了市场经济条件下资源自由配置（包括人力资源）这一市场法则，对人才市场、人才培养进行了宏观调控和规划，每次教育规划和重大措施出台都较好地配合了经济建设，取得了良好的经济效益和社会效益。

4. 亚洲"四小龙"职业教育对经济发展的贡献给我们的启示

世界经验表明，人力资源的开发和利用，已成为现代社会发展的首要因素。这对发展中国家尤其是如此。作为早发型现代化的发达国家，在工业化初期主要使用的是无文化劳动力（日本例外）。即便是美国在经济发展的初期，物质投资在国家现代化的起步阶段起着举足轻重的作用，而教育对于经济增长的巨大贡献是以后的事情。但是，作为后发型现代化的发展中国家则不然，如亚洲"四小龙"中的韩国和新加坡，在经济起步时就处于发达国家的巨大发展压力之下，面临较高的科技水平的产业。因此，与发达国家早期相比，物质投资本身就包含了较高的技术水平。诚然，物质投资的短缺固然是经济发展的一个重要障碍，但由于拥有相应知识和技能的人力资源的缺乏，使引进外资和技术收效甚少，这已成为国家现代化进程的一个重大障碍。人力资源开发问题，对发达国家往往是早期经济起飞之后才发生的，但对当代作为后发型国家的发展中国家来说，则是在经济起飞准备阶段就必须抓紧解决，而且职业技术教育与这种人才需要应始终贯穿于国家现代化的全进程，这是以体力密集型产业为特征的时代与以知识技术密集型产业为特征的时代的根本区别。

亚洲"四小龙"经验告诉我们，国家要发展，社会要进步，人民要幸福，就必须坚持教育为经济发展服务，什么时候坚持了这一点，就能自觉地改革教育。目前，我国职教体系还不完善，职业教育还处于部门分割、各自为政、零星分散的局面。职业技术教育只是普通教育的补充形式，没有形成完整体系。当前应在普通教育中增设职业课、技能课的同时，发展和健全从职业高中到专科职业学校到职业技术学院（或大学）的职业技术教育，培养初级、中级实用人才及硕士、博士研究生高级技术人员，鼓励、提倡将地方专科大学办成职业学院，服务于社区经济建设，同时让一部分国家综合性大学培养能掌握高新技术的高级技术人才，并由地方政府统筹规划、指导建立门类齐全、形式多样的培训中心或训练中心，努力创建一套自上而下、由低级到高级、与我国现代化经济建设相适应的职教体系。我们应该学习和借鉴亚洲"四小龙"职业技术教育的发展历程，力图从"四小龙"职业技术教育与经济发展互动关系中，揭示职业教育与职业培训对现代经济建设和社会发展的巨大推动作用，探求现代职业技术教育发展的基本特征及其发展趋势，从中使我们获得其成"龙"的奥秘，希冀通过这一研究对我国职业技术教育改革与发展有所启示。

（五）我国东部发达地区职业教育发展现状

1. 发达地区职业教育发展情况概述

改革开放以来，我国职业技术教育的规模逐步扩大，质量不断提高，职教毕业的学生工作在社会各行各业，有力地推动了经济社会的快速发展。但是，职教的发展规模，还远不能满足我国经济发展的需要。目前，我国职教学生与普通教育的学生比例约为1:1，而发达国家的职教生均比普通教育学生多。我国职业教育发展的不足，导致劳动者素质不高，产业工人中只有小学以下学历的人数仍占相当的比例。产品质量差，竞争力不强，这已成为制约我国经济发展的主要原因之一。例如汽车制造，我国引进了国外先进的生产线，但整车质量却远不如原装车，原因就在于各环节生产人员的技术水平不如别国。我国是农业大国，但农科技术人员仅占农业总人口的0.3%左右，农业科技成果转化率低，难以形成产业化生产的优势。分析我国教育发展的状况，影响职教发展的原因很多，最主要的就是"重学轻术"的观念作祟。中国人历来都重视理论教学，轻视技术教育，学生唯有进了本科院校才算走上成才之路，甚至在许多工科院校，学生培养的目标不是未来的工程师而是"研究型"人才。在用人政策不恰当的引导和用人单位不计成本、盲目追求高学历的用人倾向下，许多单位、部门进人时只注重求职人员学历，对能更快适应相应工作岗位的职业技术教育毕业人员，却不予以重视；在职人员的继续教育内容也常与工作脱节，单位、个人都为提高学历而学习，而对有助于提高工作质量、加强创新能力的职业培训很少问津；本应属于高职教育范畴的专科学校也办成了"浓缩型"的本科，由于不能真正确立"教育为社会经济发展服务"的宗旨，使许多院校培养目标不明确，学生毕业后高不成低不就，工作适应期较长，用人单位不满意，客观上造成了毕业生就业困难的状况。为盲目追求高学历，许多职高、技校、专科院校都努力去升格，使数量不多的职业教育院校逐步萎缩。另外，职校办学特色不鲜明，不适应社会发展对应用技术型人才的要求也是职业技术教育难以发展的原因。随着我国经济体制的转轨，不重视职业技术教育、不注重劳动者整体素质的提高、不认真研究职教与地方经济相适应协调发展的问题，将会制约地方经济的发展，这一点已逐步引起各地政府重视。近十年来，我国东部发达地区经济发展成绩喜人，职业技术教育对经济的能动作用也显现出来，职业技术教育也得到了迅速发展。

以浙江嘉兴市（表2）为例：

表 2　1980—1997 年嘉兴市主要经济指数与普通教育/职业教育学生数比例比较

各项指数	1980 年	1985 年	1990 年	1996 年	1997 年
工业总产值（亿元）	30.06	78.47	193.11	903.12	1037.48
国内生产总值（亿元）	17.80	40.98	81.33	381.70	419.75
人均国内生产总值（元）	610	1366	2582	11645	12771
普通教育/职业教育学生数比例		73.5/26.5	60.1/39.9	42.9/57.1	43.9/56.1

从表 2 可看出，经济增长与职教发展成正比关系，这说明经济的发展促进了职业技术教育的发展，职业技术教育通过提高人力资源的素质，满足经济发展对劳动者的技术要求，从而推动了经济的快速发展。同样的经验也体现在广东、上海等地。上海市每万人口中拥有专业技术人才约 700 人（云南省约为 60 人），但仍深感"技术型、技能型人才的缺乏"，仍需大力发展职业技术教育。广东、上海、深圳等发达地区由于职业教育培养目标明确，特色鲜明，学生适应能力强，近几年职校毕业生都保持了较高的就业率。

在上海、广东、江苏、浙江等经济发达地区，经济发展推动了职业教育规模扩大。发达地区的职业教育之所以能够蓬勃发展，除了先进的办学理念做指导之外，还与发达城市现代化工业的迅速崛起并蓬勃发展密切相关，而且在许多发达地区，地方政府也给予职业教育政策上的扶持和法律上的保障。比如广东省，比较早地就认识到了高等职业教育对经济可持续发展有着不可替代的作用，从而促使高职教育由被动适应变为主动促进经济的发展。1997 年，广东省政府就下发了《关于大力发展职业教育的决定》，强调"积极发展高等职业教育"，"各级政府和有关部门要进一步加强对职业教育工作的领导，把调整教育结构、发展职业教育摆到突出的位置"。广东顺德是一个只有 105 万人的县级市，却拥有科龙空调、容声冰箱、美的空调、万家乐热水器、格兰仕微波炉等家电品牌，1999 年该市财政收入高达 45.19 亿元。是什么原因使顺德的经济具有如此实力？用顺德市委书记陈用志的话说，就是："职业教育对于以工业立市的顺德来说，已成为经济发展的动力和支撑，通过全员办职教，我们已经建立起了一个以中等职业教育为主体的集约办学、资源共享、有顺德特色的职业教育体系。"顺德市政府从长远发展的战略眼光出发,认为市属顺德职业技术学院规模小,办学水平不太高,难以适应地方经济发展的需要,决定扩建学院,并拨地1500亩,划拨和筹资7亿元,新校区建筑面积达28.5万平方米。同时,从清华大学、重庆大学、广东工业大学聘请专家做校长、副校长,立志要办一流的高职学院。深圳市也对所属的深圳职业技术学院增拨土地130万平方米,资金5.5亿元,扩大办学规模,提高办学水平。

2. 职业教育发展的江苏经验

近年来,江苏省也围绕"五个服务"的办学方向,把职业教育的改革发展与服务经济社会结合起来,形成了在服务中求生存、谋改革、促发展的办学思路,职业教育办学规模迅速扩大,整体水平明显提高。2002年到2003年,全省中等职业教育招生总数连续两年净增7万至8万人,2003年中等职业教育招生38.5万人,达到改革开放以来中职招生人数的历史最高点;2004年全省中等职业教育招生规模还将进一步扩大,力争达到45万人。同时,近两年全省中职毕业生一次性就业率接近95%,五年制高职毕业生就业率达91%;2003年高职高专毕业生就业率为79.8%,比上年增长21%,有20多所高等职业技术学院毕业生就业率达到95%以上。

为推动职业教育的改革和发展,江苏省主要采取了以下几方面的措施:

第一,加大对职业教育的投入力度。自2003年起,将职业教育专项经费从2000万元提高到3000万元,明确城市教育附加费用投入职业教育的比例不低于20%;农村成人教育经费定额从年人均0.25元提高到0.5元以上,由县(市、区)政府筹措和统筹安排。同时,要求用人单位按照职工工资总额的2%提取职业教育和培训费,并列入成本开支。

第二,加强骨干学校建设。"九五"以来,江苏省大力实施"1122工程","十五"初期全省基本建成职教中心102所。目前,经评估认定的省级合格职教中心有90所,省级重点中等职业学校有196所,2002年首批通过教育部评审认定的国家级重点中等职业学校有73所。2003年,有88所骨干职业学校招生超过1000人,合计招生13万人左右,占全省职业学校招生总量的1/3以上。

第三,推进校企合作的开展。近年来,江苏省积极探索、不断拓展职业教育校企合作的新领域,校企合作在就业市场合作、资金合作、教学合作、研发合作以及产业合作等方面都取得积极进展。2003年,全省职业学校"订单式"招生达2万多人,选派了1900多名教师到企业锻炼,同时从企业聘请了5500多名兼职教师。目前,全省职业学校依托企业建立起2000多个校外实习基地。近两年来,全省职业学校与企业合作开展了500多项科研攻关。

第四,调整专业体系结构,狠抓实训基地建设。"九五"期间,江苏省在现代农业、机电一体化、旅游、商贸、服装、建筑6大类专业近100所职业学校中开展专业现代化试点。进入21世纪,江苏省优先确定了数控技术应用等10个专业领域,在全省重点建设300个中等职业学校示范专业和30个五年制高职示范专业。2004年,将启动江苏技能型紧缺人才培养培训工程,在35所国家技能型紧缺人才示范性培养培训基地院校的基础上,再遴选200所左右职业院校作为江苏省技能型紧缺人才培养培训基地,联合800个左右企业开展紧密型校企合作,共同培养技能型紧缺人才。

第五,大力开展农村劳动力转移培训。2001年至2003年,全省教育系统开展农村劳动力转移培训312万人次,与有关部门共同培训农村党员干部32万人次、农业科技人员18万人次、农村经纪人11万人次,初步培养出一批懂技术、善管理、会经营、能带领农民进入市场的农民致富带头人。

江苏省教育厅提供的资料显示,20多年来,江苏职业教育累计培养了400多万名各类专业技术人才和高素质劳动者,培训城乡劳动者2000多万人次,全省初、中、高级技术工人的比例由"八五"初期的70∶27∶3提升到2002年的38∶54∶8,为江苏省的现代化建设做出了重要贡献。

3. 职业教育发展的上海经验

上海市为强化高职教育,已准备以市人大立法的方式,从根本上确立高职的办学地位,并规定政府、企业通过固定投资渠道对高职教育进行必要的投入。上海市教委提出的上海发展高职的战略有以下几个方面:

(1) 四项发展高职的原则。

①坚持高标准、高起点发展高职。一是拿出最好的学校来办高职;二是办学条件要达标;三是办学层次要提高,当前主要以办专科层次的高职为主,今后逐步向本科层次的高职延伸。

②坚持利用现有的高教资源发展高职。上海有39所普通高校,66所独立设置的成人高校,13所高等专科学校。上海没有建立新的高职学校,完全利用现有的高教资源,通过改革(包括重组)发展高职。

③坚持依托行业或企业办学。这是行业和企业的需要,也是培养高职人才的需要。只有与行业和企业联合办学,才能使培养目标的确定更科学;只有与行业

和企业联合办学，才能把行业（企业）办学的优势用于高职的发展；只有与行业和企业联合办学，才能办出高职的特色。

④坚持点、面相结合的原则。上海在前几年发展高职时，经验不足，办学规模比较小，基本处于试验性的阶段。近几年，高等职业教育得到了迅猛发展，但各方面的条件都跟不上，在这种情况下，除了尽最大的努力把高职全面搞好外，还要努力抓好试点工作，通过试点，取得了经验，指导面上的工作。

（2）三个发展途径。

①通过普通高校办二级学院（技术学院）发展高职。普通高校办高职有三个原则：一是不能太多，因为普高的主要任务还是本科、研究生教育，但少量普高办高职，有利于探索普高的改革，有利于充分发挥普高的综合优势办好高职，起到示范的作用。二是不在校内办，因为教育部规定不能一校两制，况且校内的氛围也不利于高职的发展。上海市教委决定，将高职放在条件比较好的中等专业学校里办。由于中等专业学校都是行业（企业）或社区举办的，所以放在中等专业学校里办有利于依托行业（企业）或社区办高职，既能促进中等专业学校的改革，又能充分利用中专的办学条件办好高职。三是重在改革，办出特色。

②通过高等专科学校改革发展高职。高专原本依托行业（企业）办学，办学条件也比较好，办学层次也比较合适，因此高专办高职是最好的途径。原国务院副总理李岚清曾批示："发展高职，首先要把高等专科学校改革成高职。"所以，高等专科学校办高职是上海发展高职的主力军。如果高专真正转移到培养具有高职特色人才的轨道上来，那么高专是大有可为的。

③条件比较好的成人学校办高职。上海成人高校办高职历史最早，积累了丰富的经验，而且直接与行业（企业）结合，所以选择条件比较好的成人高校办高职，是一条有效的途径，这将是上海发展高职的一个重要补充。

（3）上海发展高职的若干政策。

高职对社会来说还是个新生事物，为了使其更健康地发展，上海市制定了若干政策进行扶植，使其有一个宽松的发展环境。

①凡是使用高职指导性招生计划的院校，可以按照"民办高校"的机制进行运作。比如，学费可按民办高校的收费标准执行；对用指导性计划招生的学校，市政府对其教育经费实行补贴。

②高等专科学校改革成高职校后，市政府给予三条政策：一是不改校名；二是不断经费；三是要深化改革办出特色，按民办高校机制运行。

③学制。当前以三年制为主,并逐步试点与本科层次的衔接问题。

④招生对象。既可招普通高中毕业生,又可根据专业对口原则招收中等职业学校的毕业生。这两类学校的毕业生是划块按比例招生的。2004年招收高中毕业生和中等职业学校毕业生的比例为6∶4。招收中等职业学校毕业生有利于高职办出特色。《中共中央关于教育体制改革的决定》中早就明确指出:"高等职业技术院校对口招收中等职业技术学校毕业生以及有本专业实践经验、成绩合格的在职人员入学。"文科专业可多招收一些应届高中毕业生,工科专业应多招收一些中等职业学校毕业生。

⑤入学考试。中等职业学校毕业生的入学考试,上海早在1998年已单独进行,实行3+2的办法,即3门基础课(语文、数学、外语)由市里统一命题考试,2门专业技能课由招生学校出题考试。3门基础课和2门专业技能课各达到基本分数线后,根据5门课成绩之和从高分到低分录取。

高中毕业生的入学考试,实行3+1的办法,即3门基础课(语文、数学、外语)参加普通高校的招生考试,1门综合技能课全市出题统一考试,它是从物理、化学、生物、计算机、劳动技能等5门课里抽出技能内容,编成一张试卷进行考试。3门基础课和1门技能课各达到基本分数线后,根据4门课的成绩总和从高分到低分录取。

⑥高职在校生和毕业生的待遇,与普通高校同层次的学生等同。

从以上政策来看,作为中国经济最发达地区的上海市,能从政府宏观调控的角度,积极发展高等职业教育,真正体现了政府对职业教育的重视,由此也可以看出,上海市各级政府部门充分认识到了职业教育对经济发展的促进作用。

广东和上海政府,都积极推行职业资格证书制度,用法律法规来规范劳动力市场,制定了相关的职业技术鉴定标准,并责成有能力的高职院校承担鉴定任务。就业人员必须要有劳动部门颁发合格证书,才能进入人才市场。上海市在招生政策上向高职院校倾斜。高职招生专业,学校可自定后报市教委备案。广东省规定高职院校急需专业的招生可临时补报,只要在招生前补报都予以受理,不耽误当年的招生。

4. 东部发达地区职业教育的共同特征

从发达地区的高职教育发展的情况看,有许多相同或相似的地方,这些共同之处恰恰是办好高职教育的成功经验。在上海、广东、江苏等发达地区,"社会需求就是办学方向,企业满意就是质量标准,适应经济就是学校发展"的办学理

念,让学校与地方企业接轨,把"学"办到企业和市场的"兴奋点"上。具体有以下几个特点:

(1) 坚持市场取向、培养适销对路人才的办学思路,是办好高职教育的前提和关键。

先进的办学理念和办学思路是办好高职教育的重要前提。例如,南京金陵职业学院在"一个宗旨,两个适应、三个办学原则"(一个宗旨:发展高职教育,服务地方经济。两个适应:人才培养与市场经济需求相适应;职业教育与学生就业需求相适应。三个原则:以最大限度地满足地方经济建设的需求为最高办学准则,以社会评价为学校办学水平高低、培养质量优劣的最终标准,以服务经济、贡献社会为学校发展的根本动力)的办学模式指导下,根据市场需求,创办了视光学专业、珠宝首饰技术专业等,把"学"办到了企业和市场的"兴奋点"上,从而,在一所占地40亩、破旧的中学校址上建成了让全国瞩目的示范性高职院校。这种"坚持市场取向、培养适销对路人才"的办学思路,对于云南地区的高职院校来说,是值得借鉴的。

(2) 促进经济发展、满足市场需求,是办好高职教育的重要基础。

适应并满足市场需求,是高职教育发展的根本动力,面向市场及职业岗位的需要设置专业或调整专业方向,是保证人才培养符合社会需要的首要环节。市场需求及市场需求的动态变化,是高职教育专业设置和专业方向调整的重要依据和指挥棒。上海、南京等地的高职院校,其专业设置都以地方发展和职业需求为导向,以职业分类为框架,设置有市场需求的专业,然后再根据专业的需求开展相应的教学活动。这不仅解决了学生的就业问题,而且解决了校内、外实训基地的建设问题,真正达到了高职教育服务于地方经济的目标。

(3) 立足产学结合、依靠社会办学,是高职教育的基本特征。

由于高职教育的培养目标是企业一线所需要的专门人才,所以无论是人才培养模式的确定、教学计划的制订、理论教学的施行、实践环节的落实,以及学生毕业与就业,都需要企业和经济部门的介入和支持,这是使高职产品适销对路的可靠途径。

高职教育的生命力在于其和社会发展紧密联系,与企业和市场的紧密结合。产学合作实质上是学校育人和社会用人的结合,是理论与实践的结合,也是校内资源和校外资源的结合。如南京金陵职业技术学院、上海第二工业大学等全国示范性高职院校所走的就是一条产学合作的成功之路,几所学校都是通过产学合作把社会资源引入学校，使办学能力得到了超常规的提高，教育质量得到了切实的保证。产学合作、社会参与、开放的育人模式置学生于社会、企业、学校三位一体的大环境中，对培养具有创新能力和实践能力的人才有着重要意义。

（4）"双师型"的师资队伍，是办好高职的质量保证。

高职教育具有明确的职业指向和岗位针对性，它强调知识的"综合性、实用性"，教学的"实践性"，操作的"熟练性"。因此，建立一支能紧密结合专业实践、实际操作能力强并能达到一定行业技术水平的专业教师队伍，是提高教学质量、办出高职特色的质量保证。

（5）加强职业鉴定工作，实行"双证书制度"。

发达地区十分重视职业资格鉴定工作，并把能否获得职业资格证书作为衡量高职毕业生能力水平的重要标准。例如，上海市教委和上海市劳动局联合下文，对高职院校学生进行职业资格鉴定，除国家劳动部所设的工种外，还根据市场需求自己设定"机电一体化"等工种，并分别在同济大学和上海第二工业大学设鉴定所。南京金陵职业技术学院也把职业资格鉴定工作作为提高学生实践能力的有效途径，并要求毕业生不仅要取得学历证书，同时还要获得劳动部门颁发的职业资格等级证书，即实行双证书制度。双证书制度的建立，极大地带动了学生学习的积极性和创造性，促进了学生职业技能水平的提高，保证了学生能力的训练和形成，为其求职就业提供了"护身符"或"通行证"。

三、区域经济发展与职业教育的关系研究

一个国家和地区的竞争力实际上就是国家和地区在世界市场上创造附加值，并增加区域财富的能力。经济学界认为，国际竞争力是可以测度的，它是在一定的国家经济体制下，国民经济在国际竞争中所表现出来的综合国力的强弱程度。评估指标包括：国内经济竞争实力（Domestic Economic Strength）、国际化程度（Internationlization）、政府作用和效率（Government）、金融环境（Finance）、基础设施（Infrastructure）、企业管理（Management）、科技开发（Science & Technology）、国民素质（People）8项，包括41个子项目。其中国民素质包括：人口素质、劳动力素质、就业率、失业率、教育结构、生活质量、工作态度7项。在评估体系的8大指标中，我国基础设施、金融环境和国民素质的国际竞争力在世界排名中分别为第40位、第37位和第35位，是我国国际竞争力排名中最后3

项。这3项指标已经成为制约我国国际竞争力提高的瓶颈。造成我国国际竞争力指标落后的原因很多,但其中关键的因素则是我国全员劳动生产率仅为瑞士的1.37%,差距惊人。事实证明,国际竞争力的增强、经济的发展越来越取决于劳动者的素质,取决于知识分子的数量和质量。据统计,2000年我国就业人口有7亿多人,其中文化程度在大专以上的仅占3.8%,而初中以下的占80%以上。2000年,我国29个专业技术系列中,具有副高以上职称的人员共157万人,仅占技术人员总数的5.5%。每万名劳动者中科学家和工程师仅11人,而在发达国家却接近或超过100人。另据劳动部门统计,目前我国人均受教育年限,农村只有5年,城市只有8年,生产、服务领域中的技术工人只有1/2,其中初级工占62%,中级工占35%,高级工只占3%。如此的劳动者素质,难以提高国际竞争力和实现生产方式的根本转变,也难以提供高质量的产品参与国际竞争。

教育发展、人力资本积累、经济结构变迁和社会发展阶段的推进之间有一种互动关系。早期工业化国家是经济发展先于教育发展,而现代经济增长型的发展是教育先于经济发展。在19至20世纪世界经济发展史上,曾经出现过三次后进国追赶先进国的代表范例,都是与教育的超前发展密切相关的。一是美国对英国的追赶。二是日本对美国的追赶。三是韩国对西欧国家的追赶。三个国家在经济发展的同时和稍前阶段,教育也在迅速的发展,并对经济发展提前做好了人力资源的准备,才使得经济发展速度得以保持。比如,1965—1992年,韩国GDP年均增长率为8.8%。1973年,韩国人均GDP相当于西欧国家人均GDP的24.3%,1992年上升到57.5%。1960年,韩国实现了普及全民小学教育,1975—1985年,高等教育入学率从10%提高到30%,实现了高等教育大众化;1985—1995年,高等教育入学率又从30%提高到50%。韩国中等教育入学率从60%左右提高到了90%,大约用了15年(1980—1995年)的时间。到1995年,韩国中等教育入学率达到90%,高等教育入学率接近55%,达到了其他OECD国家的教育发展水平。

从前面我们对美国、德国、日本等发达国家和地区的教育对经济的发展的相互促进作用进行的比较分析中,我们可以清楚地看出,职业教育对经济发展的促进作用是通过满足经济发展的人力需求实现的,具有市场导向特点。经济发展与职业教育发展互为因果,互相促进,但经济发展是第一位的,处于主动的地位。一些学者通过对发达国家和发展中国家经济发展与教育发展之间关系的定量分析,发现经济起飞初期(指人均GNP在1000美元以下),高等教育发展速度通常低于经济增长率；经济起飞第二阶段（指人均 GNP 在 1000—5000 美元之间），高等教育发展速度逐步赶上经济增长的步伐；经济起飞第三阶段（指人均 GNP 在 5000—10000 美元之间）教育发展进一步加快，超过了经济增长的速度；经济起飞第四阶段（指人均 GNP 超过 10000 美元），高等教育发展达到普及化水平。

目前，我国整体经济发展还处于第二阶段，所以教育的重心主要在大专及以下层次上，正处于大力发展高等职业教育的阶段。特别是西部地区，经济的发展还处于追赶型经济的初期，如果西部地区仍把经济发展及追赶东部地区的战略放在自然资源的开发上，仍停留在粗放型工业化战略上，对产业结构不进行改变的话，无疑是个错误的抉择。在世界上许多国家和地区，其自然资源虽然贫乏，但是经济发展水平很高，如日本、中国台湾地区等；而许多资源丰富的国家和地区，其经济发展水平却低。所以，在全球经济一体化的趋势下，职业教育比以往任何时候对经济发展的作用都大得多，西部地区特别是云南省，应该注重提高劳动者素质，走集约化发展的道路，有效利用科学技术，提高本省经济实力。提高劳动者素质，就需要大力发展职业技术教育，使教育走向大众化。只有人口素质得到普遍提高，才能使经济快速发展成为现实。

（一）西部地区经济发展现状及对职业技术教育的需求

改革开放 20 多年来，我国沿海地区凭借其区位优势和国家政策支持，获得了令世人瞩目的持续高速发展，1998 年，我国沿海地区人均 GDP 已达 1150 美元，其中上海市为 3043 美元，已开始跨入了中等收入阶段的门槛。与此相反，广大中西部地区如今发展水平还很低，经济基础薄弱，与东部地区的差距越拉越大。从 1983 年到 1998 年，我国东部与西部间人均 GDP 的绝对差距由 325 元迅速扩大到 5490.9 元，相对差距系数由 44.4% 急剧上升到 57.7%，扩大了 13.3 个百分点。西部地区的省份，农民人均纯收入低于 300 元的人口还占相当的比例，贫困现象严重，到 1994 年，中西部地区的贫困县共 487 个，占全国的 82.3%，贫困人口为 5858.9 万人，占全国贫困人口的 70% 以上，其中我们云南省的贫困县在全省占到 59%，位列全国第二。从贫困的发生与教育、科技发展的关系上分析，生产力发展水平低，产业技术含量不高与这些地区科技人员拥有量不足紧密相关。据统计，20 世纪 80 年代末，西部地区每万人拥有科技人员 64 人和教师 60 人，到 20 世纪 90 年代末，西部地区每万人拥有科技人员和教师的数量略有提高，但均不到 100 人，而上海市每万人技术人员拥有量达 700 人，新加坡、我国香港地区为 2000 人；到 2000 年，西部地区教育情况也不乐观，整个西部地区的小学平均入学率还不到 80%，初中入学率平均低于 78%，达不到国家"普九"要求，而且因为贫困，学生辍学率相当高，西部地区的适龄青年大学毛入学率不到 10%。教育的不足，导致这些地区经济增长缓慢，产业变动小，地区内文盲比例高，如 2000 年云南省 15 岁以上人口文盲比例为 11.39%，比全国平均数仅高了 4.67 个百分点，劳动者整体素质较低。在这种情况下，如果只重视资金、物质投入，只考虑项目，忽视与此配套的科技开发和普及教育工作，将难以取得预期的经济效益和社会效益，也就不能彻底解决贫困地区的长远发展问题。

在我国西部地区，自然资源蕴藏量极为丰富，地上有丰富的水力、风能、光能、森林草场资源和珍贵的动物资源，地下有储量极大的煤、油、气和各种矿产资源，农副土特产品品种繁多，旅游资源十分丰富，蕴含着巨大的开发潜力，据资料统计，中国自然资源人均综合指数，西部是东部的两倍。但是资源的开发，光靠自己的力量是不够的，还需要大量的资金投入和技术支持，最关键的是要能培养出人才、引来人才、用好人才、留住人才。深圳从改革开放前的小渔村，发展成为我国人均 GDP 最高的新兴城市，原因也就在这里，深圳市市长李子彬曾说："深圳没有几所名牌大学和有影响力的科研机构，但全国各地包括海外留学生蜂拥而来，使深圳的经济在质和量的方面得以超常发展。"可见，地方经济的发展能力是与高素质人才的拥有量紧密相关的。

借鉴发达国家和地区教育对经济发展的贡献之经验，在我国西部大开发中，如能凭借其资源优势，将教育放在优先发展的地位，并充分发挥人才优势，在不久的将来，经济上缩小与东部发达地区的差距也不是梦想。所以西部地区在这次大开发的形势下，应更新观念，改变用人机制，给人才以宽松、优厚的环境，这样才能真正引来"金凤凰"。在引进高级技术人才、管理人才的同时，利用已有的教育资源，加大对教育的投资力度，在本地区培养大量的技术人才及高素质劳动者，才是使西部经济持续发展的最根本的途径。"治穷先治愚，扶贫先扶智"，文盲比例过高，劳动者素质低下，是无法展开经济腾飞的翅膀的。所以，西部的发展，更应确立教育优先发展的地位，认真落实"普九"工作，多渠道扩大高等院校招生范围，加强职业技术教育。只有全民素质通过各种渠道、各种层次的教育得到了提高，劳动者才能在生产生活中发挥自身能动性，提高生产力水平，使西部地区经济走上可持续发展的道路。

从西部地区的地域、资源特点和生产力发展水平看，西部地区适合于按其经济比较优势，发展资源密集型、劳动密集型产业，需要的是大量技术应用型人才。地方实际情况决定了西部高教发展应当是低重心的，即应扩大专科、高职层次的教育，在培养目标上注意有效、实用，为经济尚不发达的贫困地区培养一大批用得上、留得住的应用型技术人才。国际上公认的本科、专科、中专学生人数的合理比例应为 1∶3∶10，而我国目前这一比例约为 1∶1∶1.5，是不尽合理的。所以，西部高教的结构，应根据各地区经济发展的现状，预测社会对人才的需求，适当扩大高等职业教育的招生比例，优化高教结构。

为适应地方经济发展的需要，西部地区的院校还应积极改革专业结构，主要针对当地产业变化和社会发展的需要，发展短线专业，适当压缩长线专业，扩大专业面，增强适应性。比如，云南省在西部开发中提出，要建设绿色经济强省和民族文化大省，以基础设施建设、生物资源开发、水能资源利用及旅游开发为发展重点，那么云南省各高校就应根据这一需要，增加能源、交通、电力、生物化工等工业方面的专业，加强乡镇企业、经济、管理、服务、旅游等社科方面的专业，压缩某些社会需求已经饱和的专业，尽量保存具有地方和民族特色的专业。

对于西部贫困地区来说，在经济基础薄弱、人才资源缺乏的情况下，首先应以发展劳动密集型产业为主。其次，随着产业布局、产品结构的调整，岗位结构和就业结构也将发生变化，新岗位不断产生，旧岗位不断组合，高层次的一线应用型人才需求必然加大。另外，第二产业处于以科技为先导、以结构调整为重点的转型期，急需有能力的高级技术人员，第三产业作为城市"加速发展"的战略重点，其从业人员的整体素质也亟待加强，迫切需要高等职业教育的发展。所以扩大高等职业教育招生数量，应是西部高教结构调整的重点。

西部大开发将会直接地、有力地产生人才需要，产生对各类教育的需求。党和国家充分认识到了教育的重要性，在西部开发的部署下达后，国务院办公厅、教育部、财政部等部门又联合下发了《关于东西部地区学校对口支援工作的指导意见》，让东部发达地区为西部大开发提供智力支持，各西部地区省、区也提出了优先发展教育的措施。

20 世纪 90 年代是我国职业教育发展最好的时期，西部地区的职业教育也有很大发展，得到政府和社会的重视。但是由于西部地区的基础十分薄弱，职业教育在总体上还处于起步阶段。从表 3 可以看出，西部八省区的职业技术教育总体发展水平全面落后于全国平均水平。

表3 1998年全国及西部部分省区每万人口中职业学校在校生的对比

(单位：人)

	1997年人口（万人）	中等专业学校合计	中等技术学校	中等师范学校	职业中学
全国合计	120778	35.01	27.72	7.29	39.19
贵州	3495	25.49	18.95	6.54	19.73
云南	3971	27.62	20.13	7.49	24.63
陕西	3500	30.61	24.02	6.59	39.31
甘肃	2426	25.55	18.77	6.78	18.84
青海	479	28.14	15.46	12.68	27.26
宁夏	509	25.06	16.89	8.17	16.11
新疆	1654	44.00	33.01	10.99	31.41
广西	4527	28.00	21.65	6.35	30.05

资料来源：《中国教育事业统计年鉴》，1998年。

近年来，西部省区的职业教育在经济支持条件不够充分的情况下开拓进取，各级教育行政部门采取了直接面向当地经济和社会发展需要、因地制宜发展多种形式职业技术教育，摸索了不少有效和成功的经验。比如广西坚持普及和提高相结合的发展方针，确定了横县职业中学和博白县中等职业学校等5所学校为省级重点职业高中，20所普通中专为省级重点中专，各级政府在财力、物力等方面予以了支持。在软件方面，依靠广西农业大学进行了职业高中校长培训，同时，调整了学校布局，优化了专业结构，扩大了办学规模，挖掘了学校潜力，并面向社会、市场以及外省市服务。

在国家实施西部大开发战略后，西部地区的经济建设呈现快速发展的趋势。但是，西部大开发，人才是关键。西部地区劳动力素质较低、人才极端缺乏越来越成为制约其进一步发展的最大障碍：资金、技术等生产要素可以引进，但人力资源不能依靠外部大量的支援，尤其是劳动力素质不能引进，必须自我培养更新提高，必须依靠本地区的教育机构培养。从西部地区的人才需求状况分析，它与发达地区有所不同，表现为需求的特殊性：第一，对专业人才的需求种类众多但数量有限；第二，对实用技术人才需求最为旺盛，尤其是急需中初级农牧业技术专业人才以及管理人才；第三，各行各业急需大量的用得上的合格人才。目前暴露出来的问题是现有人才数量少、质量低与需求之间的矛盾；结构不合理与需求之间的矛盾，表现在行业和地域及层次等方面分布不均衡；人才供需之间的矛盾；技术人才使用不合理，学非所用和用非所学现象较严重，人才浪费与短缺的矛盾；人才短缺与流失日益严重的矛盾。

人力资源的质量高低与人力资源的素质和人才资源的素质的水平密切相关。从目前情况看，我国西部地区人力资源的质量仍不尽如人意，见表4。

表4　西部地区从业人员分性别受教育程度分组构成

（单位：%）

地区	合计	不识字		小学		初中		高中		大专以上	
		男	女	男	女	男	女	男	女	男	女
四川	100.0	7.3	16.9	42.8	43.0	36.7	30.1	9.8	8.2	3.3	1.8
云南	100.0	14.7	28.6	47.5	45.4	30.1	20.0	6.3	5.2	1.5	0.9
贵州	100.0	15.4	42.9	41.9	33.9	32.3	16.5	7.7	5.2	2.7	1.6
西藏	100.0	52.0	70.3	40.8	24.9	6.2	4.1	1.0	0.5	0.1	0.2
陕西	100.0	7.9	16.4	32.2	37.5	40.8	32.2	15.3	11.4	3.8	2.4
宁夏	100.0	15.6	34.8	26.3	23.0	38.6	27.9	13.6	10.7	6.0	3.6
甘肃	100.0	17.6	37.3	31.1	30.6	35.1	22.2	13.1	8.3	3.1	1.7
青海	100.0	31.9	58.1	31.1	18.2	24.7	12.4	7.7	7.6	4.7	3.6
新疆	100.0	8.0	9.3	37.3	39.3	32.9	28.7	13.5	14.6	8.3	8.1
内蒙古	100.0	8.0	16.5	26.5	31.0	43.3	32.9	16.5	14.7	5.6	5.0
广西	100.0	4.3	13.4	38.9	46.4	45.0	32.9	10.4	6.4	1.4	0.9

资料来源：《中国教育事业统计年鉴》，1998年。

从表4中可看出，我国西部地区从业人员的教育程度普遍较低，除内蒙古外，其他10个省、自治区男性从业人员中40%以上的人口只有小学以下的教育程度。与之相比，女性从业人员的教育程度更低。这说明西部地区人力资源的素质较低，不适应西部大开发的需要。从西部地区人才资源共享的状况来看也不容乐观。中国经济学家徐逢贤考察东西部30个县后的统计数据表明，东部平均每百人拥有科技人员18名，西部只有2名。东部乡镇领导学历在大专以上的占64%，而西部不足20%。东部人平均受教育时间达到10年零8个月，而西部人均只有3年零6个月。总之，东西部的综合人才差距是10:1。由此可见，西部地区人才资源缺乏，并且人才资源的素质与经济发展的要求尚有一段距离。

人力资源的开发使人力资源质和量的发展相辅相成、统一协调，能更好地为地方经济的发展服务。目前，我国人力资源数量丰富但质量不高的矛盾突出，究其原因，就在于人力资源开发中存在着许多问题。其中，职业教育发展的严重不足，导致了劳动者的职业技能无法满足经济发展的要求。由于社会、历史、自然等多方面的原因，西部地区职业技术教育的发展严重不足。中等教育、成人教育、职业培训等事业的发展刚刚起步，现代人力资源管理和开发理论的引进和实施几乎是个空白。这一切造成当地劳动者的职业技能较低，企业管理不善，产品质量难以过关，因此在当今激烈的市场竞争中难以立足。由于西部地区经济、文化及生存环境水平较低，不但现有人才的培训不足，而且人才的招募也缺乏吸引力。西部地区内的科技人员和技术工人每年"孔雀东南飞"的不计其数，流向内地和东南沿海发达地区，导致西部地区各级各类专业人才严重缺乏。另外，由于西部地区人口资源的文化科学素质普遍较低，加上受传统的观念及道德规范中一些不合理因素的影响，造成许多劳动者不易接受新生事物，安于现状，依赖性强，缺乏追求自我发展的积极性，只能从事简单的体力劳动或依赖于自然资源的过度开发。这样全社会性的启智服务就难以开展。总之，在实施西部大开发战略的今天，如何解决西部地区人力开发问题，关系到西部地区经济的发展，关系到西部地区的繁荣和稳定，更关系到西部大开发战略的实施能否顺利进行。因此，在西部大开发中，应该对大力加强职业技术教育，积极促进人力资源开发问题的研究给予足够的重视。随着科学技术的发展，生产水平的提高，职业技术教育的层次和结构也随之发生变化，职教发展的方向、教育层次和结构，必须与各地区的经济发展相适应，否则，不仅起不到推动经济发展的作用，还将造成教育资源的浪费。

目前，国家已开始实施西部大开发战略，希望使西部地区在经济发展水平上逐步赶上东部发达地区，彻底改变这些地区贫困落后的状况。西部地区各省市均不同程度地存在生产力水平低、贫困人口多、文盲比例高等情况，我们云南省的贫困人口比例在全国位列第一。云南省在西部大开发中提出了"建设绿色经济强省、民族文化大省和中国连接南亚、东南亚国际大通道"的三大目标，笔者认为，要使云南经济可持续发展，实现既定目标，就必须借鉴发达国家、发达地区经济发展的经验，大力发展职业技术教育，特别是在目前经济起步阶段，云南省缺乏的是大量高素质、低成本的生产、服务人才，应重点以发展中等职业技术教育为主，转变过去教育只培养"精英"人才的观念，使教育走向大众化。只有从整体上提高了劳动者的素质，才能将巨大的人口资源转化为优势资源，使云南真正做到"科教兴滇"，在西部大开发中有所作为。

（二）云南省经济发展现状及对职业技术教育的需求

云南省是一个多山区的省份，人均耕地面积仅有 0.071 公顷。云南曾被誉为"资源王国"，但新的统计资料显示，云南的土地、耕地、矿产资源在国内与别的省（区、市）相比，潜在的总价值都不具有优势，特殊的地形地貌更给云南省土地资源的开发利用带来巨大的困难。在国际经济一体化格局逐渐形成的状况下，在国际范围内相比，云南省除水能资源、生物物种资源和烤烟、茶叶的适生面积有一定优势外，其余主要自然资源不具有优势或不具有明显优势，鉴于以上原因，云南的经济发展已不能再依赖自然资源开发的初级产品来进行资本积累，而必须通过提高产品开发的科技水平和管理水平来弥补资源总量的不足，提高资源利用率，提高产品的科技附加值，减少对资源的单纯依赖，使云南全省经济逐步走上良性循环的轨道。

但是，提高生产力发展的水平，将科技成果转化为现实的生产力，必须要有一大批在生产第一线的技术人才，必然依靠一大批受过职业技术教育的高素质劳动者。然而云南省人力资源状态并不乐观。云南省人口总量约有四千万人，农业人口占了大部分，贫困人口占到 20.5%，居全国各省市区的首位，云南省 15 岁以上人口文盲比例为 11.39%；云南省仍属于农业大省，但全省农业科技人员仅占农业人口的 0.2% 左右；工业企业劳动人员的素质也不乐观，2000 年云南省工业企业职工中高中以上学历、初中以上学历、小学以上学历职工比例为 6.5：21.2：44.7，高中以上人员所占比例比全国平均水平低近 10 个百分点。正是由于劳动者整体素质偏低，使云南农业、工业水平都维持在一个较低的水平上发展，省内许多地区的自然资源及生态环境由于粗放式开发而遭到了严重破坏。2000年云南的统计资料显示，云南全省的小学毕业生升学率为82.8%，初中毕业生升学率为 24.93%，普通高中毕业生升入大学的入学率尚不足 10%，这意味着云南省每年都有相当数量只接受了小学或初中教育的学生和未受过职业训练的高中生直接流向社会，成了千百万劳动大军中的一员。如果这部分学生能够接受一定的职业技术教育或培训,将会获得劳动的技能,有助于其在劳动力市场上谋求到理想的工作岗位,同时,也可以为社会经济发展做出更大的贡献。

改革开放以来,云南省国民经济发生了较快的变化,到2000年,全省GDP比1978年增长了6.4倍,每年平均增长9.5%,实现了由计划经济体制向初步建立社会主义市场经济持续快速健康的发展,取得了较好的成绩,但是与先进省(区、市)相比,仍然存在较大的差距。从GDP总量分析,云南2001年GDP总量仅为2074.71亿元,与其他省份的差距较大。详见表5。

表5 2001年云南与先进省(区、市)GDP对比

(单位:亿元)

地区	国内生产总值	第一产业	第二产业	第三产业
云南	2074.71	450.54	881.49	742.68
河北	5577.78	913.90	2767.41	1896.47
辽宁	5033.08	544.44	2440.55	2048.09
广东	10647.71	1004.35	5341.61	4301.75
上海	4950.84	85.50	2355.53	2509.81
江苏	9511.91	1082.43	4907.46	3522.02
浙江	6748.15	695.15	3459.75	2593.25
山东	9438.31	1359.49	4654.51	3424.31
河南	5640.20	1234.43	2659.04	1746.73

资料来源:《云南省统计年鉴》,2001年。

云南2001年GDP总量只相当于河北省的37.2%,辽宁省的41.2%,广东省的19.5%,上海市的41.9%,江苏省的21.8%,浙江省的30.7%,山东省的22.0%,河南省的36.8%。云南与先进地区的差距拉大,主要表现在一、二、三产业总量的差距上,其中,第二产业与第三产业差距的绝对值进一步拉大。

云南第一产业比重过大,第二、三产业比重小于先进地区,这是云南经济不能快速发展的原因之一。从2001年云南与先进省(区、市)三次产业的比重对比情况看,第一产业比重大于先进地区,表明了云南以农业为主的格局仍未发生根本变化。第二产业比重小,表明云南工业生产的发展仍赶不上先进地区。云南虽然在第三产业比重方面超过河南、河北,但是与先进省(区、市)相比,差

距仍然很大。

表6 云南与先进省（区、市）产业结构对比

（单位：%）

地区	第一产业	第二产业	第三产业
云南	21.7	42.5	35.8
河北	16.4	49.6	34.0
辽宁	10.8	48.5	40.7
广东	9.4	50.2	40.4
上海	1.7	47.6	50.7
江苏	11.4	51.6	37.0
浙江	10.3	51.3	38.4
山东	14.4	49.3	36.3
河南	21.9	47.1	31.0

资料来源：《云南省统计年鉴》，2001年。

2002年，云南省委、省政府高度重视全省国民经济发展，提出了团结干事、抓好经济发展是全省首要的政治任务，2002年全年GDP增长达到了8.1%，2003年也达到了7.8%，云南省委、省政府制定的目标是，到2020年使云南的GDP较2000年翻两番，即要达到7824.2亿元，达到党的"十六大"报告的目标要求，在今后的十多年中，平均递增速度要保持7.18%的水平，才能达到小康社会的目标。云南省的三次产业结构调整还不尽合理，与先进省（区、市）的差距较大，因此，在今后的发展中，一要抓住西部大开发的有利时机，加快云南基础设施建设；二要在国有企业改革与发展中，建立起一批支柱企业和骨干企业以及高科技企业，使云南第二产业有较快的发展；三要抓住建立中国—东盟自由贸易区的有利时机，内引外联，加强与东盟国家的经济交流和贸易往来，促使云南第三产业有较快的发展，使三次产业结构更趋合理，才能保持持续稳定的发展。

在国家西部大开发的政策指导下，云南省将抓住机遇，紧紧围绕建设"绿色经济强省，民族文化大省和中国连接东南亚、南亚国际大通道"的三大目标，实施科教兴滇、可持续发展、城镇化和全方位开放战略。在2001年1月制订的《云南省国民经济和社会发展第十个五年计划纲要》中，云南省明确规划在今后

几年内将以发展生态农业、加强基础设施建设、抓好产业结构调整、大力发展旅游、能源、高新技术产业、推进城镇化建设为主。要实现这些规划，云南省最紧迫的任务就是在继续抓好基础教育的基础上，大力发展职业技术教育，逐步提高劳动者的知识水平，从整体上提高劳动者的素质，从根本上解决生产力水平低下、对自然因素过分依赖的状况，使地区经济得到发展，劳动者个人真正脱贫致富。

在2002年的劳动就业局对4543名就业者的"云南省劳动力市场劳动力需求情况调查"中，社会对第三产业人员、技术应用型人才、高职及以下学历的人员需求较大，见表7—表11：

表7 按产业分组的需求人数

产业	需求人数（人）	所占比重
第一产业	19	0.4%
第二产业	524	11.5%
第三产业	4000	88.1%
合计	4543	

表8 按用人单位性质分组的需求人数

单位性质	需求人数（人）	所占比重
企业	4476	98.5%
事业	53	1.2%
机关	0	0
其他	14	0.3%
合计	4543	

表9 按行业分组的需求人数

行业	需求人数（人）	所占比重
农、林、牧、渔业	19	0.4%
采掘业	2	0.0%

续　表

行业	需求人数（人）	所占比重
制造业	348	7.7%
电力、煤气及水的生产和供应业	29	0.6%
建筑业	145	3.2%
地质勘查业、水利管理业	4	0.1%
交通运输、仓储及邮电通信业	191	4.2%
批发和零售贸易、餐饮业	735	16.2%
金融业、保险业	267	5.9%
房地产业	103	2.3%
社会服务业	965	21.2%
卫生、体育和社会福利业	240	5.3%
教育、文化艺术和广播电影电视业	302	6.6%
科学研究和综合技术服务业	268	5.9%
国家机关、政党机关和社会团体	16	0.4%
其他行业	909	20.0%
合计	4543	

表10　按职业（大类）分组的需求人数

职业类别	需求人数（人）	所占比重
单位负责人	1078	23.7%
专业技术人员	756	16.6%
办事人员和有关人员	776	17.1%
商业和服务业人员	1703	37.5%
农林牧渔水利生产人员	8	0.2%
生产运输设备操作工	222	4.9%
其他	0	0
合计	4543	

表11 按文化程度分组的需求人数

文化程度	需求人数（人）	所占比重
初中及以下	756	16.6%
高中	2131	46.9%
大专	766	16.9%
大学	166	3.7%
硕士以上	0	0
无要求	724	15.9%
合计	4543	

从上列各表可看出，云南省在产业结构调整和经济发展中，是对职业教育有极大需求的。云南省虽然下岗职工的再就业培训工作得到了各级政府和培训机构的重视，但是从总体上讲，职业教育的工作开展仍不容乐观。现在，云南省委、省政府积极关注三农问题，在农村推行绿色证书培训工作，并计划每年培训8万人左右农村转移劳动力的工作，这也为职业教育的发展提供了良好的机遇。

职业技术教育除了对经济的促进作用外，对一个国家和地区的经济可持续发展也是至关重要的，因为不可能指望低素质的劳动力使用较先进的技术，即使开发自然资源，也只会乱挖、滥采粗放式开发，对环境和资源造成严重破坏。只有形成一支有一定文化水平、掌握一定专业技能、有较高素质的劳动大军，丰富的人口资源才能形成优势，也才能确保经济、社会发展步入良性循环，实现可持续发展。根据云南省"十五"规划，到2005年云南省人均国内生产总值将达到900美元左右，属经济起飞初期，根据国际上的经验，此阶段教育发展的重心在大专及以下，即加强高等职业教育及以下的基础和技术教育。另外，目前云南省中专以上学历和初级专业技术职务以上的人才总量仅占人口总量的2.39%，比全国平均低了1.46个百分点，要达到全国平均标准，在5年内尚需培养58.4万名中专以上的人才。所以，无论是初级、中级或是高级职业技术教育，都将在较长时间内承担起繁重的教育任务。因此云南经济能否走到西部地区前列，逐步赶上东部发达地区，并走上可持续发展的道路，很大程度上依赖于职业技术教育的发展规模。

（三）云南职业教育的发展情况

目前，云南省的职业教育发展情况仍不容乐观。到 2003 年年底全省现有高等职业技术学院 11 所，在校学生不到 6 万人。中等职业学校 374 所，在校生 27.7 万人。其中，普通中专 121 所，在校生 13.89 万人；职业高中 172 所，在校生 10.97 万人；技校生 81 所，在校生 2.84 万人。另外，有成人中专 14 所，在校生 4.26 万人；职业初中 21 所，在校生 3.85 万人。

在"九五"期间，全国的职业技术教育出现了较大的滑坡，云南省的职业教育虽然没有出现大幅下滑的态势，但是毕业生的就业情况、发展情况也不乐观。近几年，云南省委、省政府给予了职业技术教育极大的关注，从政策上引导和指导云南省职业教育的发展。"九五"期间，云南省人大通过了《云南省职业教育条例》《云南省职业技能管理条例》；云南省教育厅下发了《云南省关于深化中等职业学校教育教学改革全面推进素质教育的意见》《云南省中等职业学校、农村成人教育"十五"发展规划实施意见》等政策和法规，使职业教育法规和政策进一步完善。

1. 云南省高职教育现状

就高等职业教育来说，云南省高职教育情况现状如下：

一是规模不足。云南省从 1999 年开始招收高等职业教育的学生以来，全省已有高职院校 11 所。2003 年招生总数约 2 万人，在校学生 5.5 万人。与人口较多、经济发达的广东、上海等地相比，云南省高职办学规模明显偏小，按照经济起飞阶段对人才培养的需求，是不能满足要求的。二是渠道单一，虽然有独立设置的高职院校、高等专科院校、成人高校，还有普通高等院校举办的高职教育，但是云南省的高职院校，多为政府和行业办的，私立学校极少，在结构上凸显出政府投资不足，办学举步维艰的局面。三是只有部分学校的办学条件较好。在现有的高职院校中，有的学校有较好的办学基础，办学历史较长，具有丰富的办学经验和较突出的办学业绩。例如，昆明冶金专科学校坚持产学合作办高职，培养应用型人才，教学、科研开发、"双师型"师资队伍建设和实训基地建设均取得了突出的成绩，在 2002 年的教育部高校评估中，被评价为"优秀"。该校毕业生上手快、技术好，深受用人单位的欢迎，近年来毕业生一次就业率均在 85% 以上。再如，云南农业大学高职学院，依托学校优越的教育资源，立足服务"三农"办学，在产学研结合方面很有优势与特色，学院基础设施好，养殖基地、实训基地规模较大,师资、设备都很好,毕业生就业情况很好。

云南在烟草、花卉、旅游、水能资源利用等方面具有自身的优势特色,经过长期的发展和建设,云南的部分产业在全国也有着领先的优势。所以,云南的经济在今后的几十年中,要按照省委、省政府部署,建立起以烟草、矿产、生物制品、水电开发为支柱的产业经济,云南的高等职业教育,也要围绕这些产业来培养急需的人才,使云南在经济发展过程中,有充分的人才储备,让教育为云南的经济发展做出应有的贡献。

2. 云南省职业教育主要存在的问题

从目前云南省职业教育现状分析,主要存在以下问题:

(1) 认识不足、体制不顺是影响职业教育发展的重要因素。近几年来高校扩招和普通高中热,使得一些地区、一些领导对发展职业教育产生了动摇。一些地方的政府在职业教育与其他各类教育协调发展方面统筹不够,对政策措施研究不够,实际问题关心不够,提高办学效益、调整优化结构、防止职业教育资源流失力度不够。

高等职业教育、中等职业教育的管理体制和运行机制,没有完全摆脱计划经济下形成的思维方式和运行方式。政府对学校管得太多,没有赋予学校足够的自主权。学校对政府依赖性强,教育教学观念落后,人事分配制度因循守旧,缺乏创新与改革意识,办学方向和专业设置不能以市场为导向,不能主动适应市场,在招生和推荐学生就业方面只能被动适应,不能很好地满足当地社会和经济发展的需要。

(2) 经费投入单一,办学条件改善困难。云南省职业教育的办学经费主要来源于财政投入,比如2001年,云南省中专教育经费投入77421万元,其中预算内拨款55841万元,教育附加拨款910万元,两项相加,占经费的近3/4;职业中学经费投入25655万元,其中预算内拨款18127万元,教育附加费拨款1146万元,两项相加,占经费的3/4。再加上基建拨款,中专和职高经费投入来源于财政的比重更高。与此同时,多数地、州、市没有职业教育专项经费,特别是一些贫困地区,很难对职业教育有大的投入。

一些学校办学条件差,教学设备、实验实习设施、图书严重不足。国家规定的中等职业学校的生均建筑面积为15平方米以上,云南省职业高中学校生均面积只有10.7平方米,按现有在校生计算,存在46.4万平方米的缺口。全省现在还有23所普通中专、50多所职业高中因办学条件太差,达不到教育部规定的最低设置标准，而未能通过合格学校评估。

（3）师资水平不高，严重影响教育教学质量。2002年，中专教师学历达标率为75%，职业高中为36.7%，技校为55.3%，教师学历达标率平均为55.7%，与中等职业学校教师都应有大专以上学历的国家要求差距很大。学校缺少高水平的学科带头人。高级职称教师、双师型教师不足的问题十分严重，导致教学质量不高，特别是一些职业高中，其教学质量的社会认可度很低。

（4）双证书与就业准入制度落实不到位，毕业生就业服务体系不完善。一方面，在高、中等职业院校中，要求毕业生同时拥有毕业证书和职业资格证书的双证书制度还没有普遍推开，或因办学条件的限制还无法推开；另一方面，就业准入制度不完善，用人、用工只注重学历不注重职业技能的做法没有根本改变，造成职业学校毕业生就业难，进而引发生源困难。高、中等职业教育的就业服务体系不完善，也直接影响毕业生的就业。

（5）专业设置重复与专业设置不足同时存在，学校缺乏办学特色。云南省中等职业学校专业设置，一方面抓住已经形成的传统专业不放；另一方面在市场经济下又形成同一专业一哄而上的情况，学校缺乏应有的办学特色。如玉溪市12所中等职业学校共开设32个专业，其中交叉、重复专业就有21个，涉及学生占在校生总数的68%。文山州16所中等职业学校开设的专业也主要集中在师范类、卫生类、财经类与农林类。而社会急需的土木工程、加工制造、信息技术、交通运输、社会公共事业、文化艺术等专业，由于缺乏师资和办学条件，开办的很少，甚至是空白。

从整体上讲，云南省的职业教育在教育思想、办学体制、管理体制、人才培养模式、教学内容和方法等诸多方面还不能适应社会、经济发展对人才的需求。职业教育的办学水平、办学质量、办学效益不高的情况尚未根本改变。而且有几个问题也必须引起足够的重视。一是对高职教育的认识不到位。部分领导没有看到发展经济与发展职教是相互促进的，没有认识到抓职教就是抓经济。一些人对高职教育尚有偏见，误以为高职教育是高等教育的等外品，家长不愿意让子女上高职、中学教师动员学生不要报高职的现象屡见不鲜。二是办学经费严重不足，尽管高校的办学经费也不足，但是高职院校更为突出。因为国家给高职的投入要少于其他院校，而高职培养应用型人才又需要更多的硬件支撑。与此同时，高职本身造血机能差，多渠道筹集资金的渠道还没有打开。昆明理工大学的应用技术学院与昆明大滇公司从2002年就开始了合作共办学院，也算是开了好的先河。

三是办学特色不鲜明。很多学院在专业设置和办学特色上没有个性,随行就市,容易造成部分专业毕业生的就业竞争大。2000年全国高职高专教育工作会议后,省内各有关高校对高职高专教育人才培养的6大基本特征认识更明确了,这些特征是:"以培养生产、建设、管理、服务第一线需要的高等技术应用性专门人才为根本任务;以适应社会需要为目标,以培养技术应用能力为主线设计学生的知识、能力、素质结构和培养方案,毕业生应具有基础理论知识适度、技术应用能力强、知识面较宽、素质高等特点;以'应用'为主旨和特征构建课程和教学内容体系;实践教学的主要目的是培养学生的技术应用能力,并在教学计划中占有较大比重;'双师型'教师队伍建设是提高高职高专教育教学质量的关键;学校与社会用人部门结合、师生与实际劳动者结合、理论与实践相结合是人才培养的基本途径。"但是落实不到位,只在很少的学校和专业中能够得到体现。四是对外合作进展缓慢。表现在与省外、国外合作办学方面缺乏主动性。云南省多数高职院校还没有意识到云南省高职教育与国内先进省(市、区)、与国外有很大差距,有必要通过合作办学学习省外、国外的经验,促进云南省高职教育的进一步发展。

四、云南大力发展职业技术教育的对策

我国加入世界贸易组织后,先进教育思想和教育理念的引入,境外教育资本的涌入和现代化教育技术的引进,以及社会经济快速发展对高素质职业技术人才的旺盛需求等,将为职业教育创造有利的运行和发展环境;同时,"开放教育市场"也将对我国现有教育观念、教育体制、教育模式、教育内容等形成强烈冲击。国家越来越重视职业技术教育对国家的经济建设、对未来发展的重要性。从2002年7月召开"全国职业教育工作会议"以来,职业教育的改革和发展取得了新的重大的成就。高等职业教育面向经济社会发展培养高技能人才,成为高等教育的重要组成部分,1998—2003年,高职在校生从117万人增长到480万人,增长了3.1倍,占普通高校在校生总数的42%,基本形成了每个地市至少设置一所高职院校的格局。同时,各种形式的职业培训蓬勃高涨。职业教育的办学方向和改革思路日益清晰,特色日趋鲜明,一个有中国特色的职业教育体系初步形成,以就业为导向的职业教育越来越得到社会的认可,得到社会的支持。

2004年6月17日至19日,由教育部、国家发改委、财政部、人事部、劳动

保障部、农业部、国务院扶贫办联合召开的全国职业教育工作会议在江苏举行。会议的主要任务是以"三个代表"重要思想为指导,总结交流职业教育改革与发展的经验,巩固成果,深化改革,提高质量,持续发展,努力办好让人民群众满意的职业教育。会议认为,党的十六大提出的全面建设小康社会的宏伟目标,走新型工业化道路,推进城镇化,解决"三农"问题,促进就业和再就业,都对加快职业教育发展、加速技能型人才培养提出了迫切要求。近几年,我国职业教育取得新的进展,高等职业教育得到了快速发展,中等职业教育出现逐步回升的良好势头。但是,当前我国的职业教育仍然是一个薄弱环节。尽快改变职业教育发展相对滞后的局面,切实发挥职业教育在经济社会发展中的基础性作用,是一项具有战略意义的紧迫任务。

（一）职业教育的发展趋势

1. 未来二十年是职业教育不可错失的发展机遇期

当前,我国职业教育正在迎来一个前所未有的发展机遇,我们要坚定不移地贯彻落实中央关于职业教育改革与发展的方针政策,抢抓机遇,乘势而上,实现职业教育的新发展,为全面建设小康社会做出新贡献。展望今后二十年,职业教育蕴涵着巨大的发展潜力,是职业教育不可错失的发展机遇期,无论是中等职业教育还是高等职业教育,无论是职业学历教育还是各种形式的职业技能培训,都要有全面的发展,这是树立和落实科学发展观、实现经济增长方式根本转变的必然要求,是走新型工业化之路和加快城镇化建设的必然要求,是从根本上解决"三农"问题的必然要求,是加快实施人才强国战略和科教兴国战略、建设人力资源强国的必然要求,是党中央、国务院交给我们的一项重要任务。

2. 以服务为宗旨,促进职业教育为现代化建设做出更大贡献

造就数以千万计的高技能人才和数以亿计的高素质劳动者,是职业教育的根本任务;满足人民群众不断发展、不断变化的就业、转岗以及下岗再就业的需求,是职业教育的立足之本。以服务为宗旨,就是要坚持以服务求支持,以贡献求发展,使职业教育担负起为促进发展和促进就业服务这两大任务。要按照服务于现代化建设的需要,加快构建灵活开放、特色鲜明、结构合理、自主发展的职业教育体系。国务院批准的《2003—2007年教育振兴行动计划》中大力实施"职业教育与培训创新工程"的内容,一是要切实加快制造业和现代服务业技能

型紧缺人才的培养培训，积极推进教育部等六部门实施的"制造业和现代服务业技能型紧缺人才培养培训计划"；二是要大力开展农村劳动力转移培训；三是要继续推进农科教结合和"三教统筹"。

3. 以就业为导向，加快推进职业教育的改革创新

就业是民生之本，扩大就业是我国当前和今后长时期的重大而艰巨的任务。充分发挥职业教育对扩大就业的支持作用、服务功能，不仅对于国家是一个巨大的贡献，也是"三个代表"重要思想在教育工作中的重要体现。越来越多的事实证明，坚持以就业为导向，就能够给职业教育带来深刻的变化。所以我们要坚定这样的信念：职业教育就是就业教育，要促进职业教育转变办学思想、办学模式和办学机制。

提高职业教育质量的关键在于切实加强技能性和实践性环节，这就要求我们积极推进产学合作，促进职业教育人才培养模式的改革，大力加强实践性环节的教学。一是采取各种形式推进产学合作，产学合作的形式要符合当地经济社会发展的实际和学校自身的特点。二是要突出技能培训这个重点，加强职业教育实训基地和校外实习基地的建设。今后高等职业教育专业实训时间应为半年，中等职业教育应为半年至一年。到2007年，国家将分期分批在重点专业领域建成若干条件较好、适应技能型人才培养需要的实训基地。同时，各级教育行政部门还要充分动员社会各方面的资源，特别是发挥行业协会和大中型企业的积极性，加强职业学校校外实习基地的建设。三是加快建设一支双师型的职业学校教师队伍。四是职业院校人事制度改革的核心，是要建立一支能够适应职业院校以就业为导向、强化技能性和实践性教学要求的教师队伍。

4. 求真务实，狠抓落实，开创职业教育改革发展的新局面

抓住机遇，加快职业教育的改革与发展，需要各部门共同努力，形成职业教育快速健康持续发展的良好环境。各级教育行政部门要在各级党委、政府的领导下，和相关各部门一道，更好地担负起新时期发展职业教育的历史使命和职责任务，办好让人民满意的职业教育。一是各级教育行政部门要切实提高对加快发展职业教育重要意义的认识，将职业教育的改革与发展摆在各项教育工作的重要战略位置，加强对职业教育工作的战略思考、宏观规划和政策研究。二是要抓好增加职业教育投入和提高投资效益。中央财政将安排职业教育专项经费，主要用于引导和支持实训基地建设。三是要抓好深化职业教育的体制改革，加快发展民办

职业教育。四是要抓好完善发展职业教育的政策措施体系。

云南省也应该抓住国家大力发展职业技术教育的良好机遇，发展符合云南省特色的高等职业教育。透过发达国家职业技术教育的发展历程，可以使我们清楚地看出：正是由于发达国家18世纪的产业革命催生了人类社会有组织的职业技术教育，培养了大批适应时代需要的廉价技术劳动力，从而有力地推动了这些国家由近代化向现代化方向发展，实现了人类社会的文明、进步。纵观半个世纪以来的亚洲"四小龙"经济的恢复、腾飞、转型、升级的发展过程，我们也不难发现，亚洲"四小龙"经济之所以取得了巨大成功，也是与它们创建实用型教育体系，发展职业技术教育分不开的。

同样地，虽然国家提出了西部大开发的战略，对西部省区在建设资金投入和政策上给予了极大的优惠措施，而且云南省在"东盟—湄公河流域"区域经济合作体中，具有较好的区位优势，但是作为后发型现代化经济发展地区，在经济起步时就处于发达国家、地区的巨大发展压力之下，面临较高的科技水平的产业，物质投资本身就包含了较高的技术水平。所以云南省在重点抓好经济发展的同时，也必须将人力资源开发问题放在同样重要的地位，必须坚持教育为经济发展服务，自觉地改革教育。借鉴发达国家、地区，特别是亚洲"四小龙"的经验，在经济起飞准备阶段就必须抓紧职业技术教育的发展，使人才培养始终贯穿于地区现代化的全进程，这是云南省以劳动密集型产业为短期发展目标的必由之路。

20世纪80年代以后，云南省职业技术教育得到了较大的发展，到1994年，云南中等职业学校已发展到了419所，其中中等技术学校114所，中等师范学校28所，技工学校81所，职业高中196所，开设了工、农、林、医、财经、师范等科类，近400个专业（工种），招生84306人，超过了普通高中招生数，普通高中与中等职业学校的招生比例为1:1.35，已较20世纪80年代有了较大改观，职校毕业生活跃在云南省的乡村、城市，为云南省经济的发展做出了很大的贡献。1999年，云南省按照"新的管理模式和新的运行机制"举办高等职业技术教育，积极参与了新模式的改革尝试，1999年计划招收"双新"高职学生2000人，到2000年，已经开设高职教育的学校达26所，招生专业68个，招生人数为6000余人，目前云南省已有高等职业教育学院11所，在校学生达到近5万人，基本形成本科院校职业技术学院、专科学校和部分成人高校共同发展高等职业教育的格局。多渠道、多模式、多机制发展高等职业教育的体系正在形成。云南省高职教育正处在一个关键的改革与发展时期,如何办好高职教育,使其在云南省经济发展中充分发挥作用,是一个非常具有现实意义的课题。借鉴发达国家和地区的经验,可以对今后云南省高职教育的改革与发展做些思考。随着经济建设的不断深化,职业技术教育还必须有更大的发展,从政府到我们每个人都应认识到职业技术教育的重要性及目前职教发展中存在的问题,借鉴发达地区的经验,致力于发展符合云南省省情的职业技术教育体系。

（二）云南省大力发展职业技术教育的方向

1. 加强宣传力度,转变教育观念,提高对职业技术教育的认识

长期以来,中国教育受儒家思想文化的影响,重理论轻实践,对职业技术教育采取鄙视态度,职教的发展一直难以打开局面。从前面部分的内容中我们可看出,在美、日、德等国,职教都有一套相对独立的体系,与普通教育相辅相成。为适应我国加入WTO和产业结构调整对高职高专改革与发展的要求,要充分认识发展高职高专教育对经济发展的促进作用,云南省应充分利用各种宣传媒介,广泛、深入地宣传发展职业技术教育的意义、方针、政策与任务,转变人们轻视职业教育的观念,在我国经济体制向社会主义市场经济转轨的今天,让职教与生计教育结合起来,进一步提高人们对职业技术教育的认识,特别是各级政府部门的领导,只有明确了职业教育对地方经济发展的重要性,才能从政府宏观调控的角度大力发展各级各类职业技术教育。

要使人们转变对职业教育的偏见,就要广泛宣传社会主义初级阶段的观念,云南省目前的人均国民生产值不足1000美元,还处于经济起飞的初级阶段,与发达地区的差距短时间是无法赶上的,而且云南省高等教育的入学率仅为11%,只有大力发展职业教育,才能为现有的经济建设培养大量用得上、留得住的建设人才,改变劳动力素质低、生产能力不强、产业竞争力不强的局面。对于个人来说,适应社会的需要,根据自身的特点,不将大学作为唯一的奋斗目标,接受一定的职业训练,也能得到应有的回报。近几年大学生就业形势逐年严峻,而高等职业教育的学生就业形势越来越好,已成为不争的事实。

在云南省"十五"规划草案中,省委省政府已将"职业技术教育和成人教育"放到"推进科技进步和创新,提高持续发展能力"的首要工作中,可见云南省领导对职业技术教育的重视程度。在今后几年中,通过大力宣传和相应的政策扶持,云南省职业教育应有科学而迅速的发展。

2. 明确职业技术教育管理机构，为职教积极创造发展条件

职业技术教育分高等、中等、初等几个层次。高等职业教育于 1999 年在云南省开始出现，是由省教委高教处管理，而中初等职业技术学校，由于过去沿袭计划经济管理体制，主管单位政出多门，大多只为特定的部门或单位培养人才，限制了学校教育资源潜力的发挥。如果要扩大职业教育的招生数量，使之满足本省经济建设的发展需要，就必须尽快建立一个职教的统筹机构，其主要职能就是根据云南经济建设和发展的要求，制订职业教育发展的总体规划、预测人才市场对职教的需求、统筹职教的布局、审批职教的专业设置，并组织有关专家对办学点进行资格审查和质量监控，引导全省职教工作进入有序发展，为职教创造良好的政策环境和社会舆论环境。

高等职业教育体制包括政府的管理和学校的内部管理。政府主要是宏观管理，引导建立高等职业教育市场，把住市场准入的关口，通过制定方针、政策、法规等对学校进行宏观指导和监督，而把办学过程中的具体操作权交给学校，让市场进行选择。高等职业学校也应走出政府的"襁褓"，全方位地面向市场自主办学，把高等职业教育当作一种产业来经营，按产业的要求去运作，真正实行校长负责制，使校长真正独立行使人、财、物经营管理权。

各级政府应把全国职教工作会议和教育部《关于加强高职高专教育人才培养工作的意见》的精神，贯彻并融于高职高专教育教学改革的各个方面，要充分发挥国家高职高专教育教学专业委员会、高职高专教育教学指导委员会的作用，加强高职高专教学改革的指导力量，引导教学改革的进行。

3. 发展与省情一致的职业技术教育，着眼于为地方经济服务

根据云南省"十五计划"纲要，在今后几年内将调整经济结构，走新型产业化发展的道路，培育新的支柱产业，职业技术教育将为这些调整培养一大批实用技术人员，各级各类教育机构也必将面临大的发展机遇。地区产业竞争力的高低，不仅取决于是否拥有先进的技术装备，还取决于是否拥有能够熟练操作和使用先进技术装备的高素质劳动者。云南省高技能人才的短缺，已经明显制约了先进工艺设备的广泛应用，直接影响了产业竞争力的提高。要增强产业竞争力，我们可以引进发达国家、地区的技术和资金，但大量从业人员的素质是不能引进的；我们可以在一段时期中集中优势力量，培养和引进高层次的科研开发和管理人才，但是，大量技术型人才短缺问题，只能依靠"本土化"的职业教育培训体系来解决。

山东省平度县曾经是经济落后地区，没有大的工业项目，主要以农业生产为财政收入的主要来源。在1998年，平度县政府积极与德国"双元制职业教育中国项目组"联系，达成了合作协议，由平度县提供教学基地和相关办学条件，由项目组提供教育资源，共同建立起"双元制职业教育培训基地"，为平度县培养职业教育人才。经过几年的实践，培训基地已经为平度县及周边各县培养"双元制职业教育"学生上万名。有了大量受过职业教育的技术工人，平度县近几年来吸引了如海尔集团、德国奔驰集团、日本索尼公司等许多国际知名的大企业到平度投资办厂，使县域经济得到超常规的发展，平度县的财政收入大幅度地增加。海尔集团的一名高级管理人员就说："我们之所以选择平度，正是因为这里有大量可供我们挑选的优秀技术工人，这些工人受到了双元制职业技术教育，工人的敬业精神也是国内一流，可以使我们的产品质量得到保障。"

云南省也应该结合自身经济发展的特点，结合产业结构调整、支柱产业的培植和建设旅游大省、文化大省的要求，制定相关的人才培养规划，发展与省情一致的职业技术教育。

高等职业教育是高等教育大众化的主要组成部分，目前省高教处已下发了《云南省高等职业教育专业指导目录》，对高职专业有了一个指导性的规划。在高职培养计划制订时，要避免向学术型、理论型看齐，注重学生职业技能、创新能力的培养。在用人政策上，积极推行"双证书"制度，经过高等职业教育培训的学生，不仅能取得大专毕业证书，还能取得相关专业的中级以上技术等级证书。

对于初、中等职教来说，根据云南省农业、工业状况，对结构进行相应的调整。云南省由于地形地貌的特殊性，给农业人口脱贫带来了很大困难，所以，职教应大力发展农村中等职业教育，并积极组织农村成人进行职业技术培训，与当地政府共同努力，形成合力；在专业设置上要突出短线，走出搞学历教育的误区；在教学内容上要与经济发展密切相结合；在教法上要突出"学教做合一"，改革传统的教学方法，教学要与实际生产技能紧密结合。面对产业结构不断变化的社会，在技术型人才的培养上，理论教育不必追求"系统、完整"，以"必须、够用"为原则，而对操作技能、设备维护一类的实践性环节则应有较高的要求。

从云南省人口众多、劳动人员平均素质较低的省情来看，近几年云南省的人力资源仍具比较优势,劳动密集型产业还将占有一定比例,所以云南省职业教育的重心应放在中等及以下层次的教育,稳步发展高等职业教育,并应与基层单位密切联系,加大成人职教开展力度,在经济转轨、产业调整过程中,发挥职教实用性强、办学灵活等特点,使职教成为农业人口城镇化和转岗职工再就业的"龙头"。

4. 创新办学机制,实行教产学一体化,加强职教发展后劲

大力发展职业教育,必须要让政府主导与充分调动社会各个方面的积极性相结合,一是要积极推进公办职业学校的办学体制和运行机制改革,推动公办职业学校重组和学校整合,鼓励公办职业学校引进民办运行机制,探索与企业事业单位、其他教育机构、社会团体及个人合作,形成多元的办学格局。二是要支持行业企业办学和民办职业院校的发展,对民办职业学校给予与公办职业学校同等的待遇,促进公办、民办职业教育的共同发展。三是要把职业教育作为民办教育和中外合作办学的优先领域。

职教还必须与产业相融合,使职教培养的人才更实用,使职教与经济发展的联系更为紧密。要依据与市场变化结合的路子,改变封闭办学模式,与有关企业、部门联合办学,还可共建经济技术人才开发联合体,组建企事业合一的职教集团,建立教学、实习、生产一体化推进高职高专教学的改革。高职院校要在今后激烈的市场竞争中求生存、求发展,就必须深化改革,要按照市场规律确定办学方向,按市场要求确定专业设置,按社会需求确定培养模式。

5. 加强职教管理,注重职教师资的培养

职业教育不同于普通教育,其教学的重点是学生的职业能力,所以在教学过程中应重视学生的实践能力与技能的培养。各教学点应严格按照职业岗位的要求制定教学大纲,主管部门应加强质量监控,以确保培养出合格的职教人才。要大力发展职业技术教育,目前最大的困难就是职教师资的缺乏。职业技术教育对师资要求较高,不仅要有扎实的理论基础,还要有丰富的实践经验,要有集"教师—工程师"或"教师—会计师"等于一身的双师型教师。职业教育机构应注意吸引有丰富实践经验的人才到职教教师的岗位上来,对教师也应要求参加一定的实践锻炼,单纯的书本教育是无法培养出合格的职教人才的。

当前,云南省高等职业技术院校师资队伍存在的主要问题,依然是双师型教师队伍尚未形成,教育部规定:每所高等职业技术院校专任教师不少于150人,其中副高级专业技术职称以上的专任教师所占比例不低于25%，并具有一定比例的双师型专业课教师。同时，还存在学校教师的工程实践能力较弱；获得硕士研究生及更高学历的教师比例偏低，具有正高级职称的教师很少；专业和学科带头人匮乏；教师进修、培训提高的渠道不畅，缺少培训计划；云南省现有高校师资评审制度不利于引导高职高专教师走双师型的发展道路等问题。针对这些问题，云南省应加快师资队伍建设的步伐，在教育资金偏紧的现状下，选择好一批办学条件好、教学质量高、特色鲜明的院校，建设部分专业师资培训点。通过云南省教育行政部门的协调和相互配合，形成全省性的高等职业师资培训网络；通过培训，在云南省建成一支有知识、有技能的高水平的双师型教师队伍。

在云南省职教发展的过程中，各级教育部门应积极进行职教的理论研究，探索职教的规律，并选择几所条件较好的院校，办成职教示范院校，发挥其辐射功能。

6. 制定相关的政策措施，保障职教功能的正常发挥

要使职教发挥功能，使巨大的人口资源转化成有效的人力资源，就应制定相关的政策、措施，使其参加职业技术教育培训，成为就业的动力。比如，应尽快解决岗位培训制度和劳动人事工资等制度的配套改革，实现育人和用人一体化，制订"先培训，后上岗"政策，使职业教育深入每一个岗位。

随着我国国民经济的快速发展，与国际接轨的"就业准入制度"将成为规范劳动就业与职业岗位关系的国际通行制度，是对求职者进入职业岗位而提出的一种专业技术、技能要求，具体表现形式为"职业资格证书"，是劳动者具有从事某一职业所必备的学识和技能的证明。云南省也应该和上海、江苏等省市一样，尽快建立并严格执行"就业准入制度"，这样才能保证就业人员的素质，也才能保证职业教育在政策上的落实。

另外，在教育层次上应尽快构建人才成长的立交桥，在各级职业教育和普通教育之间通过补习、考试选拔，使学生能升入高一层次的教育阶段，使人才成长有一个宽松的环境，让中、初级职教不再成为终结教育，使学生在一段时间内选择适合自己条件的学习层次，以后仍有进入高等院校、高等职业院校学习的可能，这也有助于职业技术教育的发展。职业教育是一种人才培养类型，只有形成一个有中专、大专、本科层次乃至研究生层次的职业教育体系，才能使其更好地和更有特色地发展。目前，上海、广东已开展这方面的试点，云南省也应创造条件开展这方面的试点。

7. 运用资本运作，拓宽资金来源渠道

云南省的高等职业教育经费筹措一直比较困难，财政拨款比例不高，企业投入所占比例更低，主要依靠学生的学费。因此，进一步拓宽经费渠道，应是未来云南省大力发展高等职业教育需着力解决的主要问题。

按教育部的有关规定，独立设置的职业技术学院或专科学校，全日制在校生规模不少于 2000 人；占地 200 亩以上；适用教学仪器设备总值不低于 1000 万元；图书不少于 15 万册；教学、行政用房建筑面积不少于 3 万平方米；实验、实训场所能满足所设专业职业技能的要求；专任教师所占比例不低于 25%，并具有一定比例的双师型专业课教师。云南省高等职业学校要达到这个要求必须加大投资力度。

云南省的高职经费按照目前的经费来源渠道，是难以满足高等职业教育加速发展的需求的。要加快云南省高等职业教育的发展，必须寻求新的投资方式和渠道。云南省高等职业教育如果采用市场模式，这个问题就可解决。根据资本流向原理，新兴朝阳产业是对市场资金有强大吸引力的产业。高等职业教育市场化，一个面向 21 世纪的新兴教育市场出现，将给市场资金带来一个良好的投资机会。除了目前的经费渠道外，云南省高等职业教育应给市场资金投资空间。

云南省高等职业教育的资本运作可以采取多种方式：采用政府贴息贷款；采用发布特种地方政府教育项目向社会投资招标；出让高等职业教育学校股份，让多种经济成分融合于高等职业教育；采取教育集团方式包装上市、发行股票。外国发行教育彩票的做法也值得我们借鉴。多种投资方式的采用，将有效解决云南省对高等职业教育投入不足的问题。

五、结 语

一个国家、地区职业技术教育的水平，是影响经济能否快速发展的重要因素。在国家提出西部大开发战略的今天，云南省应将职业技术教育放在重要的位置上，为建设绿色经济强省、民族文化大省和通向南亚、东南亚大通道培养一大批应用型的人才。

综上所述，只要各级政府重视，采取积极的态度发展云南省特色的职业技术教育，顺应经济发展要求培养人才，云南省的教育和经济就都能得到较快的发展。

"高等职业技术教育对云南经济发展的贡献比较研究"课题研究报告

（注：本报告为 2002 年云南省教育厅项目"高等职业教育对云南经济发展的贡献比较研究"的结题报告）

参考文献：

［1］云南省教育科学研究院．2002 云南教育蓝皮书——"九五"云南教育改革发展回眸．昆明：云南教育出版社，2003.

［2］云南省教育科学研究院．教科信息，2003（10、12 专刊）．

［3］杨德广，王鸣．世界教育兴邦与教育改革．上海：同济大学出版社，1990.

［4］高耀明．职业教育与经济发展关系研究．高等教育研究，2000（3）：89—91.

［5］云南统计局．云南统计年鉴 1995—2002．北京：中国统计出版社，1996—2003.

［6］张力．面对贫困．南宁：广西教育出版社，1998.

［7］石伟平．比较职业技术教育．上海：华东师范大学出版社，2001.

［8］刘启娴主编．世纪之交的国际职业教育．北京：高等教育出版社，1999.

［9］周光勇，宋全政，等．高等职业教育导论．济南：山东教育出版社，2003.

［10］马早明．亚洲"四小龙"职业技术教育研究．福州：福建教育出版社，1999.

［11］邱成利，王增业，王圳．西部增值．北京：中国经济出版社，2000.

［12］杨崇龙．跨入 21 世纪的云南教育．北京：教育科学出版社，2002.

［13］马庆发．当代职业教育新论．上海：上海教育出版社，2002.

［14］赵俊臣主编．云南蓝皮书——2002~2003 云南经济发展报告．昆明：云南大学出版社，2003.

［15］李宝元．人力资本与经济发展．北京：北京师范大学出版社，2000.

［16］上海市教育科学研究院职业与成人教育研究所．上海职业教育与成人教育 2001．上海：上海教育出版社，2002.

［17］田丽珍．发达城市的高职教育现状及给我们的启示．辽宁高职学报，2003（4）：9—11.

［18］陈至立．抓住机遇，积极进取，开拓职业教育工作新局面．中国教育报，2004-06-17.

［19］谢力军．江西高等职业教育发展的现状与对策．抚州师专学报，2002（3）．

［20］朱益明．职业技术教育与经济有必然联系吗？．上海职教，1995（12）．

［21］滕星，胡鞍钢主编．西部开发与教育发展博士论坛．北京：民族出版社，2001.

［22］高等职业技术教育与现代化建设国际论坛组委会编．高等职业技术教育国际论坛论文集．长沙：湖南大学出版社，2003.

［23］夏建国，陆耀明．我们眼中的美国高等职业技术教育．中国教育报，2002-08-31（4）．

［24］教育部．改革与发展，相伴到永远．中国教育报，2002-07-30（4）．

地方工科院校实验管理体制现状与对策

——西部高校实验室管理状况调研报告

陈庆华

（本报告完成于 2003 年 10 月）

一、问题的提出

我国已于 2001 年 12 月正式加入了 WTO，从总体上讲，加入 WTO 将掀起和推动中国的又一轮改革，加速经济结构的调整，带来技术、资金和管理模式上的便利和迅速发展，从而推动中国经济的快速增长。同时，"入世"也意味着我国各行业的进一步开放。在加入 WTO 后，我国的高等教育，在与世界各国科技教育的融合上得到加强的同时，也将面临国外教育产业的竞争。所以，高等教育必须在教育思想、教育体制、教育方式等方面进行相应的调整和改革。一所高校，特别是地方工科院校，在加入 WTO 后，受到怎样的影响，主要取决于对外开放的程度和竞争能力的大小。在市场经济环境下，借鉴企业管理的概念，学校是否有竞争力，将取决于学生这一特殊"产品"质量的高低和学校教育成本的高低。

长期以来，我国高等教育学科划分过细，各学科在自身发展过程中逐步向纵深发展。随着科学技术的进步，学科单一发展的弊端也不断凸显。当今，科学技术上的重大进展越来越多地出现在学科之间的空白地带上，出现在学科的渗透和转移中。创新人才的培养、重大社会问题的解决，也越来越离不开多学科的协同和跨学科的努力，因此，跨越学科障碍、打破学科壁垒的呼声日见高涨。21 世纪将是学科"分久必合"的世纪，大学作为知识的发源地和文化的集散地，也将受到这一科学发展趋势的影响。

1998 年 10 月巴黎"第一届世界高等教育大会"提出，21 世纪高等教育改革与发展的三个目标为"针对性""质量""国际化"。世界各国的高等教育,必将向着培养国际化的复合型、创新型人才发展。作为工科院校,更应该重视工程教育中的实践教育,培养能够承担现代化综合工程的工程技术人才。麻省理工学院第十任院长詹姆斯·基利安在 20 世纪 50 年代就认为,在各学科之间的界限变得越来越模糊而交叉学科又蓬勃发展的情况下,必须设计新的组织形式,比如跨系的实验室和教研计划,不少教育家认为,没有综合化就不会产生伟大的人物。目前,在我们的高等工程教育中,很多实践性教学仍停留在分散而独立地验证某个概念、理论、方法的低水平上。这种实践教学训练难以培养适应未来以知识经济为核心的时代、具有综合思维能力和综合处理问题能力的复合型人才。一所工科院校对毕业生的调查报告显示,用人单位反映大部分毕业生"缺乏宽广的专业视野""工程毕业生普遍缺乏工程意识""很难站在专业领域的前沿和制高点",这就清楚地说明了我们过去的专业教育和实践环节教学缺乏全面综合化的工程教育和实践培养,与国际上工程实践教学改革的水平差距很大。

在美国、加拿大、德国等发达国家,为使科学、技术、生产三者相互结合互动,大学学科的设置充分体现了综合化的特征,跨学科实验室和研究中心成为大学教学和学术研究的重要场所,这些实验室不仅为师生们提供了良好的实验教学条件,而且由于具有较高的研究及技术开发能力,还成为国家重点攻关项目的研究和企业产品研发的基地。比如世界著名的贝尔实验室、卡文迪许实验室等,已成为世界优秀科学家成长的摇篮。所以,在高等教育日益国际化的时代,工科院校实验室的交叉和融合将成为必然,由系或教研室隶属式小规模的实验室必将被院级实验中心甚至校级实验中心所取代,只有这样,才能满足学校培养高素质人才的要求、为大学创新教育提供应有的实验环境。

另外,从办学经济效益的角度来说,工科院校实验室的合并重组,也能使设备资源得到优化配置,降低办学成本。但实验室分属不同的系甚至教研室,不利于设备的优化组合、不利于提高设备服务于教学科研的效率。

由此可见,在国际经济一体化的发展趋势下,地方工科院校应未雨绸缪,根据学校发展的规划,按校院两级设置、重点发展优势项目的原则,从有利于人才培养和提高办学效益的角度,对实验室进行调整合并,使学校能适应市场经济条件下对高校发展的要求。

经过多年的建设,地方工科院校大多具备了一定的实力,拥有相当数量的教学科研设备,许多院校的实验室在科研和对外服务上都卓有成效。但如前所述的原因，大多数实验室由于规模小，人员少，不能形成强大的科研和技术优势，只能在较低层次上开出部分教学大纲要求的实验，而且由于设备归属不同的单位，使院系之间的沟通难以实现，容易出现争设备、争投资、争项目的情况，不利于相互间的交流。比如昆明理工大学的工程测量实验室，在国土资源学院、建筑工程学院、电力工程学院都设有类似的实验室，每家都强调自身的特色，相互间在设备、人才、资金利用上不能资源共享，这显然不利于该学科的发展。

2002年10月，昆明理工大学进行了第一轮本科教学评估自评、专家评估，针对学校教学、管理、实验室等方面的工作存在的问题，组织了一系列教学改革课题的申报工作。在全校教师积极申报的50多项教改项目中，共有25项被列为资助项目。其中有6项涉及实验教学和管理的项目被批准立项。建筑工程学院作为学校最大的学院，积极申报课题，笔者主持的"建筑工程学院实验教学资源配置与共享问题研究"被列为学校课题。

二、调研目标及安排

为学习其他兄弟院校的实验室教学、管理经验，获取现在各高校实验教学的相关信息，学院以课题调研为目的，组织了一次学习调研。由主管副院长带队，相关管理人员和实验室主任参加，对重庆、西安等地高校进行了调研。

实验室工作的教学和改革，涉及经费的投入力度、学校的管理理念、人员的参与能力和程度等因素，因此本次调研所选择的路线，主要是与云南省情相近的西部地区院校。通过在网上查阅资料和联络，选择了西安的长安大学、西安建筑科技大学、西安交通大学，重庆市的重庆大学作为重点调研的学校。为在有限的时间内收集到更多的信息，充分利用这次很好的学习机会，调研前调研组和院领导一起，研究了调研提纲，设计了调研线路，提出了我们实验室进一步发展的困惑、希望能借鉴其他院校的经验。

实验教学在对工科人才的培养过程中起着举足轻重的作用。规范的实验教学及管理有助于学生创新思维的培养和科学素养的养成。建立开放性的实验室，为学生在校学习期间提供学科交叉融合、锻炼自身能力的一个平台。开放性实验室的建设，使身处"象牙塔"中的高校实验室有机会参与到社会的评价之中，也将为实验室及学科的发展创造可想象的空间，同时也可为学生提供更多了解社会的机会。从办学经济效益的角度来说，工科院校实验室的有效管理，能使设备资源得到优化配置,降低办学成本。在计划经济体制下,国家对教育的投入是公益性的、无偿的,因此,一些部门只考虑本部门使用方便,盲目申购实验设备,甚至校内重复购置,造成部分设备利用率不高或闲置,造成教育成本的增高,使高校在市场竞争中增加耗损,降低实力。

昆工的建筑工程学院为云南省高校中唯一一所建筑工程类本科学院,在西部大开发中承担着为云南省培养建筑人才的重任。学院实验室在建设过程中,也必须找准自己的方向,突出优势学科,并给予资金上的保障。学院的水平主要体现在科研水平和毕业学生的创造能力上,如果将有限的资金像撒胡椒面似地分配到各学科,使已有的优势学科得不到扶持,学校不仅不能提高教学质量,还将失去特色竞争力。所以,学院应在学校投资有限的情况下,借鉴兄弟院校的先进管理经验,优化现有的院内实验室设备、人员、资金、房产等资源,使资源得到最有效的利用,保证正常的教学、科研、对外服务的工作的开展。

在针对以上问题的基础上,调研工作主要围绕以下几个方面展开:

(1) 各高校实验室的管理体制如何?是以校、院、系哪种类型进行管理?或以学科群方式进行管理?

(2) 学院实验室建设的资金来源,实验室建设资金占学科建设的比例如何?

(3) 其他学校实验室资源有偿占用机制对实验室发展的激励作用如何?

(4) 学分制教学管理体制下实验室对学生开放的可行性研究,包括实验时间的开放和实验项目的开放情况如何?

(5) 收集其他学校实验室管理的相关制度、规章。

(6) 他校如何集中资源、资金优势,建立重点实验室,树立本校特色品牌学科?

(7) 对各校实验教学在创新人才培养中的作用进行比较分析。

(8) 收集相关资料,比较建工类创新人才成长对实验条件的要求。

三、调研的行程

在七天的时间中,我们走访了长安大学、西安交通大学、西安建筑科技大学、重庆大学、西南师范大学,在各校的实验室进行了认真细致的调研工作,并收集了部分资料。以下是对各大学调研的大致情况。

地方工科院校实验管理体制现状与对策——西部高校实验室管理状况调研报告

（一）长安大学调研情况

我们一行四人于5月19日乘飞机到达了西安，下午即开始了对长安大学的调研学习。长安大学的刘校长和土木工程学院的王院长亲自与我们座谈，双方交谈了现在学院的教学、科研、实验教学等方面的工作。然后，由主管实验室工作的刘院长带我们到学院的结构实验室、建筑材料实验室参观。并与公路交通工程学院联系，于次日参观了公路学院，进入国家重点实验室——隧道工程实验室和桥梁工程实验室参观，还参观了材料力学实验室。

长安大学直属教育部，是国家"211工程"重点建设大学，由原西安公路交通大学、西安工程学院、西北建筑工程学院三所部属院校于2000年4月18日合并组建而成。学校情况与我校类似，但是由于陕西省的大力支持和学校已有的实力，成了教育部的"211工程"学校。尽管学校仍在建设中，但是由于资金较我校充裕，建设的速度、程度比我校要快和大得多。在我们所参观的材料力学实验室，近几年的设备投入就超过了300万元，是我们学院全部实验中心投入的4倍。作为国家重点实验室的公路桥梁实验室，由于多年的建设和国家、省、学校的持续扶持，已经成为了西部地区乃至全国较有影响力的实验中心，承担了多项国家级的科研项目。目前在建的青藏铁路的大量设计、研究任务是由他们承担完成的，创造了很好的社会效益和经济效益。

长安大学建筑工程学院，由西北建筑工程学院土木工程系、工程管理系、电气工程系的电气及自动化专业，原西安公路交通大学建筑与环境工程系的建筑工程专业等在2001年1月合并组建而成。新组建的建筑工程学院下设3个系、3个实验室、4个研究所。学院现有教职工117人，其中教授6人、副教授40人、高级工程师4人、高级实验师1人、讲师30人、工程师9人。已获得博士学位的有8人，博士后2人；已获得硕士学位的有21人，在读博士生6人，在读硕士生60人。学院开设有土木工程、工程管理、电气工程及自动化等本科专业，现有在校研究生、本科生共3000人。学院基本情况如下：

1. 建筑工程系

建筑工程系是建筑工程学院的骨干系，拥有一支教学经验丰富，科研能力强的教师队伍，现有教师52人，其中教授5人、副教授26人、博士生导师3人、硕士生导师12人，具有硕士、博士学位的教师占全系教师的68%，有一批获得国家一级注册结构工程师、注册监理工程师资格的教师。到目前为止，建工系为国家培养了 5000 余名本科学历以及本科以上的高级建设人才。在教学中注重培养学生理论与实践相结合的能力，近年来获得各种教学成果奖多项，获得省级优秀毕业设计奖 20 多项，在钢筋结构、混凝土结构、结构抗震、结构强度理论、湿陷性黄土地基、施工技术以及管理等研究领域承担了多项国家、省部级和其他纵横向的科研项目，特别是在钢筋结构、结构抗震、结构强度理论等方面具有较高的学术水平。

2. 建筑结构与抗震实验室

建筑结构与抗震实验室成立于 1981 年，现有实验设备总值 165 万元，仪器设备总数为 136 台（套），建筑面积 550 平方米，实验室有专职兼职技术人员 6 人，其中高级职称 2 人、中级职称 4 人。建筑结构与抗震实验室，主要承担土木工程专业的"钢筋混凝土结构"以及"结构检验"两门课程教学实验和土木工程专业研究试验，还承担着科研试验项目和对实际结构物进行质量检测。可承担的试验项目有：结构基本构件结构性能试验、结构物载荷试验、结构强度无损检测、结构物以及构件动载试验等。实验室先后完成了砌体抗剪性能试验研究，砖柱抗压性能试验研究，墙体抗震试验研究以及预应力空心梁结构性能试验研究，轻骨料混凝土大板冲切试验和开洞混凝土大梁结构性能试验，钢管混凝土柱结构性能试验研究，帽形冷弯薄壁型钢——混凝土组合梁结构性能试验研究，混凝土框架柱轴压比限值试验研究，钢筋网加固在役砖墙（已经裂缝）的抗震性能试验研究等多项科研试验和研究生试验，其中农房科研试验获得陕西省科技成果进步二等奖。

而公路学院（公路科学研究院）是教育部直属的长安大学重点建设的重点学院，始建于 1958 年，历经了西安公路学院公路系、西安公路交通大学公路工程学院、公路学院的发展。自成立以来，从创始初期仅有两个专业，发展建设成为今天我国公路交通建设行业学科齐全、专业配套、规模较大的重点学院，成为主要培养本科生、硕士、博士、博士后及其他高级专门人才的重要基地。

（二）西安建筑科技大学调研情况

5 月 20 日下午，我们到了西安建筑科技大学（原西安冶金建筑科技学院）参观。西安建筑科技大学原名西安冶金建筑学院，1956 年由东北工学院、西北工学院、青岛工学院和苏南工业专科学校的土木、建筑系（科）合并而成，积淀了我国现代教育史上最早的一批土木、建筑类系科，有百余年的办学历史，当时定名为西安建筑工程学院。1959 年和 1963 年，曾先后易名为西安冶金学院、西安冶金建筑学院。1994 年 3 月 8 日经原国家教委批准，更名为西安建筑科技大学。

西安建筑科技大学是一所以土木建筑类学科为特色，以理工学科为主体，兼有文学、法学、经济、管理、艺术、教育等的多学科性大学，建筑和土木类专业历史悠久，冶金、材料、机械、电子信息类专业实力雄厚，为全国著名土建类院校之一。现有 16 个院（系）43 个专业，面向全国按第一批次招生。除建筑学和城市规划两个专业为五年制外，其余专业为四年制。

学校共有 52 个教研室、45 个实验室、43 个研究所（站）。建筑设计研究院、城市规划设计院均属国家甲级设计单位。粉体工程研究所为国家"干法水泥回转窑预分解技术研究推广中心"。学校是国务院首批批准授予博士、硕士和学士学位的单位，现有 42 个学科、专业有硕士学位授予权，结构工程专业、建筑历史与理论专业、环境工程专业和供热、供燃气、通风即空调工程、材料学等 12 个学科具有博士学位授予权。土木工程、环境工程学科、材料科学与工程、建筑学设有博士后流动站。结构工程、环境工程两个学科为国家重点学科，建筑学、土木工程专业被陕西省人民政府首批授予陕西普通高等学校"名牌专业"称号。职业技术学院和继续教育学院（在册学生有 8000 余人），是继续教育的良好基地。学校加强对外学术交流与合作，先后与日本九州大学、日本大学、澳大利亚伍伦贡大学、美国多米里昂大学、法国波尔多建筑学院、乌克兰基辅建筑工程学院、韩国顺天大学、挪威科技大学等建立了校际合作关系。

（三）重庆大学调研情况

我们于 5 月 23 日到达重庆大学调研，由于时间较紧，我们只参观了土木工程学院，并与学院的张永兴院长、负责实验室的阴副院长，还有部分实验室的人员进行了深入的交谈。重庆大学是一所国家教育部直属的、拥有研究生院，本科专业涵盖理、工、文、经、管、法、教育等学科门类的全国著名综合性重点大学，也是国家"211 工程"首批重点建设大学。根据国家有关高等教育管理体制改革的决定，重庆大学、重庆建筑大学、重庆建筑高等专科学校三校于 2000 年 5 月 31 日合并组建成新重庆大学，使得一直以机电、能源、材料、信息、生物、经管等学科优势而著称的重庆大学，在建筑、土木、环保等学科方面也处于全国较高水平。

土木工程学院由原重庆建筑大学建筑工程学院和重庆大学原建筑工程学院、应用科学与技术系测量教研室三部分组成。学院历史可追溯到1952年，现有土木工程和测绘工程两个专业，其中土木工程下设建筑工程、基础工程与地下结构、城市道路桥梁和安装工程四个方向。土木工程专业已连续两次以优异成绩通过全国高等学校土木工程专业教育评估。学院经过近50年的建设与发展，目前已设有土木工程一级学科博士点及所覆盖的结构工程、岩土工程、防灾减灾与防护工程、桥梁与隧道工程、土木水利施工、工程力学6个二级学科博士学位授权点，现有博士生导师12人。并设有土木工程一级学科博士后科研流动站，现已招收博士后研究人员7人。学院现有硕士学科点7个，即结构工程、岩土工程、防灾减灾与防护工程、桥梁及隧道工程、工程力学、固体力学、地质工程。其中结构工程和岩土工程为建设部及重庆市重点学科，工程力学为建设部重点学科，防灾减灾工程为重庆市重点学科。学院现有教师160人，其中教授19人，副教授51人，讲师及以下职称91人，教师中具有硕士及以上学位的为84人；现有职工62人，其中实验室人员36人。总体上能满足学院招生人数逐年增长后从数量和质量上对师资的要求。

学院现有在校学生2427人，其中博士研究生44人、硕士研究生98人、本科生2285人。与昆明理工大学的学生规模大体一致，但是没有昆明理工大学的学科门类多。学院成立以来共为国家培养毕业生近万人。学院现有7个实验室，除装备能满足土木工程专业学生各门实验课所需要的各种常规实验仪器、仪表、设备外，还拥有1986年经世界银行贷款装备的美国MTS电液伺服实验系统、美国HP3562动态信号分析系统、日本7V08及7V13测试数据采集及分析系统、英国INSTRON电液伺服材料实验系统（带岩石试样三轴仪），以及国产10000kN电液伺服长柱试验机和5000kN长柱试验机等较先进的试验设备，能满足学院各学科科学研究及培养研究生的需要。其中结构工程实验室为建设部重点实验室，岩土工程实验室为重庆市重点实验室。

（四）西南师范大学调研及返程

5月24日下午，我们到达西南师范大学。25日上午考察了化学工程学院后，在校园里参观，对学校优美的环境和良好的教学条件印象很深，并感受到文化、学术底蕴在学生培养中的重要作用。25日下午，我们乘火车返回昆明，结束了调研行程。

在几天的调研活动中,我们在重庆大学土木工程学院得到的收获最大,调研的程度最深,收集到的资料最多,带回了有关实验室的管理制度、专业评估材料、实验室评估材料和实验教学大纲、学生实验报告等。这些材料对我们具有较大的借鉴作用。

四、各校实验教学管理体制的比较

我们一共走访了五所大学,总体感觉是建校时间长、原来已成规模、经费投入较多的学校在校园建设、教学管理、实验室管理方面要规范、科学得多。下文从以下几个方面进行比较。

(一)实验室环境

在我们参观的五所院校中,西安交通大学和重庆大学的实验环境最好,实验室用房尽管都不是新建的,但是室外环境干净、道路通达、绿树成荫;室内房间布局紧凑合理(用房都很紧张),仪器、设备摆放整齐,清洁干净,特别是重庆大学土木学院的基础课实验室,在2002年获得了学校"211工程"建设资金和重庆市重点学科建设资金,3个实验室共用了近400万元的建设经费,对测量实验室、基础力学实验室、土工实验室进行了改造和完善,购置了一批急需的设备,室内环境得到了极大的改善,地面全部铺上了地砖,墙面、门窗、实验台都进行了更换,实验室就像整洁的办公室,丝毫没有一般实验室的灰、油、旧的感觉。见图1。

 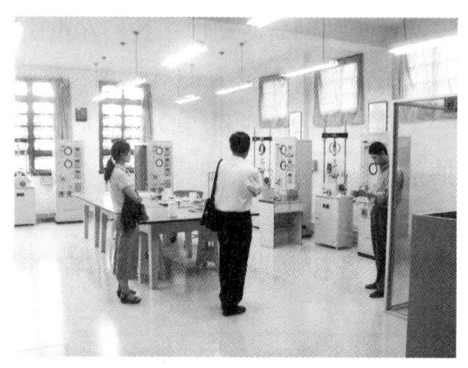

图1　重庆大学土木学院实验室

同样地，在西安交通大学，我们看了理论力学实验室，实验室主任正带着实验人员在对实验设备进行改造和安装，尽管实验室很拥挤，但是摆放整齐的实验台上非常干净，设备仪器的电线、线路整齐有序，丝毫不乱，各种物件都处理得恰到好处，这是规范管理、人员尽心尽责的结果，并非偶然现象。当然实验室实验内容上的差异，也会造成环境的不同之处，但是，只要管理得当，在目前实验室建设经费有限的情况下，仍能使实验室的环境保持整洁、有序的状态。相比较而言，其他三所院校的环境就略逊一筹，但是也非常规范。长安大学的建筑工程实验室的用房已经很旧，但是在实验室老师的努力下，也管理得井井有条。

（二）设备投入情况

在我们访问的学校中，西安交通大学、长安大学、重庆大学、西南师范大学都是国家"211工程"学校，在资金投入上比较多，比如长安大学建筑工程学院，近两年的设备投入每年都在300万元左右，重庆大学土木学院2002年也投入了400万元，其他学校的实验室每年的设备投入都会有一些。相比较而言，西安建筑科技大学的投入相对要少一些。在争取学校投入的同时，各校实验室都积极利用实验室的资源开展科研、对外服务，利用科研经费和服务所得收入补充实验室的投入。重庆大学土木学院的工程检测所，每年为学校创造上百万元的收入，2002年检测所就将积累的200万元经费投入了实验室的建设中，补充了许多教学、科研急需的设备，使实验室的建设——对外服务进入了一个良性循环。但是，国家的投入是主要的，其他的资金只能做适当的补充。

在访问中，我们还对资源的有偿占用制度进行了调查，除重庆大学有明确的管理办法外，其他院校还没有明确的管理办法。重庆大学对各实验室的用房、设备台套数、人员等资源进行核算，用学生受益情况进行比较，看占有的资源是否得到了有效利用，如果没有达到应有的效率，将扣除一定经费，以此来调剂资源。

（三）管理制度

从走访的各校来看，都有健全的实验室管理制度，从实验室的经费管理、设备管理、易耗品管理、财产移交、安全卫生制度、人员的考核及管理等方面都有相应的规章制度。

以重庆大学为例。重庆大学根据实验室管理所涉及的各个方面和国家有关部门高等教育实验室管理的相关规定，制定了以下共24个实验室管理规章制度：

《重庆大学实验室工作规程》

《重庆大学实验室教学工作规程》

《重庆大学仪器设备管理办法》

《重庆大学校管（大型、精密、贵重）仪器管理办法》

《重庆大学精密、贵重仪器设备的效益考核办法》

《重庆大学校管仪器考核奖励办法》

《重庆大学教学、科研用大型仪器设备维修管理办法》

《重庆大学借出、丢失、损坏赔偿处理办法》

《重庆大学仪器设备报损、报废回收管理办法》

《重庆大学材料、低值品、易耗品管理办法》

《重庆大学化学品管理办法》

《重庆大学压力容器使用登记管理规定》

《重庆大学"211工程"仪器设备购置管理办法》

《重庆大学教学、科研、行政仪器设备及消耗材料采购程序及管理办法》

《重庆大学大宗物资设备采购管理暂行规定》

《重庆大学接受捐赠仪器设备管理办法》

《科教用品进口工作程序及注意事项》

《重庆大学机构人员异动资产接交管理办法》

《重庆大学实验室人员职责》

《重庆大学实验技术人员培训管理暂行办法》

《重庆大学学生实验守则》

《重庆大学实验室安全、卫生制度》

《重庆大学实验室工作档案管理制度》

《重庆大学实验室工作基本信息收集与整理制度》

  对于任何一个机构来说,健全的制度是工作得以顺利开展的保障。实验室是学校管理工作针对的重点部门,它拥有学校大量的仪器设备资产,承担着繁重的教学、科研、对外服务工作,人员的工作性质也不同于教师和一般的管理人员,如何合理配置资源,在现有条件下,使人、财、物资源得到最有效的利用,不仅仅要有好的机制,完善的管理制度更是科学有效调动资源的保证。

  在西安交通大学、重庆大学、长安大学和西安建筑科技大学与实验室工作人员的交谈中,大家都对各自学校的管理制度进行了一番评价,对制度执行中存在的问题同我们也进行了探讨。长安大学由于是新合并的大学,和我们有许多共同之处。大家对分散的校区学生如何管理、实验室如何更好地为教学科研服务、如何激励实验人员的工作积极性、如何实现资源共享等问题进行了交流。虽然长安大学在资金投入上比昆明理工大学有优势,但是由于实验室不集中,同样存在管理上的难度,在资源的合理配置方面也同样有许多困难。

  几乎所有的大学都在实验室的显著位置悬挂了学生实验守则、实验室人员的岗位职责,而在西安建筑科技大学还张贴有"质量管理流程图"。大型仪器设备的操作规程也基本标示出来。在每台仪器上,都有设备标识。

  在大型设备的管理中,重庆大学的管理制度值得借鉴。该校一般大型设备都要配A、B、C角操作人员,避免个人有事时无法开动设备,而且形成了一套实验人员的培训制度,使实验室人员在理论知识、实际操作能力、研究及管理能力上都能得到提高,从整体上提高了实验室人员的素质,使工作做得更好。

(四)管理体系

  在我们走访的大学中,不论是老牌大学还是新合并的大学,实验室都是以学院管理的方式进行日常管理。在与各个学院的领导和实验人员的交谈中,大家一致认为,在目前的条件下,以学科群为主导的学院实验中心,是行之有效的组合方式。同一学院的专业之间,必有一些课程相同或相通,学科的融合和碰撞,将会产生新的思想、新的火花,为教学和科研带来新的课题。成立院级实验中心,还能在以下几个方面产生较好的管理效益:①有利于院内设备统一调配,提高资源利用率,降低教学成本;②实验人员集中管理,有利于实验人员统一调配,加强实验人员的交流学习和提高素质；③经费统一开支，保证了资金的有效利用；④有利于校院之间的协调管理。

  重庆大学土木工程学院实验室直接由学院管理，院长直接兼任实验中心主任和检测中心主任，可见其对实验室的重视程度。其实验室在管理过程中，走的是产、学、研相结合的发展道路。学院的实验教学任务和检测中心的检测任务，都由中心统一下发，在人员管理时责任心和收入是紧密联系在一起的。学院检测中心在四川和重庆的影响较大，效益较好，为鼓励实验人员努力工作，对工作认真负责、肯干肯学的实验人员，可调剂到检测中心工作，在一段时间内能得到好的收益。对检测中心中不负责任的、能力较差的人员，也可能调回实验室，这既是一项激励措施，也是实验室人员接触工程实际、积累实践经验的机会。由于是院管实验室，学院能够合理地调配资源，将资源用到最合理的地方。2002年学院就将检测中心创收的200万元全部投入实验室建设中，使实验室的条件得到一定的改善。

  想要实现实验室的资源共享，只有在以学院为中心进行管理的情况下才能实现。在调研中，我们都注意对学校的资源占用制度进行了探讨。长安大学、西安交通大学、西安建筑科技大学都没有推行有偿占用制，在资源的占用和受益面的关系上没有联系。在长安大学公路学院，我们看到的桥梁实验室，基本就不对本科生开放，只开设了研究生课程，很显然受益面非常窄。而在重庆大学土木工程学院，学校推行了资源有偿占用制度，由于土木工程学院的房屋资源、设备资源未达到按学生人数计算的标准，学校还给予一定的补偿。推行资源有偿占用制度，有利学校资源的有效利用。在与兄弟院校的老师交谈时，大家都认为实验设备有偿占用，将使占用者有一种压力感、紧迫感，占用者将会根据自己承担的任务及其所能产生的社会、经济效益来申请设备，而不会盲目地争投资，而且，一旦没有任务或效益不大，就会减少设备占用或将占用权让给他人。这样，增强了人们的效益观念，使设备资源的占用在遵循市场法则的前提下趋于合理，减少了设备的闲置和利用率低的状况，使设备的有效利用达到最优。特别是地方工科院校，在国家投资有限的情况下，这一制度有利于使有限的资源发挥出最大的优势。

（五）实验教学的相关问题

  在走访的学校中，大家都对按规定开出相关的本科、研究生的课程有共同的认识，认为一定要首先保证实验教学的正常进行，而且还应积极开发新的实验，比如西安交通大学在理论力学方面就想方设法开出一些实验，而我院的理论力学是没有实验的。西安交大在维持经费有限的情况下（比较昆明理工大学已有很大改观，比如长安大学建材实验室一年的维持费大约有5万元，几乎和我们建筑工程学院全院一年的实验维持费持平），基本还是按大纲要求进行分组实验，常规设备2人一组，大型设备5人一组，在实验安排上就考虑了周转问题。

在开展综合性、创新性实验上，几所大学的程度各不相同。西安交通大学和重庆大学要做得好些，西安交通大学的基础力学实验有专门的创新实验室，在实验室内放置有相关的实验设备，可以提供给高年级的、有想法和具体方案的学生进行实验，进行科学研究。重庆大学的实验室对学生是全面开放的，除保证学生正常的计划内教学实验外，对部分学生和教师也提供实验场所和人、财、物的支持，鼓励师生进入实验室进行研究和实验。

除重庆大学的实验室实行了开放以外，西安交通大学实验室实行部分开放，长安大学、西安建筑科技大学的实验室都没有实行开放，主要原因是人力资源和设备资源仍显不足，特别是管理制度仍然还没跟上，实验室对开放也持消极态度。

在对教师进入实验室工作的态度上，除重庆大学持反对意见外，其他大学还是认为青年教师、博士生进实验室利大于弊。因为工科院校的教师，如果单纯只是进行理论教学，将会造成知识老化，无法与工程实际和实验相结合。教师在实验室工作过后，能够接触实际，掌握进行科学研究的一些实验方法和技能，为将来开展项目研究打下基础。另外，青年教师和高学历人员进入实验室，也可一定程度上缓解实验人员不足的矛盾，也有利于在实验室中引进新的思想和方法，促进实验室的建设和发展。但是如重庆大学所忧虑的是：这部分教师在实验室，如果管理不善，将无法发挥作用，甚至还可能造成一些不必要的矛盾。所以完善教师进实验室工作的制度，是非常必要的。

五、调研后的几点思考

（1）工科院校的发展与声誉是与实验室的水平密切相关的。比如长安大学，是由多个学院合并而成的，但是以原来的西安公路交通学院最为著名，原因就是原公路大学建有全国有名的国家重点实验室，即公路桥梁实验室，由于多年的建设和国家、省、学校的持续扶持，已经成为了西部地区乃至全国有影响力的实验中心，承担了多项国家级的科研项目。有良好的实验条件，就可以吸引人才，形成良好的科研队伍，引来大的项目，使实验室建设进入良性循环，从而带动整个学科的建设。

（2）实验教学在工科学生的能力培养方面举足轻重。我们培养的是具有扎实的理论功底、具有一定创新能力的技能型人才，没有实验的训练，难以培养学生科学的思维方法和严谨的工作态度，学生的动手能力和处理实际问题的能力也将大打折扣。

（3）实验室建设要有充足的资金投入。实验室是需要必需的设备和资源来充实的，没有投入，实验室将无法跟上科学技术发展的步伐，就不能为培养合格的人才提供必要的条件。重庆市在高校建设上给予了较大的投入，使高校的实验室建设条件大为改善，这从实验室的环境和现有设备情况就能明显感受到。与这些学校相比，昆明理工大学目前难以解决资金不足的问题。由于长期的设备、建设投入不足，建筑工程学院的实验室条件非常差，设备台套数不够、学生实验场地不够、维持费不够等等问题困扰着实验室，使实验的分组无法达到要求，直接影响着学生教学的质量。而且由于设备陈旧，学生在学校学到的知识毕业时就已经过时，不能满足社会的需要，实际上是浪费了教育资源。在西安交通大学，我们看到一些堆放在室外的淘汰设备，对于我们来说，却是仍在用的必备的设备。由此可见学生实验质量的差异之大。

（4）实验室的管理体制必须要适应以学院为中心的管理模式。经过多年的建设，地方工科院校都具备了一定的实力，拥有相当数量的教学科研设备，许多院校的实验室在科研和对外服务上都卓有成效。由学院统一管理实验室，可直接调配各种资源，使资源的作用得到最有效的发挥，实现资源共享。

（5）实验室的管理要有完善的规章制度。实验室不同于一般的机关单位，它拥有大量的固定资产，有安全卫生等许多考虑，面对大量的学生，人员的作息时间要配合教学科研的需要。所以实验室的管理难度较大。学院对实验室的管理要有相应的规章制度，并建立实验室管理的评价体系，这样才能保障实验室的工作顺利地开展。

（6）实验室要有能力建立产学研合作的体系，密切与社会的交流，在保障正常的教学科研工作的同时，积极开展对外服务工作。在市场经济社会里，高校不再是封闭的象牙塔，只有积极参与到社会服务中，才能跟上时代发展的步伐，才能有效地筹集资金，建设实验室，进入良性循环，推动学科建设。

(7) 实验室也应该有相应的人员培养计划，要有机会让实验人员到别的大学学习，这样他们才能保持学习进步的动力，才能开阔眼界把握发展的方向。

调研收获颇多，感受颇多，只有迈出了封闭的世界，才知道别人在做什么，我们还欠缺什么，我们应该做些什么。由于时间紧迫，还有许多方面我们都未深入探讨，留下许多的遗憾。

六、地方高校实验室管理制度改革的利弊分析

在国家教育委员会1992年颁布的《高等学校实验室工作规程》中，明确了高校实验室的三大任务：教学、科研和社会服务。如果建立院级实验中心，工科院校实验室能更好地完成这三项任务。具体分析如下。

（一）有利于实验教学的顺利开展和建设开放性的实验室

成立学院实验中心，使分散在各系的实验设备和实验人员得到集中管理，能统一调配资源，采取循环安排教学实验，消除各室过去存在的忙一段闲一段的状态。比如建筑工程学院土木工程综合实验室的道桥分室和工程测量实验室，所用设备基本相同，所开实验内容相差不大，工程测量室目前只有一名实验员，要面对学院上千名学生，任务繁重、设备严重不足，完成实验任务非常艰难。如果能实现以学院实验中心来管理的模式，将两室合并统一下达实验任务，并安排其他暂时无任务的实验人员参与实验，将会按质按量地完成教学任务。

成立学院实验中心，能使实验人员和实验资源合理流动，为建设开放性实验室做好保障。实验室的开放不仅仅是时间的开放，而且还要求实验项目的开放。建设开放性的实验室，对实验工作时间和实验人员的素质提出了更高的要求，只有运行以学院实验中心为主的管理模式，人、财、物资源统一调配，方能适应这一要求。

成立学院实验中心，使学科之间的交叉融合成为现实，为培养学生的创新能力和扩大专业视野提供了必备的条件。比如，建筑工程学院建筑学综合实验室原来服务面很窄，通过与其他实验室的交流，与市政系和土木工程系实验室找到了许多共同点，扩大了服务对象，也为将来的学科交流找到了切合点。

成立学院实验中心，将会更加密切教师与实验室的关系，提高实验科学在工科院校的地位，为学科的发展铺平道路。过去由于实验室隶属于相关的系或教研

室，实验教学始终处于附属的地位，教师到实验室工作被看成低人一等。所以许多教师尽管有丰富的教学经验，但由于从未参加过实验教学过程，难以胜任科研工作。中心的成立提高了实验在高校中的地位，并将制定相关的管理措施，鼓励教师走进实验室，参与到教学和科研活动中，使实验室与教师的关系更为融洽，使理论教学与实验结合得更加紧密。

（二）成立院实验中心，有利于科研活动的开展和学科的建设和发展

从学科发展的角度看，成立独立的实验中心并不会出现如人们所担心的学科与实验产生脱离，相反，由于实验科学研究从学科附属地位的阴影中走了出来，使实践与理论有了相辅相成的促进作用，使实验不再是单纯的理论验证，而是服务于理论的同时又能够超前于理论而发展。世界上许多理论与思想都是产生于实验科学中的。另外，实验中心将成为理论与科学研究之间的纽带，为学科的发展提供更宽广的舞台。成立实验中心，将制定相关的措施，强化实验为教学科研服务的意识，使教师和科研人员的所思所想都能在实验过程中得到体现，保障为学科的全方位服务，从而促进学科的发展。学院实验中心由于涵盖了多个学科，给跨学科研究提供了平台，为重大课题的研究提供了资金、设备和人员的保证。中心可利用资源上的优势，申请重大的科研项目提高自身的声誉，为学校重点学科的申请和建设创造条件。学院实验中心建设若能提高品质，将能够吸引更多高层次的人才，使中心的建设与发展进入良性循环，学科建设由此可上一台阶。

（三）成立院实验中心，将有利于社会服务的开展

在制定资源有偿占用的管理制度后，利用技术、装备的优势，向社会提供有偿服务，是高校实验室资源经济化的必然趋势。地方工科院校通常都拥有较强的技术能力，国家多年的投资，使高校拥有较为先进的科研、教学设备，为地方经济服务也是高校的责任之一。成立院级实验中心，能调动各种资源，提供优质服务，这是小规模实验室所不能实现的。

七、对地方工科院校实验室管理体制改革的建议

（一）应打破院系壁垒，使实验室实现学科的交叉融合

经过多年的建设，地方工科院校都具备了一定的实力，拥有相当数量的教学科研设备，许多院校的实验室在科研和对外服务上都卓有成效。但如前所述的原因，大多数实验室由于规模小、人员少，不能形成强大的科研和技术优势，只能在较低层次上开出部分教学大纲要求的实验。只有站在学校发展的高度，对实验室进行科学合理的协调，将相关学科同类相归，消除院校之间的壁垒，才能使学科之间的交叉融合成为现实。对于覆盖面大的实验室，可成立以学校直管或委托学院管理的基础课实验教学中心，使资源得到共享，从而提高办学效益，降低办学成本。

（二）成立以学科群为主导的院级实验中心

科学技术的发展，使许多看似无关的学科能够紧密地结合在一起，比如生物医学与电子工程组成了现代的生物医学工程、人体工程与机械制造相结合等。学科的融合将为工科学生提供一个富有创造活力的学习环境。在目前的条件下，地方工科院校要成立起学科多样、实力雄厚的实验室尚不现实，以学科群为主导的院实验中心，是目前行之有效的组合方式。同一学院的专业之间，必有一些课程相同或相通，学科的融合和碰撞，将会产生新的思想、新的火花，为教学和科研带来新的课题。成立院级实验中心，还在以下几个方面产生较好的管理效益：①有利于院内设备统一调配，提高资源利用率，降低教学成本；②实验人员集中管理，有利于实验人员统一调配，加强实验人员的交流学习和提高素质；③经费统一开支，保证了资金的有效利用；④有利于校院之间的协调管理。

（三）集中资源资金优势，建立重点实验室，树立本校特色品牌学科

目前，我国还处于社会主义初级阶段，国力不强，国家对教育的投资十分有限。在中国加入WTO后，教育资源跨国配置将成为必然。地方工科院校，特别是未进入"211工程"的学校，如何在教育市场的竞争中占据更多的份额，很大程度上是看该校办学的特色。世界上许多一流大学都曾经历了从单科大学发展成

综合性大学的历史,如麻省理工学院及德国工业大学,开始时都是技术学院,尽管目前已发展成为理、工、文、管结合的大学,但其工程技术研究在世界上始终处于领先地位,这就是它们的特色。昆明理工大学是云南省唯一一所工科院校,发展目标就应定位在为云南地方经济服务上。

在云南省《十五计划纲要》中明确提出要建立烟草、旅游、生物资源开发、磷化工和有色金属以及以水力发电为主的电力工业等五大支柱产业,昆明理工大学就应该根据支柱产业对人才和学科的要求,结合学校已有的优势学科予以重点扶持,创出特色,在全国高校中树立起自己的品牌学科。

（四）实验设备推行资源有偿占用制度

实验设备有偿占用,将使占用者有一种压力感、紧迫感,占用者将会根据自己承担的任务及其所能产生的社会、经济效益来申请设备,而不会盲目地争投资,而且,一旦没有任务或效益不大,就会减少设备占用或将占用权让给他人。这样,增强了人们的效益观念,使设备资源的占用在遵循市场法则的前提下趋于合理,减少设备的闲置和利用率低下的状况,使设备的有效利用达到最优。

八、结　语

地方工科院校进行实验教学体制改革,是符合高等院校改革方向的举措,未来高等教育的竞争将日趋激烈,时不我待,只有积极应对变革,才能在竞争中立于不败之地。

（本报告为2002年昆明理工大学校级教学改革课题"建筑工程学院实验教学资源配置与共享问题研究"的报告）

参考文献：

[1] 薛天祥．WTO挑战中国高等教育．高等教育研究,2001（1）．
[2] 潘云鹤．大学学科的发展与重构．高等工程教育研究,1999（3）．
[3] 吴树勇．引入市场机制　优化资源配置．高等工程教育研究,1999（3）．
[4] 蒋永先．系管中心实验室是较优化的实验室管理体制——实验室建设与管理．重庆建筑大学物资设备处编,1994．

"院级教学质量监控体系构建研究"课题报告

陈庆华

（本报告完成于 2004 年 12 月）

一、项目研究背景

教学质量是高等学校的生命线，努力培养适应未来社会发展需要的高素质合格人才，是高校深化教学改革的根本落脚点。长期以来，高等教育，特别是高等工科教育，人们习惯以受教育者掌握或应用专业科学知识的程度来衡量教育质量。随着新世纪的到来，受教育者将面对知识经济和市场经济的挑战、面对全球经济一体化和科技高速发展的挑战，这样，长期形成的单一的学科教育质量观无疑在某种程度上带有一定的片面性。21 世纪高等教育的教育质量观应由单一的学科性教育质量观向综合性教育质量观转变、由学科性质量观向适应性质量观转变、由"即时"教育观向"延展"教育观转变。另外，我国目前的高等教育在规模发展上正由英才教育向大众教育转换，并进入了一个发展的新时期。面对高等教育迅猛发展的新形势，面对 21 世纪新的教育质量观，如何根据学校、学院的实际情况，建立一套符合现代教育质量观，较为系统、规范、科学、可行的教学质量监控体系，对教学过程进行管理，促进和保证学院教学质量的不断提高，无论从理论上还是实用上都显得十分重要，是高等学校教学改革中重要而迫切的课题。此课题在 2002 年 11 月申报，经专家评审，学校批准正式立项。

二、项目立项研究内容

（一）分析教学质量及教学质量的基本要素

什么是教学质量？联合国教科文组织的政策性文件在论述高等教育质量时明确指出：高等教育的质量问题是一个综合性的概念，它在很大程度上取决于特定系统关注的组织结构、法定任务或特定学科的条件及标准。不同的角度，对教学质量有不同的理解。从教育学的观点看，学生的学习质量是教学质量的最终体现。从人才学的观点看，高等工程教育，其本质属于职业教育的范畴，其主要任务就是为社会输送高等工程技术人才。因此人才服务于社会的效果是教学质量的最终体现。不同的时期，人们对教学质量的认识与理解也有不同。单一的专业科学知识的掌握程度不能衡量教学质量的高低。

无论从哪一个角度去理解教学质量，关注教学质量，必须关注以下问题：一是教学是教师"教"与学生"学"的双边活动。它受多种因素的影响，形成一个由多维参数组成的系统。组成教学系统的四个基本要素是：教师、学生、教学条件、教学管理水平。这四个基本要素相互联系、相互作用。要提高教学质量，就必须使这四个要素责权明确，形成一个相互协调、相互促进的有机整体。二是质量标准不应是单一的，不同层次的学校，办学条件不同，服务对象不同，其质量标准应有其自身的特色，质量标准应与学校的目标定位相吻合；不同时期，质量有不同的主题，质量标准不应是一成不变的；必须树立发展的质量观、多样化的质量观、特色化的质量观。三是由于教学质量是教与学相互联系、共同作用的结果，是在开放的环境中形成的，社会、家庭、学校均直接或间接地影响着教学质量，因此是一个难以精确定量的综合性指标。

（二）"过程方法"在教学质量监控管理中的应用

教学质量始终伴随着教学过程，是教学过程中各个环节、各个要素及全部工作的综合反映。任何一个环节、任何一个要素、任何一项工作的质量都不同程度地直接或间接地影响教学质量。因此对教学质量的管理必须是全员的管理、全过程的管理。教学质量监控体系如何建立，是有效进行教学质量管理，保证教学质量稳步提高的关键。在教学质量监控体系的建立过程中，必须遵循科学规律。课题组探讨按ISO9000中鼓励采用的"过程方法"进行运作，利用了质量管理中

"过程方法"的基本概念，即"PDCA"循环。反映了质量管理中所必须经历的4个阶段：P（plan）策划，D（do）执行，C（check）检查，A（action）总结，"过程方法"的优点是可对整个教学过程、各子过程以及子过程的组合和相互作用进行连续的控制，真正做到对教学的全过程管理，使整个教学质量得以持续改进。

（三）分析研究学院现行教学质量监控方法，找出利弊

分析研究符合21世纪教育质量观的院级教学质量保证监控要素体系，如建立教学质量监控体系的原则，教学质量监控的依据，课堂教学、实践教学的教学质量标准，教学质量的评价方法等。

对院级教学质量保证监控要素体系的实施方法：如教学信息的收集、整理、分析、反馈方法；教学监控的组织机构；对教学过程的调控方法等进行探索。

高等学校的教学是一个多要素、多层次的综合系统，教学质量监控体系的构建及运作将受到多种因素的影响和制约。需要进行长期的、持续地研究探索。本课题在近期将通过对我院现行教学质量监控方法进行深入研究，找出利弊；对院级教学质量监控要素体系进行研究，以期初步提出符合学院实际、具有可操作性的院级教学质量保证监控要素体系；并对院级教学质量监控要素体系的实施进行探索。

三、工作内容

根据项目研究计划，课题组进行了认真的调研，主要考察了北京工业大学、北方交通大学、北京科技大学、北京建筑工程学院等院校，并从各种渠道收集了一些学校的教学管理文件。在广泛调研及收集资料的基础上，根据昆明理工大学面临教育部评估的实际，我们认为，本课题不能仅仅考虑对院级教学质量保证监控体系的要素进行研究，而必须要构建起一个院级教学质量监控体系，必须边做理论研究边进行实践，将课题的研究与学院的教学管理相结合，通过课题研究，加快学院教学质量监控体系的建立，提高学院的教学质量管理水平，同时通过学院的日常教学管理、评建工作，促进课题的研究。两年来，主要完成了以下工作。

（一）对目前学院在质量监控中存在的问题进行研究

通过分析学院教学质量管理和监控工作，课题组发现了以下存在的问题：

1. 质量监控工作宣传不力

目前，各行各业、各个层面都在强调质量，教学质量是学校生存和发展的根本、是学校教学工作永恒的主题。有关质量问题的这些观念可说是众所周知，但抓教学质量的宣传仅停留在表面，什么是现代教学质量观？什么是教学质量监控（what）？为什么要进行教学质量监控（why）？谁来进行教学质量监控（who）？何时进行教学质量监控（when）？如何进行教学质量监控（how）？教学质量监控中的"4w1h"问题等并未得到广大师生的认识与理解。教学质量涉及学校工作的方方面面，教学质量监控应是师生共同参与、在教学全过程中实施、对影响教学各环节进行的质量管理。教学质量监控涉及教职工及学生的切身利益，要想对教学质量实行全员管理、全过程管理，需要得到全体教师、学生的理解与支持，只有调动起广大教职员工教、学、管的积极性，才可能实质性地进行教学质量监控，形成良性循环，使教学质量得以持续改进。

2. 参与不够，自检自控功能弱

教学是由教师的教和学生的学构成。因此教学质量的监控理应由教师和学生共同参与。从教的一方来说，教师处于教学工作的第一线，对教学及教学管理中出现的矛盾及问题，教师体会最深、感受最灵，得到的教学信息也最多，应该说是教学质量监控队伍中的一个主要部分，但目前的情况是：由于指标体系的单一，造成教师认为自己是单一的被监控对象，处于被动地位，不能积极参与教学质量的监控，甚至对教学质量的监控产生抵触情绪。教研室是最基层的教学组织单位，承担着组织教学、进行教学研究、教学改革和培养年青教师的任务，更应是教学质量监控的一级重要组织。可目前教研室活动却流于形式，不能很好地起到自检自控、纠偏作用。再从学的一方来说，学生既是教学工作的直接受益者，又是教师教学水平高低、教学成果的体现者。学生通过教学活动，对教学安排、教师的教学态度、教学方法、教学能力乃至教师的人格品质有一个较全面的了解，有切身的感受和体会，对教学质量最有发言权。可以说学生的满意度在一定程度上是衡量教学质量高低的一个重要方面。学生也是教学质量监控队伍中的一个主要部分。但目前由于各种原因，学生的教学质量监控同样也流于形式。

3. 教学质量监控不成体系

教学质量监控不成体系主要表现在以下几个方面。首先，监控组织不健全，导致教学质量监控变成少数几个人的事、教学督导组的事。其次，指标体系不全。教学质量监控体系中的指标体系应涵盖教学的全过程，但就目前一些院校监控的指标体系而言，存在两个较严重的问题，一是指标体系不全，监控范围窄，目前大多数院校的关注点仅侧重于对教师教学情况的监控，而忽视了对影响教学质量的其他要素的监控。二是指标体系中质量标准的问题。要根据指标体系对教学质量进行监控，各指标必须有相应的质量标准，如何制定各指标的质量标准？制定质量标准的依据是什么？质量标准与目标定位是否吻合？这些均是目前指标体系、质量标准建立面临的问题。

4. 教学管理监控工作运行不畅

教学质量监控体系的运作包括信息收集、整理分析、信息反馈、调控纠偏。整个运作体系是一个封闭的回路，只要有一个环节出现堵塞，整个体系运行就不畅。目前状况主要体现在实时性差、反馈不及时、纠偏不力。究其根源，因素甚多，例如，管理不规范、监控不成体系；由于受管理体制的约束，缺乏有效的竞争机制、激励机制与约束机制，使得教学监控有时成为形式，走过场，影响各方参与的积极性；等等。

（二）利用"过程管理"理论，初步构建了学院教学质量监控体系

根据前述院级教学监控体系构建的原则和监控体系的基本要素，构建学院教学质量监控体系，构成教学质量管理"PDCA"循环，形成持续改进的机制。

必须明确学院教学质量的预期目标。根据对教学质量观、教学基本要素及教学管理方法的研究，针对学院工作的实际，提出了学院的本科教学工作预期质量目标是"学生满意、社会满意、教师满意"。其一，学生既是教师教学工作的直接受益者，又是教师教学水平高低、教学成果的体现者。可以说学生的满意度在一定程度上是衡量教师教学质量高低的一个重要方面。其二，高等学校对社会而言，可以说是一种产业，其产品就是合格的毕业生。教学质量的高低主要看社会对毕业生的认可和评价。因此社会的满意度更是衡量一个学院、一个专业办学质量高低的重要依据。其三，在学生的整个培养过程中，教师起着至关重要的作用。在要求教师以良好的师德、严谨的治学态度、不断提升的业务本领去教育、

感染学生，教书育人，在为学生提供优质服务的同时，培养出符合社会需求的合格人才，学校、学院及所有教学管理人员均应加强服务意识，为教师提供力所能及的服务，为教师的教学科研提供一种良好的氛围，让教师满意。

图1表示了在教学质量管理中"过程方法"的基本概念，"PDCA"循环反映了质量管理中所必须经历的4个阶段。P 策划，即要根据学生、社会的要求和提高教学质量的目的，对教学组织、教学方案及学生管理进行策划，确定必要的目标并制定达到目标的具体措施和方法；D 执行，即教学组织根据所设计的教学方案实施教学的过程；C 检查，即在教学实施过程中根据所确定的目标，对教学过程和产品进行监视和测量，并报告结果；A 总结，即对检查结果进行整理分析、总结，采取措施对策划进行修正，以使教学质量得以持续改进。"过程方法"的优点是可对整个教学过程、各子过程以及子过程的组合和相互作用进行连续的控制，真正做到对教学的全过程管理，使整个教学质量得以持续改进。

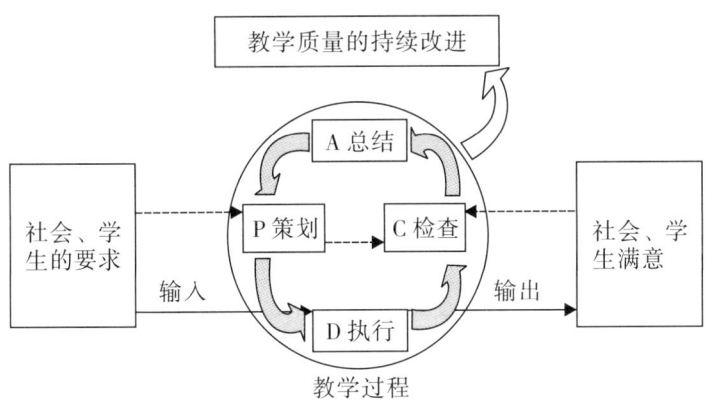

图1 教学质量监控过程运行图

（三）建立了教学质量监控保障系统

院级教学质量监控保障系统由三个子系统构成：一是组织系统，二是指标系统，三是信息系统。监控组织根据指标体系，通过对教学全过程的信息收集、整理分析，对照各项监控指标标准进行评价，再将评价反馈到教学中，对教学过程进行调控，同时对指标体系及标准不断地进行修正、完善，以保证教学质量得以持续改进提高（见图2）。

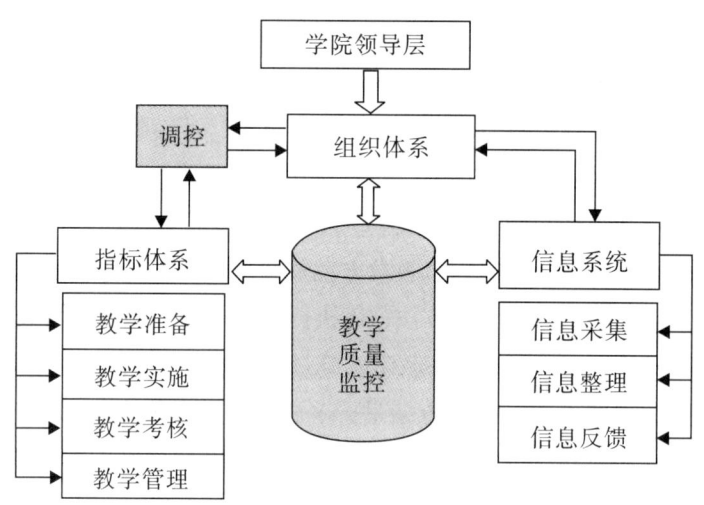

图2 教学质量监控保障系统图

1. 组织系统

根据全员管理的原则，院级教学质量监控体系的组织体系为"院级教学质量监控委员会"（见图3）。各质监小组根据自己的职责工作，采用座谈、汇报及发简讯等方式进行沟通交流、改进。

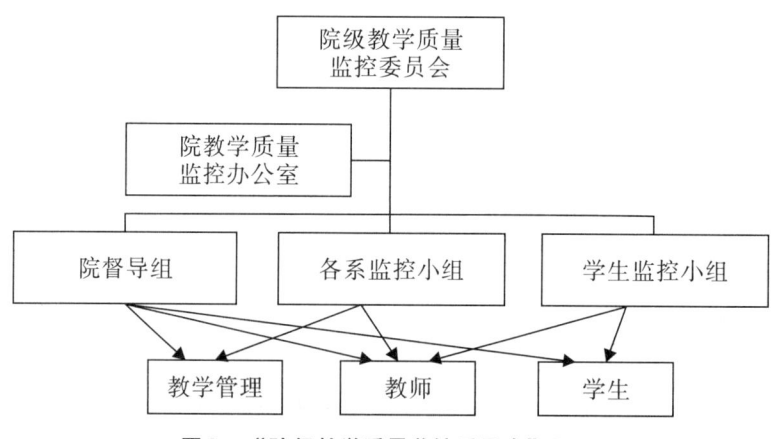

图3 "院级教学质量监控委员会"图示

2. 指标体系

指标体系及质量标准是整个监控体系运作的基础。由于不同的目标公众有不同的期望和标准，不同的组织有不同的质量方针和质量目标，因此指标体系及质量标准就不可能完全相同。对教学质量指标与教学质量标准的选择反映了选择者的价值取向。例如，对教育政策制定者或教育行政部门来说，资源、投入以及与政策相关的产出指标较为重要；对教育者或教师而言，过程指标，尤其是与教及学的过程相关的指标较为重要；对家长来说，学习成绩指标是教学质量指标中最为重要的。正是由于对质量指标与教学指标强调的侧重点千差万别，使得对教学质量进行评价与监控的设计变得更为复杂。在对教学质量进行评价与监控时，政府、学校、学院各层面之间是不同的，其主要体现在预期目的、质量标准及评价类型等方面。在政府层面上，保障和监控的目的主要在于提高学校的声誉及效能，降低成本。所选用的指标绝大部分是投入和产出指标，所采用的评价类型为外部评价。在学校层次上，保障与监控的目的集中于学校内部的改革与发展，所选用的绝大部分是过程指标与产出指标，评价指标的范围较广，既可有定性指标，又可有定量指标。学院作为教学的基层单位，其主要工作目标就是直接面对教师和学生，直接体现学校的教育方针，所以学院的教学质量监控体系的关注点，更侧重于以过程指标为主，兼顾结果指标。加强对教学和教学管理过程的细节的监控，注重可操作性。根据全过程管理的原则，指标体系应考虑教学的全过程，涵盖影响教学质量的各个环节、各个要素。由学院进行管理的教学过程包括教学准备、教学实施、教学考核等过程。目前建筑工程学院重点关注的指标体系分为以下三大类：

（1）**教学准备环节**：从教师的角度来说，应包括教师对教材的选用、对课程教学方法的设计，对教学进度的计划安排及课前准备等；从教学管理者的角度来说，专业设置的论证、教学计划的制订及更改、课程教学大纲、主讲教师资格认定等；从学生的角度来说，主要是学习准备等。

（2）**教学实施环节**：主要包括理论教学和实践教学。对教师而言，主要包括教师的课堂组织、讲授内容、讲授方法及采用的教学手段、课外辅导等；对学生而言，主要包括学生的学习态度，学习的主动性、参与性、能力等；对管理者而言，主要涉及教学保障、服务和教学督导。

（3）**教学考核环节**：包括对学生、老师、教学管理的考核。对学生的考核主要体现在课程考核、实践考核、毕业考核上；对教师的考核体现为学生、同行、专家的评教，教师教学、教改获奖情况；对教学管理者的考核则是管理的规范性、有序性、服务性及对整个教学的调控能力。

学院主要教学环节及院、系教学管理监控指标体系框架见表1、表2。

表 1　学院主要教学环节监控指标体系

指标类别	主要环节	关键要素	质量标准
教学准备	教学文件	培养计划	培养计划符合培养目标，体现专业特色。各课程有完整、规范的教学大纲。教学大纲与培养目标相吻合
		教学大纲	
	教师准备	教材选定	教材符合课程教学大纲基本要求，为近三年内出版。完成课程教学的各个环节，进度合理，教研室主任审查通过。因材施教，注重调动学生学习的积极性，教案规范
		教学进度计划安排	
		教学内容方法设计	
教学实施	课堂教学	课堂组织	课堂教学质量评价表
		讲授内容、方法、手段	
		教与学的纪律	
		课外辅导、学生作业	
	实践教学	实验教学	符合实践教学大纲基本要求，任务书（指导书）完整。见学院课程设计、实习、毕业设计指导质量评价表
		课程设计	
		各类实习	
		毕业设计	
	学生学习	学习纪律	昆明理工大学学生手册，学生到课率
		学习主动性与参与性	
		学习能力	
教学考核	课程考核	考试命题	有条件的课程均实行统考、统阅。严格执行命题审核制度，命题科学，符合教学大纲。有严格的评分标准，评阅、统计无差错。有试卷分析
		考场组织	
		阅卷、成绩评定	
		试卷分析	

续 表

指标类别	主要环节	关键要素	质量标准
教学考核	实践考核	实验报告	实验、实习报告规范，完成实验、实习任务书要求
		实习报告	
	学习效果	学习成绩	学生基础课统考课程及格率，竞赛获奖率，研究生考取率
		竞赛获奖	
	毕业考核	毕业论文、设计	各专业毕业设计评分标准

表2 院、系教学管理监控指标体系

指标类别	主要环节	关键要素	质量标准
教学运行管理	教学计划执行	开课情况	教学计划执行稳定，变动少，无漏排、错排课程，通知到位
		教学进度	能严格按教学大纲、课程教学进度表进行教学
	师资配备	主讲教师资格	认真审核，上岗教师95%以上符合主讲教师资格。新开课、开新课教师通过试讲。毕业设计指导教师具备讲师以上职称
		教授上课情况	55岁以下教授每年为本科生上课，课时数≥40学时 55岁以上教授三年内为本科生上课
		副教授上课情况	副教授每学期均为本科生上课。年课时数≥60学时
	考试管理	考场组织	监考安排合理，考试时间地点通知到位，无差错
		试卷、成绩上交归档	试卷、成绩按时上交归档，归档材料规范
教学建设	教研室建设	教研活动	有活动计划及记录，每一次活动有主题、有效果
		听课制度	严格执行学院听课制度，有记录

续 表

指标类别	主要环节	关键要素	质量标准
教学建设	教学改革	教改论文	有计划、有组织，有50%以上教师参与。每年度均有院、校级以上教改课题
		教改立项	
	课程建设	双语教学	积极探索双语教学模式、方法，每一专业至少有一门双语教学课程
		教材、课件、题库	有规划，积极参与，见成效
		师资	有师资规划，对青年教师培养措施得力，见成效
教务管理	教学档案管理	管理制度	符合学校档案管理要求
		档案管理	
	学籍管理	成绩管理	及时完成成绩录入，差错率低于万分之一
		学籍异动	严格按学校规定进行学籍异动
		毕业、学位资格审查	严格按学校规定进行毕业、学位资格审查
	教学质量管理	教学纪律检查	坚持期初、期末、统考领导巡视，领导听课
		期中教学检查	每学期进行期中教学检查
		评教、评学	每学期进行评教、评学，有反馈，有调控措施
		院督导组工作	有学期工作计划和总结。在面上督导的同时，有专项深入调研
	服务	服务	教学管理人员有较强的服务意识，能为师生提供力所能及的服务。师生满意率≥50%

3. 信息系统

教学质量监控体系主要包括信息的采集、整理分析和反馈。

信息采集：信息的采集是指通过多个渠道，主要有学院各级教学组织的日常管理信息、学校教学管理组织通报的信息、院督导组收集的信息及学生信息员收集的信息。信息采集情况见图4。

```
                 ┌ 学校教学管理组织通报的信息
                 │                 ┌ 量化表
                 │         ┌ 学生教学评价 ┤
                 │         │       └ 质化表（定性表）
                 │         │
                 │ 学生的教学信息收集 ┤ 学生信息员（教学信息报表）
                 │         │ 学生班、团体、个人对教学的意见、建议，院各级教学组织、系
                 │         │ 质监小组、个人的教学信息收集——对本系教学工作各环节的
                 │         └ 监督、对日常教学管理的意见、建议
                 │
                 │                 ┌ 随堂听课评价表
                 │ 教学督导组的教学信息收集 ┤
                 │                 └ 全院教学工作各环节的监督、检查信息
                 │
                 │ 领导、同行专家及教学管 ┌ 随堂听课评价表
                 └ 理干部的教学信息收集  └ 全院教学工作各环节的监督、检查信息
```

图 4　信息采集情况

教学信息的整理分析：主要由教学质量监控办公室具体负责实施，主要工作是把收集到的各类信息进行统计、分析、比较，在公平公正的原则下进行分类整理，及时做出统计报表及分析报告，为信息反馈和领导决策做准备。信息分类：

（1）教学过程信息：包括（a）学生出勤率；（b）教材使用情况；（c）教学手段使用情况；（d）教师出勤率；（e）教学事故、考试作弊。

（2）教学效果信息：包括（a）四、六级过级率及四、六级考试平均成绩的变化情况；（b）各类竞赛的成绩（数学、外语、计算机）；（c）主要基础课统考成绩；（d）毕业设计（论文）成绩；（e）教师教学、教改获奖情况。

（3）教改建议信息：包括（a）教师关于改进教学环境的各种建议；（b）教师对教学管理制度的各种意见和建议；（c）学生对教学质量和教学管理制度的各种意见和建议。

（4）学生教学评价结果。

（5）督导组随堂听课结果、教学环节检查结果。

（6）领导、同行、专家听课结果。

教学信息反馈：监控办公室将所收集整理的教学信息，按不同类别交由教学监控委员会及各级教学组织机构决策，同时按不同性质、类别、对象进行反馈。

（四）监控体系的运行实践

学院是学校教学思想的具体实践层，只有拥有完善的运行体系，才能将教学

质量监控实实在在地体现出来。学院教学质量监控体系的运行目前处于探索阶段，主要依靠院教学质量监控委员会运作。

对教学过程中各环节进行监控时，其监控对象、监控内容、监控方法及监控主体见表3。

表3 教学监控环节一览表

监控对象	监控内容	监控方法	监控主体
教师	教学准备 教学实施 教学考核 教学研究	检查教学文件 学生、同行、专家评教 考试命题审核、成绩审核 学年业绩考核	各监控小组、全体学生 各系监控小组、院督导组
学生	学习纪律 学习过程 学习效果	随堂听课，课程考勤 课程考核，毕业考核 学籍处理、毕业证、学位证	教师、教学管理人员 学生监控小组、院督导组
教学管理人员	各项规章制度的建立与执行 为师生及教学活动的服务情况	学期教学环节检查 问卷调查表	全体教师、学生、教学督导组，上级教学管理组织

监控体系的运行包含两个方面：一是监督，二是调控。而指标体系及质量标准是监督调控的依据。在监督方面，由于各项监控所针对的对象不同，采取的方式不同，参与的人员不同，因而难以设计统一的量化评分标准，在建立学院监控体系时，对一系列相互关联的教学工作，根据指标体系及相关质量标准，以单独的表格形式进行分类调查和考核。学院对以上几个方面共设计了若干考察指标体系表格，由学生、教师、督导组成员、教学管理人员共同完成。目前按大类设计的内容如下：

（1）教师教学状况监控：建筑工程学院学生评教表，考试成绩分析表，课程教学状况调查表，教学信息报表；

（2）实践教学环节质量监控：毕业实践环节指导质量调查统计表，建筑工程学院毕业设计（论文）检查统计表，建筑工程学院毕业设计（论文）汇总统计表；另外还设计了"建筑工程学院毕业设计周志"，以便指导教师记录指导过程中出现的问题；

（3）学期教学环节检查体系：建筑工程学院教学检查与报告制度；

（4）学生学习状况监控：学生学习状况调查表。

调控方面，学院通过各种渠道，了解教学一线情况、掌握一手材料，例如学院领导坚持上本科生课程，有听课制度、与院督导组座谈、院督导组坚持每学期一个专项调研等。在对收集到的各种信息进行分类整理后，根据质量标准，对出现的问题由专家会同学院一起，给出诊断性的意见和建议，采取相关措施，促进教学质量的提高。

一是不断补充、修订相关制度。例如，针对部分教师质疑在职称评审上有重科研轻本科教学的状况，学院制定了申报高一级职称本科教学工作评价制度，凡是未参加本科教学工作评价或评价不合格的教师，一律不得申报高一级职称。针对部分教师教学能力考核成绩问题，学院在新制定的听课制度中，强调除各级领导听课外，新进教师、教学评价不合格的教师必须听课。针对教学岗、低岗级教师本科教学工作重，相对科研较少的情况，在学院岗位津贴发放规定中，在淡化岗位、注重业绩的同时，注重教学岗与科研岗、高岗和低岗在教学和科研比重上的区别，调动各层次人员的工作积极性。另外学院设立了奖励津贴，并将同行评教、专家评教、学生评教的结果纳入津贴发放，在激励教师的同时也起到了一定的约束作用。

二是抓教风建设，严格教学纪律。对学生评教情况进行反馈，让教师知晓学生的需求。对个别教师的责任心问题，在奖优罚劣的同时，院系领导有谈话制度，进行个别谈话帮助。

三是加强教学研究，针对学院在教风、学风、教学管理、教学方法等方面的问题，组织教师进行教改研究。

四是抓学风建设，在学生教育中，注意引导教育和管理并重，新生注册报到时，学院举办优秀毕业设计（论文）展，召开新生家长座谈会。平时加强班主任工作。对基础课成绩优异的班级进行奖励，学院筹集经费支持学生参加各种竞赛，学生毕业举行毕业生学位授予仪式。

学院监控体系的运行目前处于探索阶段，运行中还有很多问题，但已初见成效。近年来，所制定的一系列教学质量管理的文件、制度大多数已付诸实施，学院的教学管理更加规范化。教师对教学工作的重视程度增加，参与教学研究、教学改革的教师也增多。近年来，有 15 位教师分获全国模范教师，省教学管理先进工作者，校优秀教师，优秀教育工作者，校优秀教学一、二、三等奖，校中青年教师讲课比赛奖。2002—2003 学年学院教师共发表教改论文 30 多篇。学生基础课统考成绩在全校排名有所提高，2004 届毕业生考取研究生 42 人，在全校名列前茅。

四、几点体会

（1）建立质量监控体系，目的是更有效地实施教学质量管理，帮助校院实现预期的质量方针和质量目标，目前学院的质量方针、预期质量目标、"学生满意、社会满意、教师满意"还必须进一步明确，并成为全院师生的共识。

（2）在院级质量监控体系中，院领导起关键作用，必须采取各种措施，建立健全激励机制与约束机制，奖惩分明，创造一种全员参与的环境和氛围，使整个监控体系有效运行。

（3）指标体系及质量标准是进行教学质量监控的依据，必须与学院的质量目标相吻合。它不可能一次做好，也不可能一成不变，只有根据学院的实际，根据实践情况，不断补充完善。

（4）在现有机制下，院级教学质量监控体系有效运行，难在调控。学院须逐步完善各种规章制度，使教学管理工作规范化、制度化，这是提高教学质量的基本保证，是教学质量监控体系运行的基本条件。另外学校应该给学院一定的人事处分权，同时学院应在软硬件方面有一定的储备，教学监控才能真正发挥作用。

（5）高等学校的教学是一个多要素、多层次的综合系统，教学质量监控体系的构建及运作将受到多种因素的影响和制约。教学质量监控体系的完善和有效运行，不可能是短期内的事情。只有坚持进行长期、持续地研究探索，不断完善，才能保证教学质量得以持续改进并提高。

五、结　语

由于院级教学质量监控体系更偏重于对教学和教学管理过程细节的监控，主要是希望从教学的过程中直接获取信息,如管理、课程、专业、教学效果等方面,所以涉及的内容较为狭窄,但是却能直观地展现教学的状态,关注监控过程在若干时间内的工作绩效、发展状态及可能采取的预后措施。

高校教育的最终目标是培养符合社会发展需求的高素质人才,社会的不断进步必然导致对人才质量的要求不断提高,因此,只有不断地完善各级教学质量监控体系,全面、及时地发现教学及教学管理中的各种问题,为教师、学生及教学管理人员改进教学及教学管理提供有价值的反馈信息,才能持续地进行有效的教学改革、促进教学质量的持续提高,才能不断增强学校的竞争力、培养出社会满意的高素质人才。

(本报告为2002年昆明理工大学校级教学改革研究课题"院级教学质量监控体系的构建与实践"研究报告,该项目获得2005年云南省高等教育教学成果二等奖)

参考文献:

[1] 潘维真. 树立全面质量观,运行高校教学质量保障体系. 中国高教研究,2001(4).

[2] 王金山,等. 高校教学质量监控系统分析与设计. 中国高等教育评估,2001(1).

[3] 王嘉毅. 教学质量及其保障与监控. 高等教育研究,2002(1).

[4] 黄忠国,等. 坚持目标管理与过程管理相结合,加强教学质量监控. 重庆工业管理学院学报,1997(4).

[5] 郑超美. 教学质量监控体系的建立与实践. 教学研究,2001(3).

[6] 鄢娟,等. 加强教学质量管理,建立完善的质量监控机制. 武汉纺织工学院学报,1998(9).

[7] 程东辉. 反复运用PDCA循环是提高产品质量的有效途径. 煤矿机械,2002(5).

[8] 钱晓光. 高等教育质量信息监控系统存在的问题及改革设想. 杭州电子工业学院学报,2000(10).

[9] 邹克敌. 关于高等工程教育教学质量的讨论. 成都纺织高等专科学校学报,2001(1).

"对高校'非典'及其突发性事件管理内容和机制的研究"课题报告

陈庆华

（本报告完成于 2006 年 4 月）

一、问题的提出

2003 年那场肆虐北京的"非典"，由于最初的预防和处置不力，北京的高校不仅因"非典"造成了严重的恐慌，而且"非典"给高校正常的教学、生活秩序造成了严重的损害。这场没有硝烟的战争，给高校以实实在在的强烈冲击，同时也给我们留下了深刻的反思：高校的突发事件是多种多样的，学校的决策层、各级管理部门、管理者，乃至师生员工应该如何未雨绸缪，进行有效预防？如果再遇到类似"非典"这样的突发性事件，或者其他别的突发事件时，该如何临危不惧、正确应对？提前识别、有效防范、正确处置突发事件，不仅是确保学校校园的安全和稳定，维护正常的教学、生活秩序的需要，同时也是优化育人环境，培养高素质人才必不可少的条件。因此，针对高校发生的"非典"及其他突发事件的正确预防和处置，确认其管理内容，建立"信息通畅、反应快捷、指挥有力、防范到位、处置得当、运行有序、管理有效"的应急管理机制是本课题研究的重点。

"高校突发事件"是指在高校内突然发生的，对学校的教学、工作、生活秩序造成一定影响、冲击或危害的事件。对高校突发事件管理机制进行研究的直接目的就在于：探寻高校发生突发性事件的内在规律，正确防范可能在高校发生的各种突发性事件，防止或避免突发事件的发生；及时妥善处置高校中已发生的突发性事件，防止、控制或减少危害结果，避免在实际工作中对突发事件处置不当、管理失控而造成人身、财产和校园秩序更大的损害。

对高校突发事件管理机制进行研究的意义（价值与作用）有以下几点：

首先是增强高校各级管理者，以及师生员工对突发事件及其高校管理工作中的风险意识。如同人生有风险一样，高校也会在办学实践中遇到各种各样的风险。如各类突发事件给高校带来的风险普遍存在；还有因自然的、社会的、文化的等客观环境的变化和影响因素的增加而使高校中存在的风险也在不断增长。所以，我们应该对高校可能发生的突发事件及其风险有一个新的认识。例如，云南大学因马加爵案件引发了人们对大学的办学风险、学生管理与领导责任的争论。我们需要重新认识面对的新形势，客观地评估我们已经面对的或未来的风险，理性地预测未来，并对正确规避和化解各种风险做好准备和安排。

其次是确认预防和处置高校突发事件管理中的内容及范围。将过去高校及社会上在预防和处置突发事件中的经验教训加以总结、提炼，应用有关的理论、知识和方法，明确并认定在预防和处置高校突发事件管理中应当涉及的内容及范围，从而避免高校突发事件预防和处置工作中的疏漏，造成不该发生的损害，增强预防和处置高校突发事件管理的预见性和有效性。

最后是探寻预防和处置高校突发事件管理的有效方法和机制，正确处理学校各项改革与学校安全、稳定的关系。社会要求高校在办学中既要提高学校的安全保障能力，又要不断改革创新，优化学校育人环境，为多出人才、出好人才提供更好的条件。安全保障其实是人的第一需要，也是出于人的最低需求层次的需要，高校对安定团结的需要无疑也是最重要的，没有安定团结的局面，学校将无法发展。通过对高校突发事件的预防和处置管理机制的研究，有助于学校正确处理教学改革、学生教育管理改革、人事分配制度改革及其他方面改革与学校安全、稳定的关系。重新思考一下，高校的各项改革是否必须以付出破坏安全性为代价？反之，为了安全和稳定是否就要放弃改革？如果我们在实践中能防止两种极端，如果我们能在实际工作中做到既积极推进学校的各项改革，又保持学校的安全和稳定，那将是一个更加协调、更加和谐、更加美好的高校育人环境。在我们强调以人为本、一切为了学生的今天，这一点显得更加重要。

二、对高校突发性事件管理机制研究的理论及方法

在对高校突发性事件防范和处置管理机制进行研究时，我们借鉴并应用了美

国项目管理的理论及知识体系进行分析。从人类开始有组织的活动起，就进行着各种规模的项目，从中国秦朝的长城、古埃及的金字塔等大型复杂项目的范例，到日常生活中大大小小、丰富多彩的活动，都可以视为项目，事实上，我们在现实中也经常被各种项目淹没。美国项目管理协会给出了项目的定义：项目是为实现一定目标，在一定约束条件下（或投入一定资源）所进行的一次性活动。由此定义可知，高校突发事件的预防和处置同样具有显著的项目特征。如目的性明确——为有效预防或妥善处置突发事件，维护校园安定团结的局面；要投入一定资源——相应的人、财、物力资源；具有突出的一次性——不可能去重复、返回到发生过的突发事件当时的状态。因此，对高校突发事件，完全可以借鉴和应用项目管理知识体系进行研究和管理。

美国项目管理协会经过几十年的实践探索、总结提高和理论完善，创建了《项目管理的知识体系指南》（PMBOK），使项目管理成为一种专业理论知识体系、方法和技术。1999年12月中国外国专家管理局培训中心与美国管理技术大学联合将PMP认证正式引入中国，中国的三峡工程、英法海底隧道、中国香港地区新机场等等项目都采用了项目管理的模式运作。2008年北京奥运会相关项目也将全部由PMP进行管理。

同时，由于项目具有一次性和独特性的共同特征，人们日益认识到采用常规的运行管理是难以应付的，必须组成专门的项目班子，采用项目管理方法。在企事业单位的管理和政府管理机构的各项创新活动或改革中也同样出现了对项目管理的强烈需求。因此，项目管理可以理解为实现创新的管理，对高校的教学、科研及各项管理的改革和创新同样具有重要的借鉴意义。

三、高校突发性事件管理的内容

针对高校突发性事件防范和处置的管理，其内容涉及突发事件的范围管理、时间管理、成本管理、人力资源（组织管理）管理、沟通管理、风险管理、采购管理（包括专家咨询、急需物品和设备的购买、新的基建项目等）、集成管理八个方面。

（一）高校突发性事件的范围管理

任何突发事件都有其影响范围。高校突发性事件的范围有两重含义：一是指在高校可能引起的突发性事件的因素范围;二是指在高校发生的某一突发事件可能影响到的范围大小。研究前者的目的是重在对突发事件的预防,研究后者则是对某一出现的突发性事件可能造成的影响范围实施有效的调节或控制,即为高校突发性事件的范围管理。对潜在的和已发生的突发事件,正确预测或界定其影响范围是十分重要的,若不能对突发事件的范围进行有效的管理,则不可能对突发事件进行成功地应对。

高校突发性事件的范围管理包括:突发性事件的预测与鉴别;突发性事件的范围定义与分解;突发性事件的范围核实与确认;突发性事件的范围变化与控制。

1. 突发性事件的预测与鉴别

高校突发事件性质各异,诱发的因素也各不相同。可从以下几个方面来进行划分:

按高校突发事件的性质划分,可分为公共卫生事件、政治类突发事件、治安安全类突发事件、自然灾害类突发事件、学校管理类突发事件;

按高校突发事件产生的直接诱因划分,可分为传染性疾病因素类、管理因素类、意外事件因素类、人际关系因素类、人为因素类等等;

按高校突发事件中学生的行为表现划分,可分为情绪宣泄型、违反校规型、违法犯罪型;

按高校突发事件的危害结果划分,可分为人身及精神损害型、财产损害型、秩序损害型、综合损害型。

突发事件的发生,虽有一定的偶然性但是也有一定的形成原因,一般在事件发生前,都会有蛛丝马迹可寻,需要管理人员能洞察一切异常情况,防微杜渐。

因此,在学校的工作实践中,我们需要对社会上发生的某种事件、学校在管理上采取的某种措施,以及一切具有诱发高校突发事件的可能因素进行正确预测和鉴别。例如,北京密云县元宵节灯展发生的悲剧,一大教训就是忽略了对公园中彩虹桥上人流本身安全的关注,没有预测到除了彩虹桥自身支撑人流通过的安全性外,还可能出现有人摔倒引起的突发事件及紧急事态处理,没有正确鉴别人群的大规模流动要害在哪里。

2. 突发性事件的范围定义与分解

突发性事件的范围定义与分解指一个突发事件出现后,应对其影响或作用范围进行明确的界定,同时,对原因复杂、波及面广的突发事件,应对其影响或作用范围和影响因素进行分解和细化。这一步工作对量化突发事件影响及危害的大小,进而控制和解决突发事件,起着十分重要的作用。例如,当某高校中发现"非典"病人时,不论是确诊病人还是疑似病人,都必须对该病人到过的地方、接触过的人员进行流行病调查和范围确定,同时,对这些地方及人员进行详细的分解,不能有任何的疏忽或遗漏,这一环节的管理对尽快查明传染源,截断传染链起着至关重要的作用。

3. 突发性事件的范围核实与确认

突发性事件的范围核实与确认是指对已定义和分解的突发事件范围进行检查、落实和管理人员或管理机构正式接受其工作结果的过程。例如,对上述已定义和分解的"非典"病人到过的地方以及接触过的人员,进行认真细致的排查和落实,确认其是否为传染源,是否也有其他人可能被感染,是否有人已表现出"非典"的症状,进而决定是否对有关人员采取隔离措施或留院观察等。在此工作过程中,有一个十分重要的程序就是对已排查落实过的范围——"非典"病人到过的地方以及接触过的人员进行确认,即由专门的管理人员或管理机构正式签署其工作被接受的文件。这对真正抓落实和一旦出现疏漏追究相关人员的责任是十分必要的。

4. 突发性事件的范围变化与控制

突发性事件的范围变化与控制是对突发事件的动态变化进行控制的重要工作。涉及三方面的问题:把握造成突发事件范围变化的原因;确定范围变化的大小;对已发生的变化进行控制管理。例如,本来只是发生在某高校校园范围内的"非典"事件,但后来演变成学生因为恐慌而大面积自发跑回家。学校管理者必须针对此变化,尽快查明原因,确定已离开学校人员的数量,同时,采取措施进行控制,不能再让没有离校的学生继续离开学校。对已离校回家的学生则应在疫情被控制后,选择合适的时机通知其返校,以避免造成更多的学生被感染。

(二)高校突发事件的时间管理

任何突发事件都有其酝酿、发生、持续、结束的时间,在此过程中,将伴随着大量应急处理及平息事件的时间,"时间就是生命"在一些突发事件中得到了充分体现。"将突发事件解决在萌芽状态",既是人所共知的常识,同时也道出了对突发事件必须事前预防或事后采取紧急处置行动,对时间进行有效管理的重要性。

高校突发事件的时间管理包括:预防或处置突发事件活动的定义;预防或处置突发事件活动的排序;预防或处置突发事件活动的历时估算;预防或处置突发事件应急计划(预案)的编制;预防或处置突发事件活动的跟踪控制。

1. 预防或处置突发事件活动的定义

预防或处置突发事件,是指在预防或处置突发事件时,到底有哪些具体的活动、行动或工作要做,有哪些应急措施需要采取等,必须进行明确的定义或确认。在实践中,有的高校突发事件往往就是因为一些工作不落实而引起的。例如,某高校为促进学生英语的学习,制定了学生英语四级考试成绩与毕业证和学位证挂钩的管理办法,该办法的出台本来无可非议,但就是因为有的学院、班级对该办法的传达、贯彻不力,有的甚至根本没有传达和贯彻,结果导致部分学院班级的学生为此不满,连续几天出现晚上熄灯后在宿舍砸酒瓶、烧报纸、喊叫抗议、群体上访学校领导等过激行为。这就告诉我们一个简单的道理,平时工作的疏漏都可能引起突发事件,给学校工作造成被动,带来危害。那么,针对一些尚未发生,但危害性大的突发事件,明确定义并落实各项预防措施是不可缺少的。对已经发生的突发事件,如校园内已发现"非典"确诊或疑似病人,则更应迅速定义和明确要开展的活动、要采取的措施。同时,为了做好这项工作,对预防和处置"非典"这类比较复杂的突发事件时,还需要对所定义的活动、措施进行分解和细化,以避免工作的疏漏和失误。分解和细化的方法通常可采用文档化活动清单的形式,包括:活动内容、所需资源、工作量、潜在风险、完成时间、预期效果。

2. 预防或处置突发事件活动的排序

对预防或处置突发事件的活动进行排序,实质是确定开展这些活动的程序。只有活动的程序正确,才能保证活动结果的正确。因此,在对突发事件实施预防或处置行动时,不仅要分解细化其相关活动和措施,而且要对这些活动和措施进行先后排序。例如,某高校为了加强对学生作息时间的规范管理,出台了学生公寓晚上11:00统一熄灯的管理规定。学校决策层在执行该规定前,已经预见到学生会对此表示反对,故对此规定提前做了面上的宣传,在学生公寓的宣传栏张贴了该规定。在正式执行的当天晚上还布置学生工作负责人、班主任到学校值班。可结果还是发生了虽已预见到，但想防止却没能防止的突发事件，连续3天学生公寓楼在熄灯时爆发了学生扔砖头、砸酒瓶、砸宣传栏、起哄的过激行为。总结该事件的教训，在预防该事件的活动中缺乏正确的排序是一个重要原因，即未进行熄灯规定的可行性调研和深入宣传教育，尤其是没有把通过班主任深入学生班级做好工作这项活动放在规定正式实施前。

3. 预防或处置突发事件活动的历时估算

预防或处置突发事件活动的历时估算，即估算完成预防或处置突发事件活动所需要的时间（小时、天或周）并提出完成活动的时间要求。对突发事件的预防或处置通常都是在一种应急状态下进行的活动或采取的行动，故对活动所需占用的时间以及完成一项活动必须遵守的时间要求是很严格的，决不允许出现该完成的活动在要求的时间内没有完成的拖沓、渎职行为。吉林百货大楼管理层对消防部门的多次消防隐患整改通知置若罔闻，最后酿成重大火灾。这方面的深刻教训也是值得高校吸取的。

4. 预防或处置突发事件应急计划（预案）的编制

凡事预则立，不预则废。对突发事件有完善、有效的预防或处置预案或计划，将使我们在突发事件来临时从容应对，并且能够大大降低事件带来的危害，减少事件造成的损失。2003年，在全国抗击"非典"的关键时刻，国务院公布施行《突发公共卫生事件应急条例》（以下简称《条例》）。《条例》明确规定了处理突发公共卫生事件的组织领导、遵循原则和各项制度、措施，明确了各级政府及有关部门、社会有关组织和公民在应对突发公共卫生事件工作中承担的责任和义务；吸纳了"非典"防治中时间管理的"四早"经验，规定有关部门、医疗卫生机构应当对传染病做到早发现、早报告、早隔离、早治疗，切断传播途径，防止扩散。同时还明确了违反《条例》行为的法律责任。这一法律制度对有效预防、及时控制和消除突发公共卫生事件的危害，保障公众身体健康与生命安全，维护正常的社会秩序将发挥重大的作用。

高校在各敏感时期都会制订相应的处置预案，但要真正做到机构、人员、措施、责任四落实，而且对预案要针对性演练，非敏感时期也要有效和管用，才不致使预案仅是做做样子。为什么我们翻来覆去都在讲预案和管理的有效性，其实是为了强调预案不是大而化之，大概设计一下，按照规范的设计来讲会包括两个方面：第一，会包括对以前各种同类事故吸取里面的经验教训；第二，会包括有关于既定项目或场景仔细的研究、勘察、安排等等。

5. 预防或处置突发事件活动的跟踪控制

"世界上怕就怕'认真'二字",而世界上的事情也只有讲认真才能做得好,尤其是对突发事件的预防或处置。凡事不仅要有布置,还必须有检查、有落实,才能达到预定的目的或效果。因此,对突发事件的预防或处置所计划和安排的各项活动、措施,是否已按要求付诸实施,还必须加以跟踪控制。一旦出现偏差就得及时进行纠正,一旦出现预定计划落空,就必须有控制措施加以弥补。防火整改通知发了一个又一个,防火单位置若罔闻,消防管理部门也不采取措施进行强有力的跟踪措施以及处罚等,任危险滋长、蔓延,最后终将酿成大祸,吉林百货商场火灾的惨痛教训也在于此。

(三) 高校突发事件的成本管理

从经济学上来说,做任何事,都是既有成本又有收益的,问题是要对成本收益作一个比较。预防或处置突发事件肯定是要付出成本的,我们不可能不计成本地去预防或处置突发事件,同样,也不能只想节约成本而放弃或弱化对突发事件的预防或处置。对突发事件进行成本管理的目的,正是为了以小的成本换来大的收益,以小的代价避免大的损失。

高校突发事件成本管理的内容包括:资源计划、成本估算和预算、应急储备、成本控制。

1. 预防和处置突发事件的资源计划编制

在预防和处置突发事件中必然要消耗一定的资源,包括:人力资源(如专职的消防人员、治安保卫人员、参与处置突发事件的各类人员等),设备及设施(如消防设备及设施,处置突发事件需要的交通、通讯、宣传设备及设施等),资金(如用于对突发事件受伤人员实施抢救的预付医药费等)。为了保证及时提供预防和处置突发事件的人员、设备设施和资金,并且使这些资源得到有效利用,就要对预防和处置突发事件需要使用的资源做出计划和安排。资源计划编制就是确定完成预防和处置突发事件活动所需资源的种类、数量和时间。例如,在人力资源方面,应在计划编制(预案)中对什么情况下,谁该做什么规定得很清楚;又如,应在学校计划中设置一笔专项资金,用于高校在处置治安类突发事件,遇到学生受到重伤送医院紧急抢救时的预付款,而且该专项资金的使用程序应迅速、快捷，避免因预付款扯皮或多方请示而耽误了对学生的抢救。

2. 预防和处置突发事件的成本估算和预算

成本估算就是对相关活动所需的资源成本进行近似估算，其作用是帮助确定其所需资金、进行资源分配、准备采购合同等，从而确定其成本。

在工程项目管理中，成本估算将决定该项目是否值得冒险，一旦项目的成本估算和预期收益确定，就能决定该项目是否值得努力或能不能上。而在预防和处置突发事件的活动中，所谓"收益"，就是避免或消除因突发事件而造成的危害。预防和处置突发事件的成本估算，就是近似估算在一项具体的预防和处置突发事件的活动中需要付出的人力、物力和财力的总和，即所付出的成本。与工程项目所不同的是，预防和处置突发事件通常须从维护稳定，保护生命、财产的高度去认识和处理问题，而且在突发事件不发生时，这些投入是没有什么收益的。但反过来说，不能说没有收益就不该投入，预防突发事件必须舍得付出必要的成本，即使突发事件不发生也必须这样做，因为谁也说不准突发事件何时发生。对突发事件抱有不一定会发生的侥幸思想，这正是我们不少单位发生突发事件时毫无防备而造成重大损失的重要原因。

成本预算编制是在成本估算基础上进行的，其实质是制定预防和处置突发事件成本控制的基准。

3. 预防和处置突发事件的应急储备

应急储备就是为了将来碰到"已知的未知情形"而准备和提供的。如2004年北京财政亦将对防范处置突发事件给予较为充分的资金支持。北京财政部门称，预算安排预备费八亿元人民币、公共突发事件应急专项资金两亿元人民币，主要用于应对公共突发事件、救灾及其他难以预料的开支。在预防和处置突发事件的成本管理中，在人力、物力和财力方面都应该有应急储备。因学生疾病、意外事件造成伤害，急需医院抢救，医药费的预付就是大问题，尤其是针对学生伤害类突发事件，应该在医院抢救方面有较充足的现金作为应急储备。

4. 预防和处置突发事件的成本控制

毫无疑问，我们当然希望建构一种应变体制，使我们有能力把任何我们不希望发生的突发事件控制在它的"潜伏期"。当然，我们知道那是不可能的，因为从经济学的观点看，事前控制的成本和代价太高，而且意味着我们的日常生活要受到严格监督，我们的日常生活时刻可能被打断，为了辨别仅仅是"可能"发生了的某一事件，这显然是不科学的。

那么，退而求其次，我们希望把我们都不喜欢的那些突发事件控制在爆发期的初期，实现事中控制。因为事件已经爆发出来了，社会应当能够获得足够的信息来判断该事件是否已经发生以及在哪里发生。这时我们关注的是"效率"，是尽早动员力量，投入资源，把我们不喜欢的突发事件控制在爆发期。集中资源控制那些突发事件肯定是有成本的，只是我们要对成本与收益有一个正确的估计，并将成本控制在尽可能小的范围。如昆明理工大学在"非典"期间，为了切断可能由毕业实习的同学从外地回来造成的传染，决定凡是从外地回学校的同学都必须在学校专家楼宾馆隔离20天，而全部费用由学校开支。为此，学校共计开支了几十万元。从防止"非典"从外地传入学校造成更大危害和损失看，这一成本开支显然是合算的。还有，为了防火，必须配备必要的防火器材，建筑物必须安装必要的防火设施等，国家对此有许多的强制性规范，必须严格执行，不应有商量、打折扣的余地；为了防盗，必须采取人防、物防和技防，这些都要投入，这时就不能有丝毫的吝啬，否则就可能付出更多、更大，乃至生命的代价。

（四）高校突发事件的人力资源管理

高校突发事件的人力资源管理，传统称之为组织管理，是突发事件预防和处置中最重要的管理，高校突发事件的人力资源管理涉及对突发事件中所有事件干系人进行管理所开展的一系列过程和工作。包括：突发事件预防和处置的组织计划编制、人员的配备和队伍建设。

1. 突发事件预防和处置的组织计划编制

在分析高校突发事件类型、特点的基础上，根据预防和处置高校突发事件的需要，在人力资源管理中，首先应编制好预防和处置突发事件的组织计划，这项工作通常是在高校预防和处置突发事件的预案中得到体现的。

在编制组织计划时应遵循的原则是：保证组织系统的"信息畅通、反应快捷、指挥有力、责任明确"；组织机构合理，各部门目标明确，协调配合，工作高效。

在编制组织计划时应考虑的因素是：预防和处置突发事件的目标、任务，组织的职位、职责以及各职位间的沟通关系等，其中最重要的是要考虑预防和处置突发事件的界面、人员需求和限制条件。预防和处置突发事件的界面是指在具体预防和处置突发事件时的正式和非正式的报告关系。一般有组织界面——不同组织单位或部门间的报告关系；技术界面——不同技术专业或学科之间的报告关系；人员界面——不同人员之间的报告关系。处置突发事件的报告关系应十分明确，否则难以做到迅速反应、及时处置，而且还会造成职责不清、责任不明。限制条件是指组织计划及组织结构的建立常常会受到一些条件的制约。如现行组织体制、现有人员素质、已经形成的管理习惯等，这些限制条件在制订组织计划时都应充分考虑到。高校采取的组织结构通常是突发事件处置领导小组或指挥部，下设若干工作机构或小组。

此外，根据突发事件预防和处置工作分解结构和组织分解结构，还应进行职务或岗位的分析与描述。包括：在对各项具体工作分析研究的基础上，确定组织中所需要的岗位和职务；对各岗位和职务进行分析，形成一系列的岗位或职务工作描述、任职条件、工作规范和考核标准。高校中出现的类似马加爵案件，以及一些管理类的突发事件发生，其中的一个重要原因就是对相关的学校领导、工作人员缺乏具体的工作描述、工作规范，以至出现突发事件后到底应如何追究责任都难以落实。

2. 突发事件预防和处置人员的配备

高校突发事件预防和处置人员的配备应该做到：专兼职结合，即学生管理工作专职人员与班主任、广大教师兼职人员相结合；学生工作人员与专业技术人员结合。随着社会的发展，在人员配备上也出现了许多新特点，单靠传统的学生工作干部进行学生的教育和管理已经不能适应当今学生的变化和需求。比如，针对当前大学生心理问题突出，以及由心理问题引发的突发事件增多的特点，为了更有效地预防突发事件，很有必要在高校配备专职的心理咨询师、律师等专业技术人员，从对学生进行心理测试到发现有心理障碍进行心理疏导，开展心理咨询需要心理咨询师的专业工作，仅靠现有的党务、学生工作干部难以胜任新形势下学生对心理咨询、心理疏导的需求。近年来，中国科技大学专门成立了心理教育中心，在校园网上开辟了独具特色的"微笑在线"心理教育网站，设立了"微笑咨询""微笑驿站""微笑测试""微笑社区"等10多个栏目。在线的测试、咨询和现实中的交流、辅导相结合，构建了网络心理预警系统，有针对性地解决了学生的心理问题。

另外，随着学生权益受损害以及治安类案件的增多，还有必要为学生配备专职法律工作者或律师，专门为学生提供法律服务，同时，也要加强学生的法律教育，增强学生的法律意识和自我保护意识。如某高校学生和同学到卡拉OK厅唱歌与人发生冲突被杀伤、亲属被杀死的恶性案件。后因当地公安派出所没有抓到凶手就没有得到伤害赔偿，而按照法律规定，是可以向卡拉OK厅的业主要求民事赔偿的。

3. 突发事件预防和处置队伍建设

为建设安全文明的大学校园，有效预防和及时处置各类突发事件，高校应该重视突发事件预防和处置队伍的建设。具体内容包括：强化师生员工的安全意识，对突发事件形成正确的概念，从心理准备、思想认识，以及知识、技能等方面都做好应对突发事件的准备。要做到这一点，高校应在日常工作中加强对师生员工的突发事件预防处置专项培训，除了针对特定时期、特定形势下的政治类突发事件的预防控制外，还应针对治安类、管理类、公共卫生类、自然灾害类突发事件的特点和要求进行专项教育和培训。有条件的学校应开设"突发事件应急处置和自我保护"课程或专题讲座，进行防火逃生、紧急救助、传染病学等突发事件应急处置的模拟训练。总之，要通过这些专门的教育和训练，切实增强高校师生员工的安全意识、预防突发事件的意识，提高处置突发事件、保护自我、减少损失的实际能力。同时，通过教育和训练，加强各类管理人员的责任意识、服务意识，避免因管理不善引起管理类突发事件。

此外，在突发事件的人力资源管理中，还要处理好防范突发事件与正常工作、培养学生全面素质、开展正常活动等方面的关系，做好冲突管理。在突发事件的防范中不能因噎废食，消极处理。如不能因害怕发生突发事件就尽量不组织学生集体活动。同时，针对出现的突发事件处置，要做好奖惩工作。对预防和处置突发事件的有功人员应给予表彰奖励，对失职、渎职及有关责任人员应按法律、法规以及学校规章制度给予惩罚，以警示后人。

（五）高校突发事件的沟通管理

沟通管理是对相关信息传递、交流活动的管理，其目标是保证有关信息能够以合理的并及时的方式产生、收集、处理、存储和交流。对高校突发事件的成功预防和处置，离不开有效的沟通，只有在各级组织上下、左右及其突发事件的干系人之间沟通顺畅、高效，才能充分有效地预防和处置好突发事件。北京高校在防范"非典"的突发事件中，就是一度对真实信息缺乏有效的沟通和管理，才导致了大面积的传染、恐慌，使预防和控制工作陷于被动。

1. 高校突发事件预防和处置的沟通需求及沟通计划编制

突发事件的沟通需求是指预防和处置突发事件的组织机构和干系人明确提出的相关信息的获知要求，这些要求涉及与突发事件预防和处置有关的信息的内容、格式、类型、传递方式、更新间隔、信息来源等多个方面。沟通需求的典型信息包括：在预防和处置突发事件的预案中应明确组织机构、干系人及相互之间的责任关系；对突发事件的表现、类型、显现或潜在的危害的自下而上或自上而下的沟通；对预防和处置该突发事件的相关原则和措施的下行沟通。这些信息需求都应全面、具体、明确地反映在沟通计划的编制中。

高校突发事件沟通计划编制的步骤一般是：一要识别与预防或处置突发事件相关的组织和干系人，如各相关职能部门、突发事件处置领导小组，以及各级领导成员和相关责任人员，尤其需要强调的是非正式渠道的信息沟通和学生干部、学生党员对突发事件苗头、迹象的信息报告的极端重要性，这些信息对有效预防群体性政治类突发事件，学生心理失衡引起的自杀、失踪，以及学校管理类突发事件所起到的重要作用应引起各级管理者的高度重视。二要识别各级组织及职能部门和干系人的沟通需求，在此要注意沟通的必要性，避免做出无用的沟通计划，不论是信息资源还是人力、物力和财力资源，都应使用在对预防和处置突发事件必要的组织、部门和人身上，否则就是不必要的浪费。三要针对相关部门、干系人的需求，明确需要搜集哪些信息，以及确定从什么地方、如何搜集这些信息。四要对相关部门和干系人提出对搜集到的信息进行加工处理的要求。五要确定以什么方式向相关部门和干系人提供信息。如紧急情况下的电话报告，一定时期的专题调研报告，突发事件的预警通报、紧急会议、处置纪要、对相关人员的奖惩等。

及时、公开、完备的信息发布正在改变我们的生活，营造一种我们一直渴望的生存环境。据悉国家通过《关于改进和加强国内突发事件新闻发布工作的实施意见》，中国人民大学新闻传播学院副院长喻国明表示：作为一种公共权力资源，信息已经成为每个现代社会成员生活的必需品。而信息质量的好与坏、全面还是片面、及时还是滞后成为关乎社会成员生活质量乃至生命健康的大事。喻国明认为，政府要成为一个只负有限、明确责任的现代政府，让每个公民都成为决策的主体，信息的公开就是它向公民所履行的首要的也是关键的责任。

2. 高校突发事件预防和处置中的跟踪评估

不论是对突发事件预防措施的落实，还是对已发生的突发事件处置，都应在沟通管理中充分体现跟踪评估，充分体现"落实"二字。特别是对一些突发事件已表现出来的苗头，更要有人去发现、去听取、去紧追不放，迅速查明苗头事由、采取针对性措施或启动应急预案，将突发事件解决在萌芽状态，这一过程要求形成一个完整闭合的跟踪评估环路，如果在某一环节出现断裂，都可能导致突发事件的发生。有些高校发生的突发性事件，在爆发前不是没有苗头、没有迹象，也不是没有防范的制度、预案，之所以还是发生了本来可以避免的突发事件，其重要原因就是在沟通管理中没有实现跟踪评估，或是一开始就无人跟踪，或跟踪过程出现断链，该监督的没有监督或监督走过场，该落实的没有落实或落实打折扣，最终都是责任没有落实，措施没有到位，本来可以不发生的事件还是发生了。突发事件固然可怕，但更可怕的是相关责任人员对各种突发事件苗头、隐患的忽视和麻木，对各种制度、措施落实的冷漠，对自身职务、责任的放弃或渎职。

3. 高校突发事件预防和处置沟通管理中的经验教训总结

经验教训的总结都是事后的剖析，不论发生在本校还是外校的突发事件，对学校今后预防和处置同样或类似的突发事件来说，都是值得借鉴的经验或教训。因此，在高校突发事件预防和处置的沟通管理中，针对特定的突发事件案例进行认真总结是十分必要的。在总结中，应包括经验的、正确的、好的方面，同时也应深刻剖析存在的问题和不足，以便今后从中吸取教训。在总结阶段应进行严明的奖惩，对预防和处置突发事件的有功人员应表彰奖励，对失职、渎职者应给予相应惩罚。

如今，新闻报道改革的矛头又直指突发事件，政府再一次显示了还信息于民的决心：即使是突发事件，也不怕让老百姓知道。真正怕的是媒体和民众的第一消息来源不是新闻发言人，而是"小道消息"；怕的是百姓不能在第一时间获取信息，而是谣言先行。

把从百姓那里得到的信息还给百姓，从公共管理角度讲，将产生"干预决策中的自己人效应"。百姓就会把政府的事情看作自己的事，大大增强百姓对政府决策的理解能力、承受能力和参与积极性。也正因此，非但是新闻信息要及时公开，各项政策出台前后的网上公示、建议咨询、调查访问，也可以成为动员每一位公民参与到国家建设中的巨大力量。

（六）高校突发事件预防和处置中的风险管理

风险是一种不确定的事件或条件，一旦发生，会对预定目标和正常秩序产生某种正面或负面影响。在高校对突发事件进行预防和处置的过程中也存在着或多或少、或大或小的风险，对预防和处置突发事件中的风险予以关注，是因为风险与成功预防和处置突发事件相关联，在预防和处置突发事件的过程中，必须对存在的风险进行识别、控制和有效管理。

1. 突发事件与风险管理

风险与突发事件是两个不同的概念，前者是指损失发生的不确定性或不确定性带来的损失或损害的可能性，它是不利事件发生的概率及其后果的函数，即 $R = F(P, C)$；后者则通常指已发生危害的现实性。风险通常可以规避、转移，而突发事件是难以完全规避和转移的。当然，两者也有密切的关系，因为通常风险不能避免时就演变为风险事件，风险事件在不能预见、规避或转移时就会成为突发事件。例如，学院或系上组织一个班的同学外出实习，这一活动本身是会有风险的，路途中的车祸、实习中的工伤事故等都可能产生风险事件，虽然可以预见，但却不能完全规避或转移，一旦发生，还是会演变为高校安全类的突发事件。风险管理是指针对一定过程可能遇到的风险进行预测、识别、评估、分析，并在此基础上有效地处置风险，以最低成本实现最大的安全保障。在高校突发事件的管理中借鉴和运用风险管理的思想，能大大提高高校对突发事件预防和处置的有效性。

2. 突发事件预防和处置中的风险识别和分析

风险识别的任务就是辨识和确定突发事件预防和处置中存在的风险，包括三个方面：一是潜在风险的识别。这在突发事件的预防中显得尤其重要。例如在学校出台一项管理措施或规章制度时，就要有风险意识，认真识别潜在的来自教职工、学生的不理解、不支持、心理上的抵触、反对，以及贯彻实施中的失败，甚至法律等方面的风险。昆工在实施毕业证和学位证与四级英语考试成绩挂钩的问题上就引发过一系列风险和突发事件，甚至被学生告上法庭。二是风险影响因素的识别。无论是组织一项活动，还是出台一项管理措施，都应该在事前全面分析可能存在哪些风险因素，包括：来自学校内部还是外部，是安全方面的风险还是招致失败的风险，此外，还要分析各种因素与风险的相互关系，以及风险因素对引起突发事件的作用大小，从而确定主要的风险因素。三是风险后果的识别。要分析风险带来的威胁，特别是出现最不利的情况，最大损失是多少？在学生管理中出现了许多新情况和新问题，如一些学生在校外租房住，是否允许？实行学分制，学生是否可以不上课，通过考试即可？学生已不是过去单纯的教育接受者或受教育者，同时也是教育的消费者，有权对学校的教学内容、方式及其质量、培养模式等提出质疑、意见和要求等，这些都可能包含着风险并对学校产生不利的后果。

突发事件风险识别的输入信息包括上述各方面的内容，最终可追溯到发生突发事件的源头，即直接和间接引起各种突发事件的因素、活动、活动计划、活动的组织、人员机构、历史信息等。

通过对所有输入信息进行系统、全面的识别和分析，就能大概估测风险发生的概率、风险后果的严重程度，如损害形态、范围大小、时间早晚等。突发事件风险识别和分析的精度无须精确，只需定性描述即可。可分为：零风险（风险事故几乎没有发生的可能）；轻微风险（风险事故过去和现在均未发生，将来可能发生）；中等风险（偶尔可能发生）；一定风险（此类风险事故时常发生）。

3. 突发事件预防和处置中的风险应对

在对风险进行识别和分析的基础上，即可制订风险应对计划，根据项目面临的风险种类、特性和大小，结合组织自身的抗风险能力，制订合理的风险应对措施。

突发事件的风险应对措施包括：风险回避——因不愿意承担风险，从根本上放弃有关的决定、活动及组织行为。如为了回避组织学生活动引起的安全类突发事件，有的学校规定了"谁组织谁负责"的原则，导致无人愿意组织相应的活动。这种措施的采取应注意消极面，即回避风险意味着同时放弃了机会，而且回避一种风险可能产生另一种风险。转移风险——给在校大学生投保疾病保险、意外伤害险等。自留风险——对组织自身能够承受的风险，可以保留。风险应急——对一些不能回避的风险，一方面只能承受，另一方面还必须有应急防范措施，如对火灾，必须按消防的规定做好消防器材、人员、线路等方面的应急准备。

风险损失控制，是指组织在愿意承担风险的前提下，采取措施减少损失。这是一种积极的事前预防和事后减少损失的风险控制技术。如学校出台一项新的管理规定，一方面要事前做好宣传解释工作，避免学生产生抵触情绪；另一方面也要做好准备，一旦发生学生不满、行为过激怎么处置。

4. 突发事件预防和处置中的风险监控

突发事件风险应对中的监督控制是指风险事件发生时，实施风险应对计划中预定的监督控制措施。突发事件风险监控，是建立在风险的阶段性、渐进性和可控性基础上的管理工作。事实上，当我们认识了突发事件的存在、发生和发展的根本原因后，由此产生的风险基本上是可以控制的。实际上通过对突发事件风险的识别与分析，已得到了有关风险的很多信息，由此就可以采取有效的应对措施，对风险进行有效的监控。

突发事件风险监控要依据风险应对计划来进行，其步骤是：建立风险监控体系——风险管理的方针政策和管理体制；确定要监控的具体风险内容——决定要承担、转移哪些风险；分配风险监控职责——风险监控任务、职责、职权、责任的具体化；制订行动计划——针对要监控的风险特点，选择监控措施，制订监控行动方案；实施行动计划——依据行动计划，实施监控行为，开展监控活动；跟踪控制结果——伴随风险控制活动的全过程，以便了解风险控制的行动效果，把握风险因素的新变化、新动态，及时反馈信息，调整风险控制方案；判断风险监控效果——确认风险是否解除，以决定风险监控工作是否可以结束。风险没有结束，就要开展新一轮的风险监控工作。

（七）高校突发事件的采购管理

高校突发事件的采购管理包括专家咨询、急需物品和设备的购买和新的基建项目等。

1. 突发事件中采购管理的重要性和原则

采购是突发事件管理中不可缺少的环节，是正确、有效地防范和处置突发事件的重要步骤。突发事件的采购包括预防性的采购和突发事件发生后的采购，通常二者的采购方式和要求有很大的不同。如果采购工作方式不当或管理不得力，尤其是突发事件中的采购如果不及时、果断和正确，不仅会造成资源的巨大浪费，而且还会直接影响突发事件的有效防范和正确处置，造成生命、健康和财产的损失。

突发事件采购管理中的原则：首先是及时性原则。突发事件的预防和处置最关键的因素就是在有限、确定或紧迫的时间内完成一定的工作任务，包括采购在内。其次是质量保证。不论是产品还是服务,都必须确保质量,达到采购要求,否则不仅不能有效预防和处置突发事件,还有可能引发或激化突发事件。最后要考虑经济性。虽然在预防和处置突发事件与采购的经济性上有时会存在较大矛盾,有时为了尽快平息突发事件,可以不计经济成本,但这往往是为了获得更大的潜在效益,特别是社会效益。除了对紧急情况下的突发事件处置,尤其是生命救助时,不能过多考虑经济性外,在采购中都不应忽略对成本效益、经济性原则的遵循。

2. 突发事件中采购的内容和方式

针对突发事件预防和处置进行的采购,内容上有咨询采购、物资采购和工程采购三类。咨询采购无论对突发事件的预防还是处置都是重要的,特别对一些专业性很强的问题,借助专家、人才库的咨询、分析、论证,来帮助进行正确的决策是必不可少的。这一点对各级领导干部来说显得尤为重要。比如对公共卫生类疾病的病源调查,一项决策可能引发的法律后果等,要借助传染性疾病预防专家、律师的专业知识和技能才能做得好。

采购方式包括公开竞争性招标采购、邀请招标采购、询价采购、自制或自己提供服务。除了在紧急情况下,时间来不及,可以不进行招标采购外,正常情况下,都要按照有关法律、法规的要求进行。

3. 突发事件中采购管理的过程

对突发事件中大宗采购的管理过程大致有:采购准备,进行市场调查和分析;采购计划编制,确定采购什么、何时采购;招标或询价;确定供应商;签订采购合同;执行和管理合同;合同收尾、验收、结算;审计。

曾经历过 SARS 时期抢购风波的北京民众对那时的疯狂购买还有记忆。本次"两会"上,北京对突发事件中食品应急体系建设亦有涉及。商务部门将建立民众生活必需品市场检测及预警机制,制定突发事件生活必需品应急管理具体实施办法,完善《北京市粮食供给应急预案》,借此提高应对突发事件的能力。

(八)高校突发事件的集成管理

所谓"集成",是指站在全局的高度,从全局出发,协调和控制各个局部和各个方面的管理工作,是一项综合性、系统性的工作。高校突发事件的集成管理,内容涉及上述各方面管理的集成计划、实施和变更控制。

1. 高校突发事件预防和处置集成管理的重要性

突发事件集成管理的目的在于确保所有预防、处置突发事件的组成要素协调一致，从而实现对突发事件成功预防或处置的目标。由于引起高校突发事件的因素多而复杂，学校各管理部门之间、各管理部门与校院系之间，以及各校院系之间存在多种管理关系，为确保对预防、处置突发事件各种因素、各项工作的协调一致，集成管理具有其特殊的重要性，尤其对于高层管理者来说，集成概念、集成思想、集成管理就更为重要。因为突发事件的出现往往是多因素的，如果缺乏集成管理，容易造成顾此失彼，解决了局部问题却损害了全局。

在突发事件的预防中，集成预防机制的重要性体现在：全校应确立预防为主，稳定、安全第一的方针；围绕稳定和安全，形成全校协调、相互配合、信息通畅、反应快捷、指挥有力、防范有序、处置得当的突发事件预防、处置管理体制和机制。

在高校突发事件的预防或处置中，形成有效的集成预防和处置机制是十分重要的。集成预防和处置机制应体现在以下几点：

一是通过广泛的宣传教育和各项安全、突发事件预防措施的落实，学校各级管理者和师生员工在各类突发事件的预防上，要充分体现安全责任、规避风险、防灾减灾、突发事件防范等意识和行为；在面对突发事件、处置突发事件时，要充分体现"以人为本、关注安全、关爱生命"，以及正确的自我保护、服从大局、服从指挥、高度负责等意识和行为。

二是学校各部门在预防和处置各类突发事件的指导思想上，应确立"预防为主，安全、稳定第一"的方针。维护校园的安全、稳定和正常秩序是学校的大局，是全局性的任务和目标，各部门的工作任务和目标也应服从和体现这一全局性的要求，任何部门都不得因自己的失职或工作失误而引起损害学校稳定的突发事件。在突发事件来临时，应做到临危不乱、调度有方、指挥有力、内外协调、步调一致。

三是有一套确实管用的预防和处置突发事件的制度（或叫作预案），即集成计划。

2. 集成计划的制订

突发事件预防和处置的集成计划是用全局的观点，将上述各部分的专项计划，即对范围管理计划、时间管理计划、成本管理计划、人力资源管理计划、沟通管理计划、风险管理计划、采购管理计划进行综合与集成，建立一个连贯、一致的文档。集成计划是一份经过批准的正式文件，是一个总结性的管理文件，用来协调其他的计划，以管理突发事件的预防和处置。其中包含了制订计划的理由、目标和如何实现这些目标等内容。

特别需要指出的是，该计划不是一成不变的，需要根据一定时期的实践和实际情况的变化进行优化和修订。

集成计划的目的和用途：集成计划对突发事件的预防和处置至关重要。要对各种突发事件进行有效的预防和处置，必须有一个好的集成计划。拙劣的计划往往意味着事情的失败。突发事件预防和处置集成计划的目的和用途有以下几点：一是管理和指导学校突发事件的预防和处置；二是建立预防和处置突发事件的目标，识别关键活动；三是明确预防和处置突发事件需求，确定其工作范围；四是对预防和处置突发事件的机构、人员进行任务和职责分配；五是将有关预防和处置突发事件的方案编制成文档；六是便于突发事件干系人进行沟通并提供行动依据；七是为预防和处置突发事件提供检查、评价、奖惩基准。

集成计划编制的依据包括：突发事件预防和处置专项计划，这是集成计划编制的基础性依据；历史信息，包含相关研究成果、学校内外的各种突发事件预防和处置案例、经验教训、相关记录、档案材料等；法律、法规及学校的规章制度；限制条件（人员、资金、设施等条件）；假设前提（对各类突发事件出现的情形假设或预测、对学生现实状况的假设、对管理措施出台后效果的假设等）。上述依据在编制集成计划时都应充分考虑。

3. 集成计划的执行

在高校突发事件预防和处置的集成计划执行中，其注意点及要求主要有以下方面：

一是各类突发事件预防和处置的干系人都应当熟悉集成计划的内容和要求，明确启动计划或预案的条件、方式，具有预防和处置突发事件的相关知识和能力。要做到这一点，需要对突发事件预防和处置的干系人，如学校各级管理人员、学生、教职工等进行专项培训。二是明确执行计划的工作授权系统，保证在应急状态下计划执行中的正确程序。三是及时召开情况通报、分析会议，明确预防和处置突发事件的现状及进展情况，预测和评价事态发展趋势，及时采取计划中的或计划外的措施，并及时分析工作结果，变更集成计划，采取纠偏措施。

四、高校突发性事件管理机制

从"非典"危机处理看中国突发公共卫生事件九大教训：一是体制不顺，机制不灵；二是信息沟通和处置失当；三是对传染性疾病的预防普遍不足；四是突发公共卫生事件预警能力弱；五是针对已出现的突发公共卫生事件应急准备不充分；六是专业队伍缺乏；七是研究力量分散，发挥专家作用不够；八是传染病防治被忽视；九是对突发公共卫生事件判断错误丧失时机。

上述教训中更为突出的教训是信息的沟通和处置失当。北京市"非典"爆发、流行的最大问题就是在最初阶段封锁消息、隐瞒疫情，致使医务人员不能得到及时、准确的相关知识，不能及时进行有效的防护，公众得不到有关信息，造成人心不稳，教训十分深刻。还有就是应急准备不充分。本来突发事件应急预案是经过一定程序制订的处置突发事件的事先方案（预案），是建立统一、高效、权威的突发事件应急处理体系的基础。但由于认识上的差距，加上投入的不足，许多对突发事件的应急处理仅限于纸上的预案，缺乏思想上、技术上、物质上的准备，以及储备物资的妥善管理，更未经演练的检验。因此，一旦发生疫情，就措手不及。例如，北京市一些医院在发生"非典"的院内感染时，连急需的手套、口罩、防护服都供应不上，也采购不到。致使医务人员得不到充分的保护，造成院内感染的蔓延。再有就是对突发公共卫生事件判断错误，丧失了控制的最佳时机。对传染病爆发、流行控制关键是一个"早"字。2003 年 1 月下旬至 2 月中旬，卫生部和国家疾病预防控制中心曾三次到广东省调查，对"非典"疫情很重视。但是，由于没有从流行病学的基本原理考虑问题，不能充分发挥各方面专家的作用，缺乏科学态度和实事求是的精神，业务指导乏力，形成"外松内也松"的局面，以至于没有及时采取有效措施，失去了控制疫情流行的最佳时机。这些教训在我们进行高校突发事件预防和处置中都值得认真汲取。

我们希望通过学校各级领导和部门以及全体师生员工的努力，建立起"信息通畅，反应快捷；判断准确，指挥有力；准备充分，防范到位；处置得当，运行有序；机制灵敏，管理有效"的高校突发事件应急管理机制。

（一）信息通畅，反应快捷的突发事件沟通机制

形成信息通畅，反应快捷的突发事件沟通机制是高校预防和处置突发事件的

重要基础。高校突发事件问卷调查：对可能引发学生罢课的原因，学生认为第一位的因素是"学校漠视学生的意见"，比例达52.5%；对昆明理工大学公寓实行熄灯制引发学生过激行为的原因，学生和教师都认为第一位的因素是"学校与学生沟通不够"，其中学生占41.8%，教师占63.3%；问"你认为防止因公共事件引发学生过激行为发生的有效措施"，100.0%的学生和81.7%的教师都认为是"学校应在实施有关措施之前对学生进行民意调查，征询学生的意见"。

另外，对有效预防和解决学生的罢课、罢餐等都涉及学校与学生之间建立灵敏、快捷的信息沟通反应机制。

例如：上海报道突发事件：

"先声夺人"以正视听

> 4月21日电。日前，上海市委召开常委会，就切实改进新闻报道工作推出实施意见，强调按照及时、客观、准确、稳妥、有序的原则，做好上海市突发事件的报道，"先声夺人"，以正视听。

（二）判断准确，指挥有力的突发事件决策机制

形成判断准确，指挥有力的突发事件决策机制是预防和处置高校突发事件的核心。因为，不论是对高校突发事件的预防还是处置，其核心问题都是正确的决策指挥。如果这一核心问题不能解决好，其他有关突发事件的管理都将陷于混乱。高校突发事件问卷调查：问"你认为应如何防止游行示威带来的不利后果"，学生认为第一位的因素是"学校应对可能引发游行示威的公共事件开展有组织的活动，如加强交流、沟通和引导，举办相关辩论会等"的占69.5%；教师认为第一位的因素是"对国家、社会有益的公共事件的发生，学校应出面组织相关活动来引导学生"；问"你认为当同学发生突发性疾病时，最担心的是什么"，学生和教师都认为第一位的因素是"住院费"，学生占46.1%，教师占60.0%；问"你认为各班应不应该准备一个应急基金，以备同学住院急用？"68.1%的学生、53.3%的教师认为"应该"；问学校对"非典"的防控措施你认为"①很严密"的学生占12.1%、教师占18.3%，"②一般化"的学生占52.5%、教师占46.7%。

由上述问卷调查结果表明，学校对可能引发突发事件相关因素的判断、开展有组织有针对性的活动、设立学生应急基金或准备金、有针对性地组织突发事件应急演练等重大问题的决策指挥必须准确和有力。昆工师生对当时抗击"非典"

时期,"学校对'非典'的防控措施十分严密"的评价并不十分认同,这也说明,在当时抗击"非典"的特殊时期,我们采取的各种防范措施,以及各级决策指挥系统的工作实际上还存在不少松懈或疏漏,学校采取的有关防控措施并未落实到每个学生和教师,以至给多数师生的感觉仅是"一般化"。

首先,判断准确、指挥有力的突发事件决策机制还体现在干部管理上。人事部已印发《国家公务员通用能力标准框架(试行)》。其中将是否具备应对突发事件的能力作为考核公务员是否合格的一项标准。中共中央政治局委员、书记处书记、中组部部长贺国强指出,要及时发现和大胆启用有应对突发事件能力的优秀干部。经常性地对公务员进行应急能力考核,可以督促其对日常工作的极端负责精神;其次,执行这一考查标准,可以发现那些突发事件应对能力较强的公务员干部,更有利于实现能者上、庸者下,营造公平健康的公务员提拔体制。对突发事件的应急处理是一种危机管理,危机管理中,人是一个核心的要素。人事部这次推出对公务员进行应对突发事件能力的考核,可谓正中要害。这样就更利于政府维持突发事件中的正常社会秩序,减少突发事件对社会公众权利的影响,使责任政府的理念在非常状态下亦能顺利得到实现。

在这次"非典"疫情过后,中国首次在突发灾害事件中大范围处分失职官员。在抗击"非典"的一段时间以来,全国有120多名中央和地方官员因为防治"非典"不力而受到惩处,范围涉及全国近一半的省、直辖市、自治区。来自北京、河北、山东、重庆、内蒙古、浙江等15个省、市、自治区的信息表明,不少官员受到了撤职的处分,还有一些人被停职、警告、降级、通报批评。他们受处分的理由,有的是部署防治"非典"工作不力,有的是擅离职守,还有的是迟报、瞒报、漏报疫情。被免职的人员中,包括原卫生部部长张文康和原北京市副市长孟学农这样的省部级高官。一场突如其来的疫病在击倒一些中国民众时,也折射出了部分干部身上拖延懈怠和敷衍塞责的惯性。国家主席胡锦涛和国务院总理温家宝在"抗非"一线多次强调,各级干部要把人民健康和生命安全放在第一位。党和国家也在下决心用"猛药"医治吏治中的顽疾。高校也应该如此,对工作不负责,拖延懈怠、敷衍塞责引发突发事件,或对已发生的突发事件处置不力、错误,导致严重后果的,必须给予处罚。

(三)准备充分、防范到位的突发事件预防机制

形成准备充分、防范到位的突发事件预防机制是防止或减少突发事件发生,

化解风险的重要保障。高校突发事件问卷调查：问"你是否希望学校开展相关传染病方面的宣传、讲座和教育活动？"回答"是"的学生占 68.8%，教师占 56.7%；问"你认为预防和解决同学罢课的措施是什么"，66.0% 的学生认为是"对同学提出的意见学校应有回应"，56.7% 的教师认为是"积极维护学生合法权益"；问"你认为解决学生罢餐的办法"，73.8% 的学生和 73.3% 的教师认为是"学校应建立对食堂的定期质量监控和信息反馈体系及制度"。

中国科技大学针对学生的思想、学习、心理及贫困情况而建立的网络思想政治工作预警系统，运行两年来收到良好效果。袁岚峰是中科大化学物理系的硕士生，他针对学校后勤管理上的不当之处，在网上呼吁成立学生后勤监督委员会，这个建议在网上得到热烈响应。校领导得知后，当天就来到袁岚峰的宿舍，与其沟通，肯定他的建议，随即召开学生座谈会，在征求意见后同意成立学生后勤监督委员会，并在启动经费等方面给予支持。现在，由 150 人组成覆盖全校各院系的监督群体，活跃在学校后勤服务的各个环节，促进了服务质量的提高。在实践中，中科大构筑了一张覆盖全校、辐射社会、延伸课外的立体的思想动态网络预警系统，建设了一支被称为思想政治工作"快速反应部队"的工作梯队，学生工作部、各系党总支的老师们与各班班主任是这支"部队"的主要成员，他们活跃在校园网络 BBS 站点的 200 多个版块上，在网上与学生直接沟通，哪里有苗头，思想政治工作就做到哪里。

中科大认为，校园网络预警系统实质上是一种迅速探测、发现、分析、判断问题和作出反应的机制，增强了思想政治工作的主动性、科学性、针对性、预防性，为新时期的高校思想政治工作开辟了新的渠道。

一个典型案例是网络建立了帮贫助困的"安全网"：来自湖北广水农村的数学系 2002 级女生李艳，爷爷患白内障，生活不能自理，弟弟正在读高中，家中仅靠几亩地糊口。2004 年 10 月，她在食堂就餐 88 次，只消费了 51 元多。出于自尊，她从不透露自己的窘境，但前不久她却意外地收到了学校给她的 800 元临时困难补助。同时感到意外的还有和李艳一样生活困难的 19 名学生。学校通过"校园一卡通"了解他们的情况，然后及时实施相应的补助。李艳感慨万分："没想到饭卡还会流淌出浓浓真情！"校学生处利用"校园一卡通"智能化统计系统，及时了解学生在校期间饮食等日常消费细节，与饮食中心、网络信息中心联合调查学生的生活情况，对每月就餐 75 次以上，且消费水平在 150 元以下的同学及时实行预警，并向这些同学所在院系了解具体情况，对确实存在经济困难的学生,紧急发给每人500元至1000元的临时困难补助。

学校还根据这种情况自主开发了一个学生信息管理系统,对学生进行追踪记录,并建立了学业档案。教务部门利用该系统定期对学生进行普查,对于成绩不理想,特别是累计不及格学分达到一定数量,临近试读的同学及时提出警示,由学生所在系党总支负责人和班主任做其工作,帮助他们分析原因,制订选课和补考计划,安排学生干部帮他们改正学习方法。2002年下半年,该系统对19名学生下达了预警通知。这些同学基本上都能意识到问题的严重性,下决心刻苦学习,有的同学的成绩还逐步赶上,甚至排到班级同学的前列。

(四)处置得当,运行有序的突发事件应急机制

形成处置得当、运行有序的突发事件应急机制是避免或减少突发事件危害的重要保障。高校突发事件问卷调查:问"你认为同学有心理方面的障碍和疾病吗?"37.6%的学生和38.3%的教师认为"有";问"你认为在日常生活中同学是否有过以下感觉或表现",结果,35.5%的学生和33.3%的教师认为同学有"害怕与别人进行交往、交流和沟通"的表现,35.5%的学生和30.0%的教师认为同学有"害怕并逃避学习"的表现,68.1%的学生和56.7%的教师认为同学有"热衷于网络与游戏的虚拟世界和生活"的表现,17.7%的学生和20.0%的教师认为同学有"拒绝(回避)与父母、班主任的沟通"的表现,29.1%的学生和13.3%的教师认为同学有"愤世嫉俗"的表现,35.5%的学生和18.3%的教师认为同学有"拒绝(回避)参加集体活动"的表现,31.2%的学生和36.7%的教师认为同学有"害怕面对未来的就业压力"的表现,27.7%的学生和5.0%的教师认为同学有"多疑"的表现;问"你认为当同学遇到心理问题时,他们会怎样",46.8%的学生和45.0%的教师认为同学"最怕受到同学歧视和无人关心与帮助",56.7%的学生和36.7%的教师认为同学会选择"自我解脱"的方式。

该调查结果反映了引起高校突发事件的潜在心理问题,如果这些心理问题得不到及时有效的校正或解决,有心理问题的学生就有可能由自闭、郁闷、悲观、绝望而引发出走、暴力,甚至自杀、凶杀等突发事件。全国调查资料也表明,大学生自杀率高于一般青年,重点大学高于一般大学,研究生高于本科生;大学生心理障碍人数从20世纪80年代中的23%增长到20世纪90年代的25%,近来在30%以上;高校已启动"危机干预"工作。

针对上述问题，中科大专门成立了心理教育中心，在校园网上开辟了独具特色的"微笑在线"心理教育网站，设立了"微笑咨询""微笑驿站""微笑测试""微笑社区"等10多个栏目，使校园网成了学生心理健康的"操练场"。在线的测试、咨询和现实中的交流、辅导相结合，构建了网络心理预警系统，有针对性地解决了学生的心理问题。"孔老师，感谢你让我的孩子扬起了生命的风帆！"一位母亲紧握着中科大心理教育中心孔燕老师的手，感激地说。这是日前发生在科大校园的一幕感人情景。原来，她的孩子由于性格内向，入学后与同学相处不够融洽，常常独来独往。一次偶然的机会，他浏览"微笑在线"网站时，接受了相关心理测试。老师根据网上测试情况，觉得有必要与他谈心交流。老师第一次见到他时，他处于精神面临崩溃的边缘。见面后，经过耐心疏导，他心情开朗了许多，随后多次主动到中心接受咨询，并且担任力所能及的志愿服务工作，精神面貌大为改观。

还有需要针对突发事件的性质采取有力的措施，如针对防控传染病的突发事件，对学生宿舍进行消毒、对校园进行封闭式管理、要求师生减少外出、对疑似病人和从疫情区来的人员果断进行隔离等等，都必须做到及时和妥当。

（五）机制灵敏，保障安全的突发事件管理机制

形成机制灵敏，保障学校和师生员工生命、健康、财产安全，生活工作秩序正常的突发事件管理机制是预防和处置突发事件的最终目的（目标）。很多时候，突发事件所造成的危害可以在一座运转有序、预案齐备的城市中被化于无形；而与之相反，当一座城市存在这样或那样的漏洞或疏忽时，突发事件便很可能会击中它的薄弱之处，令城市变得混乱脆弱及手足无措。北京显然不想成为后者。

本次北京"两会"上，积极应对突发事件受到了北京官方前所未有的重视。记者所拿到的《北京市政府工作报告》《北京国民经济和社会发展计划草案报告》《北京财政预算草案报告》《政府工作报告》补充材料等四份资料中，"有效防范和处置突发事件"一类的字眼被反复提及，官方打造"安全北京"的决心由此可见一斑。

对北京民众来说，在全市"两会"上，官方对突发事件的防范处理给予多方重视无疑是个积极信号。这里的民众普遍期待，北京为突发事件所付出的代价会越来越少，城市在突发事件来临时会愈加安全、有序和从容。

案例：广州地铁火灾应急方案

如列车在运行中发生火灾，且火势较小，司机则迅速把车开到下一站，同时通知车站工作人员准备消防器材在对应位置等待协助灭火。

如遇重大火灾，列车无法运行，司机立即切断外部高压电源，启动列车应急电源；同时司机使用列车无线电向控制中心报告，得到控制中心的指令后，司机担任事故处理主任，执行列车隧道疏散预案。

当乘客发现列车某处着火时，应及时按动列车紧急报警按钮，同时取出车厢座椅下的列车备用灭火器进行灭火。

发生火灾时，司机将根据列车所在区间的位置、火势、烟雾的扩散方向，选择疏散方向并迅速打开列车疏散门，广播通知乘客进行疏散。乘客听到列车广播后，应立即往疏散方向靠拢，通过疏散门，进入隧道，下车后步行前往车站。

车站的站务人员接到疏散命令后，将迅速打开屏蔽门，放置下站台楼梯，执行隧道疏散预案。车站引导人员携带防护用品，前往该区间引导乘客。

控制中心收到火灾信息后，及时通知并协同地铁公安分局、市公安、消防、医务人员首先赶赴现场参加救援，同时执行列车火灾隧道疏散预案。

控制中心收到火灾信息后，还将开启通风系统紧急模式，将风向往人流疏散的反方向吹送，将可能出现的浓烟吹到远离乘客方向一端，并通过通风井排出。

五、结 论

面对突发事件，学校有关部门和人员要迅速、及时采取措施和行动进行处置，又要保证措施、行动的正确性和各个工作环节的运行有序，这是避免或减少突发事件危害的重要保障。2004年初，禽流感疫情在与中国相邻的国家突发，为有效应对可能出现的禽流感由禽类向人类传播，中国疾病预防控制中心及时启动了针对新发传染病的应急机制，根据疫情发展形势迅速部署了一系列应对疫情的准备。正是在这种及时得当、运行有序的突发事件处置机制作用下，高致病性禽流感没有像"非典"那样肆虐我们的家园，人民群众的生活得以保持安宁祥和。

人类每天都在面对突发事件的挑战。我们有理由相信，随着我们对高校突发事件认识的深入和建立起敏感有效、保障安全的高校突发事件应急管理机制，我们一定能成功应对各种突发事件的挑战，使高校的校园成为既安全、文明、秩序井然，又充满生机与活力的美好家园。

（本报告为昆明理工大学校级重点项目"对高校'非典'及其突发性事件管理内容和机制的研究"的课题结题报告）

参考文献：

[1] 骆珣，等．项目管理教程．北京：机械工业出版社，2006．

[2] 谢湘．当"非典"袭击了大学校园的时候——来自中央财大、北方交大的报告．中国青年报，2003-05-07．

[3] 张德．新时期高校学生工作导论．西安：西北工业大学出版社，2002．

[4] 国务院第376号令．突发公共卫生事件应急条例，2003．

"新校区学院教务办高效管理运行机制研究与实践"课题成果报告

陈庆华

(本报告完成于 2011 年 9 月)

一、问题的提出

随着国家改革开放的不断深入,人民群众对高等教育需求的提高,国内各高校必然将在校园建设、规模上得到很大发展。高校规模的扩大,原有的校区无法满足发展的需要,在异地兴建新校区成为全国高校普遍现象。新校区往往由于规模大,距离原校区和教师居住地较远,教学管理在一定程度上难度加大。

在新校区建成后,学校重心不断向新校区转移,但是规模的扩张与管理运行的控制始终是一个两难的问题。特别是近年来,学校规模的扩大,已经使校园不可能再是一个独立的个体了。过去是校园在城市中,而现在,更多的是城市在校园里。大学城基本都是原有高校在政府规划下的一片较远地方集中办学形成的,校区办学加大了教育投入,开拓了新的教育发展空间,改善了办学条件,提高了高校的竞争优势,解决了一些问题。

但是校区远,人员集中难度大,如何在管理距离增大与提高管理效率间平衡,一直是困扰学校教学管理部门的问题。现在,学校是校院系三级设置,两级管理,作为学院教学管理枢纽的教务管理工作,是保证教学秩序正常进行、维护教学环境、保证教学质量的重要环节。

院级教学管理是高等学校管理系统中的主要组成部分,它是按一定的教育目标,在教学管理思想指导和影响下,通过一定的教学组织形式和机构,对教学活动进行安排、加以规范,对教学资源进行合理调配和使用,以保证教学活动健康有序地展开。

从管理角度来讲，学校的教学管理为二级管理，教务处以宏观管理为主，主要是制定相关教学管理制度，指导学院教学管理工作，汇总教学管理成果，把握相关政策执行力度等工作。而许多直接面向老师和学生的教学管理工作，具体由学院教务办公室来完成。学院教务办更直接地面向教师和学生，具体地体现学校相关的管理制度和政策。所以学院教务办的教学管理工作，在其工作的过程中，更需要提高效率，以保障教学活动的正常进行。在现代的教育理念中，大学的工作包含了教学、科研、管理、对外开放的几重重任，一项都不可偏废。而且，良好的管理秩序在为教学、科研、对外服务中，起到了保驾护航的重要作用。在新的形势下，学院一级的教学管理工作，如何提高效率，实现新校区教学管理的科学、规范、人性化管理，保证教学质量的提高，有效降低管理成本，是值得研究的问题。

昆明理工大学，目前在校生规模已经达到近 3 万人，在新校区就有近两万学生。从 1994 年云南省第一轮高校合并，在云南工学院、重庆建筑工程学院昆明分院、云南化工专科学校和成都电子科技大学昆明分部的基础上组建云南工业大学，1999 年又与原昆明理工大学合并，成立了现在的昆明理工大学。目前，经过统一规划，学校约有十多个学院已整体搬迁到新校区，结束了多年学院多校区管理的状况。

学校从 2008 年开始，新生全部在新校区上课，在一、二年级教育阶段，实现了全方位的选课，并从 2009 级开始，学校开始实行完全学分制。完全学分制和过去的学年学分制在管理上有了极大的改变，在管理的复杂性、过程的多样性等方面，给教学管理一个新的挑战。作为学院一级的教学管理工作，必须在提高管理效率、加强服务意识、提高个人能力等方面，要有新的认识。

本课题就新校区院级教学管理，在以上各个方面如何做得更好，进行了理论和实践的探索，收到了一定的效果，并将在未来的工作中，继续进行探索和实践。现就已取得的一些成绩，进行总结和汇报。

二、新校区院级教学管理在新形势下面临的问题

新校区的教学管理，必将面临着以下几方面的问题：

(一)管理距离拉大形成的管理难度,主要在以下几个方面存在问题

(1)空间距离的拉大,造成了形式上的管理权利的松散,在教学质量监控中存在的漏洞问题;

(2)大学教育的成本必然因远距离的管理耗散而提高,高等教育目前正处于一个财政异常窘迫的时代,存在如何提高管理效率,达到降低管理成本的问题;

(3)大学校园的多样性和复杂性的增加,使管理的难度加大;

(4)校区较远教师在校时间减少,校园内学术讲座减少,教师指导学生的时候减少,校园的学术氛围能否保持,通过什么方式保持,也是问题。

从2010年10月份,建筑工程学院与其他学院、部门一起,大部分搬迁到了呈贡校区。因为还有应届毕业生在白龙校区,教务办公室留了一位管理人员在白龙处理一些临时性的工作。至2011年2月才实施了全部的搬迁。

搬迁到呈贡校区后,教务办公室明显地感觉到了管理上空间距离的拉大,给教学管理工作带来的难度。过去,教务办公室常常是门庭若市,老师们上完课,经常就到办公室来,看看有没有通知,或者处理一些教学环节的工作,比如交成绩、录入成绩、调课等等,我们与老师交流的机会多,很多问题及时就能解决了。但是,学院搬迁到呈贡后,老师们很少有机会到教务办公室,路途遥远,如果不是上课,一般都不到学校来。即使来上课,由于要赶交通车,老师们也很少会到学院来。

因为教师来不了,许多事情就只能通过电话或网络进行沟通和联系,有时候许多事情就让教务办的人帮助办理。同样的一件事,在白龙校区的时候,很快就能完成;在呈贡,由于难与老师直接面对面沟通,来来回回要多次才能确认。而且,办公室本着为师生服务的原则,有时候只有笔者自己为老师处理一些事务,管理的事务性工作增多。

面对新的管理问题,自从搬迁到呈贡后,办公室及时调整工作方式,少用纸文档传达工作,加强了网络和通讯交流,尽量地减轻老师和系上的负担。比如,学生成绩,如果老师在家里录入不了,又无法面对面指导老师登录,教务办公室就主动帮助老师登录成绩。过去,补考成绩必须要教师递交成绩单,我们才录入,现在,只要老师确定,先将成绩传到邮箱中,我们下载登录,等老师有机会过来再交纸质成绩单存档。过去,核对教学工作量、交通补贴、安排教学任

务、教材征订等工作,都是在系上用纸文档完成。现在,系上也很难召集教师开一次会,教务办公室就将所有文件,传到各系和部分教师邮箱中,教师在网络中完成核对,然后将提请修改的意见返回邮箱,再由教务办主管老师,一条条地下载后进行修改,确实方便了老师和各系的工作,但是教务办的工作量无形中增加了许多。

（二）实行完全学分制后,学生对教与管要求的提高,在有限的资源和增长的需求上需要取得双方都满意的平衡

2009年秋季学期,学校开始实施完全学分制管理。在实行完全学分制后,学院教务办的管理职能发生了很大的改变。因为,学分制是以选课和学分积累为核心的教学管理制度,其目的在于因材施教,促进个性发展,培养具有创新精神和实践能力的高级专门人才。教务管理是教学计划实施过程中的常规工作,其根本任务是:根据教学计划将各年级、各专业的各种门类的课程,通过教学资源和教师的投入,科学有效地组织有序、高效、高质的教学过程。学分制下的教务管理工作应围绕着学分制以学分代替学年,以指导性代替指令性,以弹性代替刚性,以选课代替排课等主要特点展开,保证教学系统高效、有序、稳定、合理地运行。这就相应要求教务管理人员要正确定位,明晰工作职责,更好地为教学服务。

1. 学分制在管理难度上加大,主要体现在以下几个方面

（1）管理对象从群体转向个体。

学分制是以选课制为前提,学分制下的管理对象从以往学年制下的班级为单位转为单个学生,因学生选课有较大的灵活性,个体差异显著,选课、教学计划的制订、课程分类、各授课教师及学生成绩管理等管理内容打破以往学年制下的稳定性,呈现出复杂性、不确定性,选课信息也因为可以跨年级、跨学院、跨专业而变得多样化、个性化。也就是说同年级、同专业的学生可以根据自己的兴趣、时间、爱好决定自己的选课,形成以选课结果为基础的课程班级,打破以往自然班级的界限,使得教务管理的内容与形式有了很大变化,教务管理模式也面临新的挑战。

（2）弹性学制代替刚性学制。

学分制下没有严格的修业年限,采用弹性教学计划,推行弹性学制,代替以往学年制下的刚性学制,用学分绩点来综合评价学生学习的质和量,学生在校学

习时间可以根据每个学期开出的课程资源进行选课修读,也可以对没有及格的科目进行重修,直到在规定修业期限内修满学分为止。这就意味着不同于学年制下的同年入学同年毕业,学分制下的同年入学的学生,因选课不同会出现因免修、重修等情况下的学生在校期间的管理年限不同,可以延长,也可以缩短。这样既能满足学生因个体差异而需自主学习的要求,又有利于因材施教,调动学生学习的积极性,使优秀人才脱颖而出,符合人才全面发展的成长规律。

除正常的本科专业学生外,建筑工程学院因为专业的结构好,毕业生就业形势好,每年学校组织的优秀学生转专业和"两双"(双专业双学位)工作,都得到了学校广大学生的积极响应,几乎每年建筑工程学院的转专业名额都全部用完,两双报名录取的学生,也占到学校全部两双学生的四分之一,这给教务办的工作也带来了极大的压力。需要学分认定和帮助学生选课、补修课的量都是非常巨大的。

由于学生的学习期限和内容的灵活性,这给教学管理工作带来了极大的复杂性,教务人员的工作必须面向每个学生,针对其不同专业、方向的教学计划,对学生的学习进行动态管理,及时指导学生选课。

(3)与学校教务处的静态合作变为动态合作。

与以往学年制下相对稳定的教学组织和教学计划不同,学分制下的教学计划涉及的各个方面内容都受制于以学分制和选课为前提的原则指导,日常教务管理会产生大量纷繁多变的信息,这就使得以往跟学校教务处的静态合作变为动态合作,如此才能及时解决出现的各类问题。过去许多由学校教务处完成的统一性的工作,由于学分制管理的复杂性,单方面由教务处完成的工作,已无法独立进行安排和控制,必须和学院协调完成。因此许多的工作都下放到学院教务办完成。学院教务办的数据录入和管理的工作量也成倍增加。

学分制以选课为前提,为满足学生的自由选修,学院就必须提供充足的课程供学生选修;对覆盖面较大的必修课,开出不同层次、不同类型、不同风格的课程,而且即使只有一门必修课,也必须要提供两个以上老师来让学生选。这样课程的选择就有了无数种可能和变数,一门课,学生需要通过预选、正选、补选等环节才能确定。学院教学任务的安排就必须跟随学生选课的情况,相应作出调整。在学年制下一次就能排定的课程表,在学分制下,往往需要通过多次确认,反复的校核才能排定下来,这是学校教务处和学院教务办动态合作才能完成的工作。

学生选课范围的广泛性，导致了教学管理的复杂性，这就要求学院教务办人员，在课程安排和调度的时候，要及时了解学生选课的信息，每个班几十个学生的情况要基本把握，以免在课程、考务安排的时候，出现个别学生课程冲突的情况。

另外，学生选课须在规定的时间内在教务信息网上办理相应的选课手续，自主选课、跨专业、跨年级等的个体差异造成学生选课信息及成绩管理信息量及毕业时间的不一致，造成教务管理信息量的骤增，这就要求教务管理工作必须要有高效的教务管理系统和教务信息系统。目前，学校正在开发新的教务管理系统，但是由于系统的研发还处于初期状态，更需要一线的教务管理人员与教务处协调沟通。因为许多的功能环节只有建工学院一级在使用过程中才能发现问题，这是教务处宏观管理所不能发现的，所以，学分制的运行，使建工学院教务办也成为非常重要的一个部分，必须与教务处动态协作，才能把工作做好。

只有完善课表管理信息、选课信息、考试管理及成绩管理等教学信息，才能对学生进行及时、有效的管理，保证信息畅通，实现教务管理人员与学校教务处、学生、老师之间的信息沟通。

2. 在学分制下院级教务管理人员的工作职责也有了许多的转变

教务管理人员作为教学活动的组织者、管理者和参与者，必须充分了解学分制内涵，全部工作内容都要围绕教学这个中心任务展开。这就要求教务管理人员了解教务管理的工作职责，积极推进教务管理系统的现代化，熟练掌握教务管理软件系统，并做好以下几点工作：

（1）教学组织管理。

教学组织管理工作是教学活动这个动态过程的基础和前提，它包括教学计划修制订、设定教学目标、下达教学任务和参与编制课程表等。以往学年制下的学院教务组织管理比较集中、统一和单一，学分制下的教学组织管理因学生个体的不同需求而变得复杂化，为了满足学生的兴趣、特长和专业、发展需要，在课程安排上灵活多变，这就给教学组织管理工作带来了巨大的工作量和复杂性。

（2）教学运行管理。

教学运行管理是教学活动各个环节正常运转的保证，针对教学活动在运行过程中出现的问题进行日常管理。包括学生选课信息的管理、日常教师的调课、课表更改和教室借用。

学分制的表现形式主要就是选课制。教务管理工作者在选课活动中必须向学生进行学分制内涵的解读,讲明学分制选课的规则,保证学生既能掌握本专业的基础知识,又能体现兴趣及个性特征,使学生在选课过程中不出现重选、漏选。

由于学分制的选课淡化了自然班级的界限,教师们需要根据实际选修的学生名单进行授课及成绩输入,这就要求教务管理人员借助信息化教务管理系统的支持,结合自然行政班级和选课形成的课程班级信息,实施学生个体管理的模式。过去是一份学生名册适用于全部的课程,现在教务人员必须为每一个教师每一门课打印出选课学生名单,并且还需要时时更新。

在日常的调课等教学调度工作中,教务管理人员还必须要做好上传下达工作,使得信息畅通、及时、准确,以保证授课学时的完整与准确,使教学正常运行。

（3）教学秩序管理。

教学秩序管理包括考务管理、日常教学检查工作、教学质量评估等。

考试工作是教学活动的重要组成部分,是检验课程教学效果、衡量学生达到规定的教学目标、保证教学质量的重要手段。考试管理包括通知教师出试卷、安排考试日程、监考安排、考场巡视安排及检查监考费用的发放及上报;等级考试的组织、安排、证书管理;补考安排及成绩登录;等等。教务管理人员必须确保考试工作的正常运行。在学分制条件下,除了要对正常的期末考试进行组织、管理外,还要对重修的学生、延长学制的学生进行考务管理工作。

日常教学秩序检查还包括对教师和学生进行监督和管理,配合教学评估专家对课堂教学质量进行评估等,配合学校组织学生公平、客观地进行网上评教工作。课堂教学质量评估使学生在受教育过程中,拥有较大的自主权,不仅可以让学生自主选择课程,还可以自主选择授课老师。学校规定,必须要参加了学生网上评教的学生,才能参与下一阶段的选课。另外,学分制下教学档案管理也必须适应新的教学模式。

（4）学籍管理。

学籍管理工作是保证学生顺利毕业进入社会的重要环节,直接影响学校的学风建设。它主要包括学籍管理、成绩管理及毕业管理。学籍信息是学生的基本信息,包括注册、成绩考核与记载、升（留）级、休学、停学、复学、转学、退学、毕业资格审查与毕业、学位审核等各类信息;成绩管理是学籍管理中的重头戏。准备完备的学籍信息、成绩信息是进行毕业资格审查、学位资格审核工作的前提和基础。教务管理人员要增强学籍管理意识,层层把关,完整、准确地根据每次考试的情况记载每个学生的成绩，形成成绩管理系统，以备查询。学籍管理是一项既烦琐、复杂、工作量大又十分重要的工作，教务管理人员既要具有较强的原则性，又要具备处理各类突发问题的技巧。

过去，学生毕业资格审查基本上是一个班级一套教学学分结构审查就行，现在，由于学生选课的复杂性，教务管理人员在掌握专业培养方案的前提下，要针对每一个学生进行学分结构审核。建工学院有9个专业、12个专业方向，每年约600名学生，毕业资格审查就成了最为繁重并且要承担重大责任的工作。工作量可想而知。

三、学院教务办高效率教学管理的理论研究

建工学院教务办从成立之初到现在，在人员结构方面，有着许多得天独厚的优势。曾经在教务办的工作人员中，有在学校教务处工作过的管理人员，有长期从事教学管理的系教学主任，有在教学管理、学生管理工作中经验丰富的工作人员。这些工作人员不仅工作经验丰富，工作责任心强，安心教学管理工作，而且，在多年的教学管理工作中，勤于学习，在理论研究方面也有一定的造诣。虽然一些老同志退休，但传承下来的工作体系一直延续至今。

在学院的关心下，教务办不断安排进了一些高素质的人才，在老同志的带领下，新来的同志也参与到教学管理的理论研究和实践工作中。随着老同志的退休，现在办公室还有四人。目前，在学历方面，学院教务办有在职博士一名，在职硕士一名，本科学历两人。在职称方面，具有副高职称的管理人员一名，讲师职称两人，研究实习员一名。在人员构成上，有着较好的梯队和较高的素质，是进行教学管理理论研究和实践的保障。

建筑工程学院教务办，在学院一级的教学管理工作中，一直不断地在理论研究和实践相结合方面，都有着优良的传统。曾经在教学改革项目研究、课题申报、论文发表等方面，有突出的贡献。

正因为有着理论研究和运用于实践的传统，从2000年昆明理工大学合并以来，学院教务办就运用相关管理理论，在院级教学高效管理方面，不断地提出新思路，研究新方法，提高工作效率，为学院教学、科研、对外服务等方面，做出了重要的贡献。现在，在新校区的教学管理运行中，学院教务办也同样保持了善于学习，努力提高自身素质，全心全意为师生服务的传统。

从管理学的角度来看，要提高工作效率，首先要厘清工作的层次关系，抓住工作的脉络。

（一）学院教学管理工作的科层结构

昆明理工大学的管理体制是"三级设置，两级管理"，院级教学管理在学校教学工作中，是非常重要的环节。学院教务工作，往上，是服从学校教务处和学院的双重领导；往下，是对各系、各教学基层部门的任务分派。学院教学管理主要工作，由学院教务办承担，学院教务办起到了承上启下、综合管理的作用（见图1）。

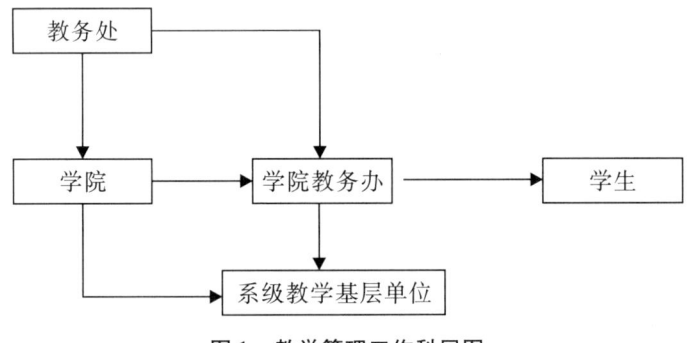

图1　教学管理工作科层图

学院教务办，很多的工作都需要承接来自学院和学校教务处的安排，然后分配到各系、实验室等教学基层单位和学生完成，最终将数据收集、处理、汇总、上报。许多工作如果事无巨细都往下布置，有的工作就很难保证上报的时间和质量。

建筑工程学院教务办，在工作安排中，充分利用工作科层图的结构关系，收集保存了许多相关资料和信息，有些工作在学院教务办层面先进行处理，然后将数据反向传到教学基层单位，只需进行核对，然后将需要修改部分整理修改就可以上报，这样简单化处理，既减轻了教学基层单位的工作量，又保证了数据上报的时效性、准确性，在提高教学管理效率方面，得到很大改善。

学院教务办，承担了学院大量的教学管理工作。对工作内容进行分析，可以找到教学管理工作的规律，把握工作的节奏，在提高工作效率方面尤为重要。

（二）细分工作内容，对工作进行分类管理

学院教务工作主要有教学计划管理、学生学籍管理、考务管理、档案管理、教学质量监控、其他相关工作（质量工程管理、教学评估等）。

虽然量大工作繁重，但只要找到了工作的规律，也可以相应地合理规划，减少不必要的重复工作，保证教学秩序的正常进行。

教学管理工作是以类别划分的，虽然搬迁到新校区后在管理距离上增加了，工作的难度加大了，但是，只要按照教学管理的规律办事，增强工作人员的责任心，工作也能高效率地完成。按照管理学的理论，人员的责任心来自于工作目标的确定性，教务办根据工作内容，根据工作人员的气质特点，合理安排工作，让个人对自己的工作了解并能深入进行研究，在工作中发挥各自的主观能动性，经过反复的研究改进，各项工作都取得了良好的业绩。院级教务办公室工作内务（见图2）。

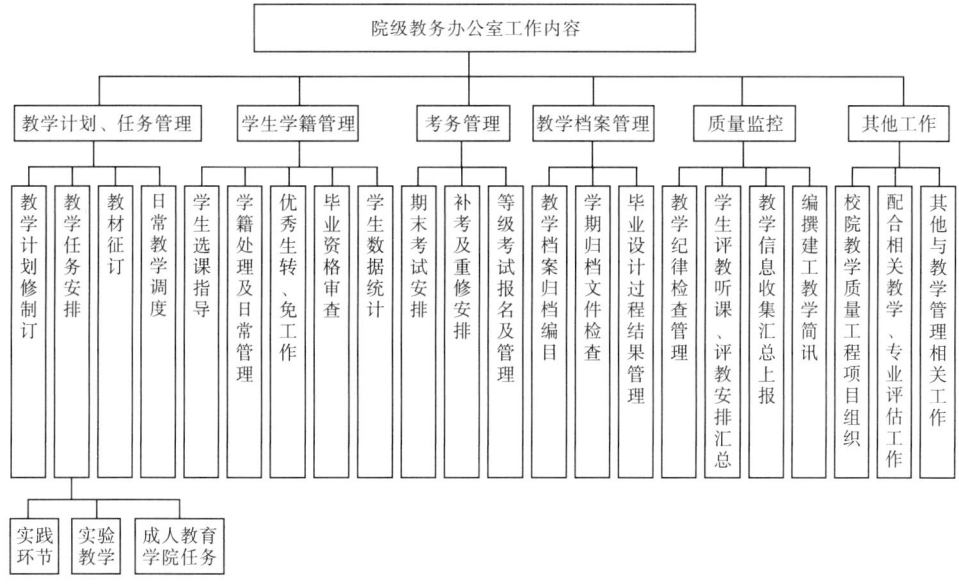

图2　学院教务办公室工作框架图

下面就学院教务办如何运用管理学理论，在实际工作中优化结构，提高工作效率，在实际工作中的体现，进行细致的分析和总结。

四、高效率教学管理机制研究的原则及实务

（一）计划性原则

教学管理也是有规律可循的。只有把握好事物的发展规律，提前做好计划，在繁杂的教学管理过程中，才能做到循序渐进、有条不紊、忙而不乱、提高工作效率。

学院教学管理工作主要是以各专业培养方案为主线，逐级展开的。教育管理也是项系统工程，需要从教学运行环节来分析各类工作之间的关系，合理分析工作内容，明确工作人员的工作职责，有效集中管理，才能达到最高的效率。教学管理环节运行见图3。

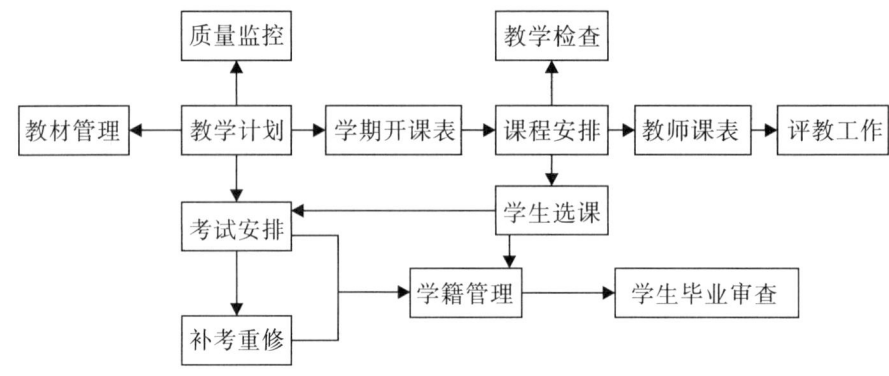

图3　教学管理环节运行图

根据多年的工作经验的积累，分析相关工作的时间性和规律性，总结出了学院教务办学年教学工作流程，大量的工作都可以根据流程图，在每件事情到来之前有所准备，留出宽松的时间处理，避免仓促工作造成的错误（见表1）。

表1　昆明理工大学建筑工程学院教学管理工作流程

序号	项目类别	具体工作	工作区间	工作内容	工作结果	负责人	教务办对应人员
1	理论教学环节	教师到位情况	第0周	各系落实教师是否到位，能否按时开课	将结果报教务办	各系教学系主任	
2		第一周上课纪律检查	第1周	各系主任参与学院安排的教学纪律检查	将结果报教务办	各系教学系主任	
3		教学周历	第1周	教师将教学周历交教研室主任、系主任审核并签字	第二周统一交学院教务办	各系教学系主任	

续　表

序号	项目类别	具体工作	工作区间	工作内容	工作结果	负责人	教务办对应人员
4	理论教学环节	听课评教、教学文件检查	理论教学周	各系安排听课评教，对任课教师的教案、讲义、教学记录、作业批改等情况进行检查	检查结果交质监办	各系教学系主任、质监组负责人	
5		下一学期教学任务核查	大约在第9周	学院教务办打印各专业班级教学安排，教学系主任进行核对	系主任签字后交学院教务办	各系教学系主任	
6		下一学期教学任务安排	大约在第10周	学院教务办将教学任务安排电子版发至各系，根据教师情况安排教学任务	教学任务安排完成后，将电子版返回学院教务办	任课教师、教研室主任、各系教学系主任	
7		下一学期教材选用登记	与教学任务同时下发	配合教学任务，任课教师填报教材选用登记	由各系主任汇总，将电子版返回学院教务办	任课教师、教研室主任、各系教学系主任	
8		教师课表核对	教务处安排	学院教务办将教师课表发到各系，由任课教师根据教学任务安排自行核对课表	教师核对后在课表上签字，然后由各系收集后交回学院教务办	各系教学系主任	

续 表

序号	项目类别	具体工作	工作区间	工作内容	工作结果	负责人	教务办对应人员
9	理论教学环节	期中教学检查	理论教学周中期	总结中期检查情况	期中教学检查报告交学院教务办公室	各系教学系主任	
10		教学工作量核对	理论教学周中期	学院教务办按照教学任务安排，统计每位教师的教学工作量，发至各系	各系将教师核对签字后的统计表交回学院教务办公室	各系教学系主任	
11		教师领取下学期课表	理论教学第18周	教师领取课表	有问题的课表返回学院教务办公室	各系教学系主任	
12		毕业生毕业资格学分结构审查	每年10月	各系根据培养方案和该年级历年执行教学计划，对应届毕业班毕业学分结构进行审查	审查结果经系主任签字后上报学院教务办公室	各系教学系主任	
13	实验教学环节	实验教学计划表	前一学期第16周	有实验课的教师将实验计划交系审核	审核后的实验计划交学院教务办公室	各系教学系主任、任课教师	

续　表

序号	项目类别	具体工作	工作区间	工作内容	工作结果	负责人	教务办对应人员
14	实验教学环节	实验教学安排	前一学期第18周前	由实验室上报实验任务安排表	审核后的实验计划交学院教务办公室	各系实验室主任	
15		上报实验人员保健补贴	每个工作月月底	各实验室上报本月实验教学人员保健补贴	完成后报学院教务办	各系实验室主任	
16		实验教学检查	实验教学周	检查实验教学情况、设备情况、安全卫生情况	形成报告交教务办	各系实验室主任	
17	毕业设计环节	毕业设计选题报告	每年12月	指导教师上报应届毕业班毕业设计选题报告	各系收齐、签字后交学院教务办公室	各系教学系主任	
18		毕业实习计划	每年12月	各系上报毕业实习计划	实习计划报教务办	各系教学系主任	
19		毕业设计题目申报表	每年4月	各系根据学院教务办导出数据，填报各班毕业设计题目	将填好后的电子版传回学院教务办公室	各系教学系主任	
20		毕业实习、设计过程检查	毕业实习、毕业设计期	检查师生到位情况、进度	结果交院档案室	各系教学系主任	

续 表

序号	项目类别	具体工作	工作区间	工作内容	工作结果	负责人	教务办对应人员
21	毕业设计环节	安排毕业答辩	每年6月中旬	各系提前上报各专业毕业班答辩时间，由学院教务办安排毕业答辩教室	按要求进行学生毕业答辩	各系教学系主任	
22		上报毕业设计成绩	答辩完成后	及时上报毕业答辩成绩	由相关老师及时录入毕业设计成绩	相关教研室主任、各系教学系主任	
23		毕业设计结果汇总	每年7—9月	收集学生的优秀毕业设计（论文）摘要、填报"毕业设计情况一览表"、填报"优秀毕业设计（论文）一览表"、组织副高职称以上教师进行毕业设计资料检查、填写"毕业设计检查统计表"、填报"毕业设计评价附表"、上报自查报告、指导教师按要求将学生毕业设计资料归档	所有资料完成后，将电子版交院档案室	毕业设计指导教师、相关教研室主任、系教学主任、督导组、系质监小组	
24	考试环节	核对预置学生考试名单	每学期第13周	学院教务办将课程考试的学生名单预置后，放教务邮箱中由任课老师核对	核对有误的，通知学院教务办公室	任课教师	

续 表

序号	项目类别	具体工作	工作区间	工作内容	工作结果	负责人	教务办对应人员
25	考试环节	试卷审核	课程考试考前2周	任课教师将试卷提交各教研室、系审核试卷内容	教研室主任签字后交考试中心	教研室主任、各系教学系主任	
26		监考、考试纪律检查	考试周	各任课教师按照学院教务办公室安排到场认真负责监考,院系组成巡视小组检查考试纪律	各系注意提醒监考教师按时参加监考,各系主任参加考场巡视工作	相关教师、各系主任	
27		成绩登录	考后四天内	任课教师完成试卷批阅、评分,在规定时间内在网络上登录成绩	教务办将实时检查成绩登录状况	相关教师、各系主任	
28		试卷归档	考后两个工作周内	任课教师按照"建筑工程学院试卷归档要求",将试卷归档到学院教学档案室	档案室将对归档试卷进行检查	相关教师、各系主任	
29		试卷抽查	每学期开学第四周内	各系组织教师,对已归档的试卷进行抽查	填报试卷抽查统计表,形成自查报告,交学院档案室	各系主任、教研室主任	

续 表

序号	项目类别	具体工作	工作区间	工作内容	工作结果	负责人	教务办对应人员
30	考试环节	补考安排	每学期开学第1—3周内	需要补考的课程，配合学院教务办公室，任课教师需要出题、监考、阅卷、登录成绩、成绩归档	教务办将实时检查成绩登录状况	相关教师、各系主任	
31		应届毕业生毕业前补考工作	每年4—5月	需要补考的课程，配合学院教务办公室，任课教师需要出题、监考、阅卷、登录成绩、成绩归档	教务办将实时检查成绩登录状况	相关教师、各系主任	
32		结业学生提前返校补考	每年7月初	需要补考的课程，配合学院教务办公室，任课教师需要出题、监考、阅卷、登录成绩、成绩归档	教务办将实时检查成绩登录状况	相关教师	
33	实践教学环节	下达短学期教学任务	每年5月	各系填报实践教学环节安排、填报"昆明理工大学各类实习计划报表""昆明理工大学课程设计计划报表"	将填报表格的电子版传到学院教务办公室	各系主任、教研室主任	

续 表

序号	项目类别	具体工作	工作区间	工作内容	工作结果	负责人	教务办对应人员
34	实践教学环节	安排短学期教学任务	每年6月上旬	相关教师在实践教学周中，按时到位	各系对实践教学过程进行检查	各系主任、任课教师	
35		上报实践教学环节成绩	课程完成后三个工作周内	任课教师批阅学生成果，在网络上登录成绩	教务办将实时检查成绩登录状况	任课教师	
36		设计、实习成果归档	课程完成后四个工作周内	任课教师按照"建筑工程学院试卷归档要求"，将试卷归档到学院教学档案室	档案室将对归档试卷进行检查	相关教师、各教研室主任	

教务办将流程图对各系公布，利于各系教师掌握相关工作情况。

学院教务办还在每学期开学制订学期工作计划表，排出相关工作时间表，指示工作人员对即将到来的教学管理任务做好准备工作。通过多次的工作分类管理，找到最好的工作任务内容划分。在一个学年度的教学管理工作中，许多工作都是有相对固定的时间，何时该做什么，提前都可以进行布置。有计划，不盲目，这是高效管理最基本的原则。

（二）工作内容优化组合原则

在教学管理过程中，工作内容有十多种，但是，进行有效的归类管理，是在人少事多的情况下，保证工作顺利完成的根本。建筑工程学院教务办公室，主要负责相关的教学管理和教学档案管理、教学质量监控工作。根据人员的数量和工作种类，我们把工作做了一下分类：教学计划管理及调度、学籍管理及考务管理、档案管理及教学质量监控、相关教学事务管理。

将工作安排到人，优化工作性质，同类相归，有利于工作的开展和提高工作效率（见表 2）。

表 2　学院教务办公室分工一览表

姓名	工作内容	主要办公地点	办公室电话	手机号码
人员 1	教学计划、任务、课程、实践性环节管理（实验、实习课程设计）、教学调度、教材管理、学院教学改革项目管理、教学业务费核算、教师及督导相关津贴核算发放、教学质量工程组织管理、大学生创新实验项目组织及经费管理、其他相关的教学管理工作	建工楼 212、211		
人员 2	学院教学档案管理（归档、组织检查、总结）、教学质量监控工作、教学检查、毕业设计相关管理工作、协助完成办公室其他教学教务管理工作	建工楼 206、211		
人员 3	2007、2010、2011 级学生学籍管理、相关教学管理、年级课程名单打印、成绩管理、学生重修管理、学生毕业环节教学考务证书管理；各类考试管理，等级考试数据统计	建工楼 211		
人员 4	2008、2009 级学生学籍管理、相关教学管理年级课程名单打印、成绩管理、学生重修管理、学生毕业环节教学考务证书管理；有关学生教学管理的通知；双学位、双专业相关工作；教学环节及评估需用学生数据统计，高等学校基础数据报表相关数据统计	建工楼 211		

分工、协作、相互联系又相对独立。有利于人员深耕工作内容，把工作做得更好，提高工作效率。

学院教务办不仅要承担来自学校教务处和学院的教学管理工作的安排，还要承担许多临时性的工作。优化工作安排，就能够做到既分工又协作，责任到人，负责到底，避免了工作安排上的空当，每一件事都有相关人员承接下来，负责完成。这也是高效管理的一个重要环节。

（三）有效控制原则

学院一级的教学管理工作，不是单纯的上传下达，而是要处理许多的相关事务，分解完成学校的管理工作，有些工作由教务办直接完成，而有的工作需要各系教学基层单位协作完成。在执行教学管理过程中，分解任务和回收工作内容，要有一定的控制机制，否则，就不能把握工作完成的时间和质量，导致教学管理工作的失败。

在这一原则下，学院教务办要求教务管理人员首先具有学习消化上级文件和准确分解任务的能力，并要有责任心，把握工作的进度，提高任务的执行能力。

在下达相关教学管理工作之前，学院教务办都要先认真阅读分析工作内容和性质，将复杂的问题简单化后再布置下去，分时间段分期安排任务，这样就能有效控制任务完成的进度，保证各级任务完成的质量。

比如在修订2009级教学任务工作时，我们没有马上就把工作布置到系上，而是先由教务办核对已完成的教学课程，清理不规范的课程名称，初审2008版教学计划，然后打印各专业的教学计划到各系，各系再按照教学计划修订的意见，对计划进行修订。大量工作做在前，在规定时间内，各系基本就完成了任务，学院教务办也及时在规定时间内完成了2009、2010级教学计划的修订和数据入库工作，在全校专业最多的学院，体现了高效率，没有拖学校教务处下达教学任务的后腿。

（四）时效性原则

教学管理工作许多都是有时间限制的，完成一步才能进行下一步，环环相扣，一步耽误将影响下一步的工作。

在教学管理过程中，专业多、课程多的大学院要保证教学任务按时按质的完成，就显得难度更大。

现在，利用网络和现代通讯技术，在教学管理中提高工作的效率，也是重要的环节。通过网络电话等工具，及时将信息发布，相关人员就能收到任务，开始工作。等任务完成后，又将相关数据返回邮箱中，由教务办工作人员进行处理汇总，就可以上报了。

学院教务办从 2005 年开始，就申请了一个专门用于教学管理工作的邮箱，现在邮箱中已有近两千个邮件，记录了几年来教学管理工作的轨迹。利用发达的信息技术，在多校区管理中，很好地保证了工作的时效性，并很大程度上降低了办公成本，为节约型管理也做出了贡献。

五、建筑工程学院教务办高效管理的实际运行情况

在经过多年的研究和实践后，建筑工程学院教务办的工作效率、工作状况得到了多方面的好评。在 2007—2008 年间，教务办连续退休了 3 位老师，人员减少，工作中量大人少的矛盾更加突出，但是由于建立了高效管理的运行机制，在压力增大的情况下，学院教务办的工作仍然处于良好的运行状态。

办公室每一位工作人员都最大限度地运用自己的工作能力，认真负责地完成责任范围内的工作，并发挥团队的作用，工作中相互关心，协调相关工作，在任务繁重、时间紧、压力大的情况下，圆满地完成了各项任务，为学院教学管理工作做出了巨大的贡献。

从 2008 级开始到现在，学院学生已经全部在呈贡上课，在实行完全学分制管理后，学生的学籍管理也变得异常复杂，学生可以滚动选课、选择老师、选择课程，一个行政班的同学，每个人的课表可能各不相同。因此，教务办指导学生选课、学生学籍管理、学生考试管理、学生学分认定等工作，与过去的管理模式不同。

从 2009 年开始，学校教务处为适应学分制管理模式改革，更换教务管理系统。新系统与老系统兼容性较差，老数据导入很少，许多信息必须重新录入。从教学计划、教材信息、教师任课信息、学生选课信息、课程安排等数据录入，这些原来由教务处完成的工作，全部放到学院来完成。建筑工程学院有 9 个专业 40 多个班 1000 多门课，数据的录入和核对量非常大。

在改革面前，我们必须不断地学习提高，不断适应改革的方式，这是教务管理人员永远都面临的问题。学院教务办有计划地培训工作人员，在理论和实践上使工作人员能力都得到提高。2009 年，学校开始实行新的教学管理系统，学院办公室利用这次机会，从系统设置源头的教学培养计划的制订和实施及修改程序，对教务管理人员进行培训，使大家能把工作做到更细更好。教务工作量太繁重，仅凭一个人的单打独斗是无法完成这项工作的。所以有一个高效团结的团队，就显得尤其重要。由于教务办公室同志们的积极上进、善于学习，使建筑工

程学院教学管理的各项工作一直在学校的院级教学管理中，始终处于领先地位。

为更好地服务于教师和学生，提高管理的及时性和节约办公费用，教务办公室还在管理中，加强信息平台在教务管理中的具体应用，具体在以下几个方面做了相应的工作。

（一）教务管理信息系统优化

计算机在教务管理上应用的表现就是教务管理信息系统，其需要在网络技术基础上应用计算机大型数据管理系统和先进的软件开发工具，辅之以系统的观点和数学的方法，构建研发教学管理各系统的功能，使系统能完成教务工作的诸项要求。如学籍管理、成绩管理、统计报表、教学计划、课务与考务管理，这些都是日常最大量的教务工作，也是教学管理有序运行的首要保证。以学籍管理为例，可包括学生基本信息、学生信息异动、学生奖惩信息、毕业生信息等各种项目组合与查询、分析与统计及其报表的形成与运用、其余类型的教务工作的细项亦可在教务管理信息系统中得到查询与应用。

计算机技术在教学教务管理中的应用，除教务工作的主要内容外，还应有系统代码管理与维护、管理数据规范与维护、网络与运行环境的建设、数据安全性与稳定性的运用、系统数据的备份与恢复、用户的权限与管理等。

（二）建立教务信息发布平台

除了使用建立在计算机网络平台上的教务管理信息系统，教务工作人员还需要完成日常的教务信息发布工作，如文件收发通知、教室调整、监考通知等。同时，还有一些当前工作及最近一段时间工作的安排需要教务工作人员统筹规划好，才能避免由于事务繁杂导致丢三落四或未能准时进行通知等教学事故的发生。因此，这就需要教务工作人员，借助相关的办公软件来改善工作效率，提高工作质量，建立办公 QQ 群或者飞信群，将学校教务管理部门与学院教务工作人员联系起来，使学院能更直接地领会学校关于教学管理、教务管理相关文件的精神，便于顺利地开展上级布置下来的工作任务。

教务工作人员在实际工作中，对部分疑难问题的咨询以及工作开展效果的反馈，能通过办公 QQ 群或飞信群及时地上传到学校教务管理部门，同样，学院教务办与各系所各专业班级，能通过办公 QQ 群或飞信群建立起一个联系网络，可以起到即时沟通、协调的作用。同时，也能通过这一渠道有效地传输，及时地告知各项信息，便于教师与学生掌握最新的教学动态，争取工作的主动性。

（三）移动教务信息系统的不断完善

由于新校区较远，教师到学校的时间非常有限，教师集中比较困难。而网络通知有时候无法及时、准确确定教师是否知道已经发布的消息。鉴于目前通信系统的完善和发达，利用手机和电话通知教师，也是教务办最常用的办法。许多工作可以通过发短信要求教师回复，即可及时掌握教师收到信息的情况。另外，利用飞信发布信息，因为手机在高校学生中的普及，出于移动性和便利性的考虑，构建移动教务信息系统，可以依靠庞大的手机用户群和无线网络的优势，在校园内为学生提供一个方便、快捷的教学信息获取方式，补充到现有的教务管理系统中，将来，还可以扩展短信功能，利用手机短信，建立学生随时随地查询成绩系统、查询课表等教务信息，使校园资源共享更为完善。

构建教务管理信息平台，借助现代信息管理技术，对日益增长的教务工作进行统筹管理，是学院教务工作迈向现代化、信息化的一条重要途径。

（四）完成工作流程在教学管理中的运用，提供高效的管理效率

许多工作对于学生和老师来说，都要走一样的程序。教务办公室对一些程式化的工作，梳理了相关的流程，以利于老师和学生做好相关工作。具体工作流程如图4—图9：

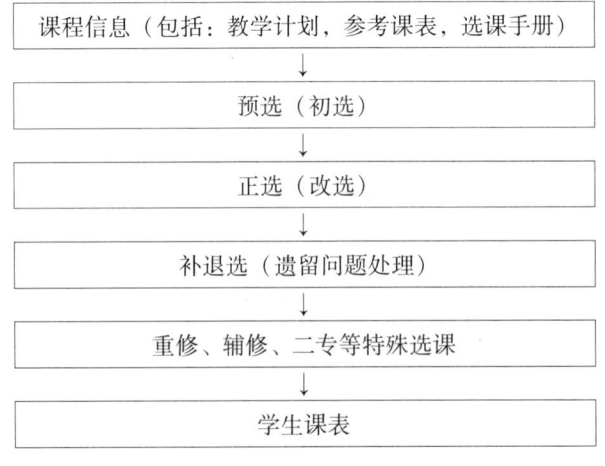

图4　学生选课流程

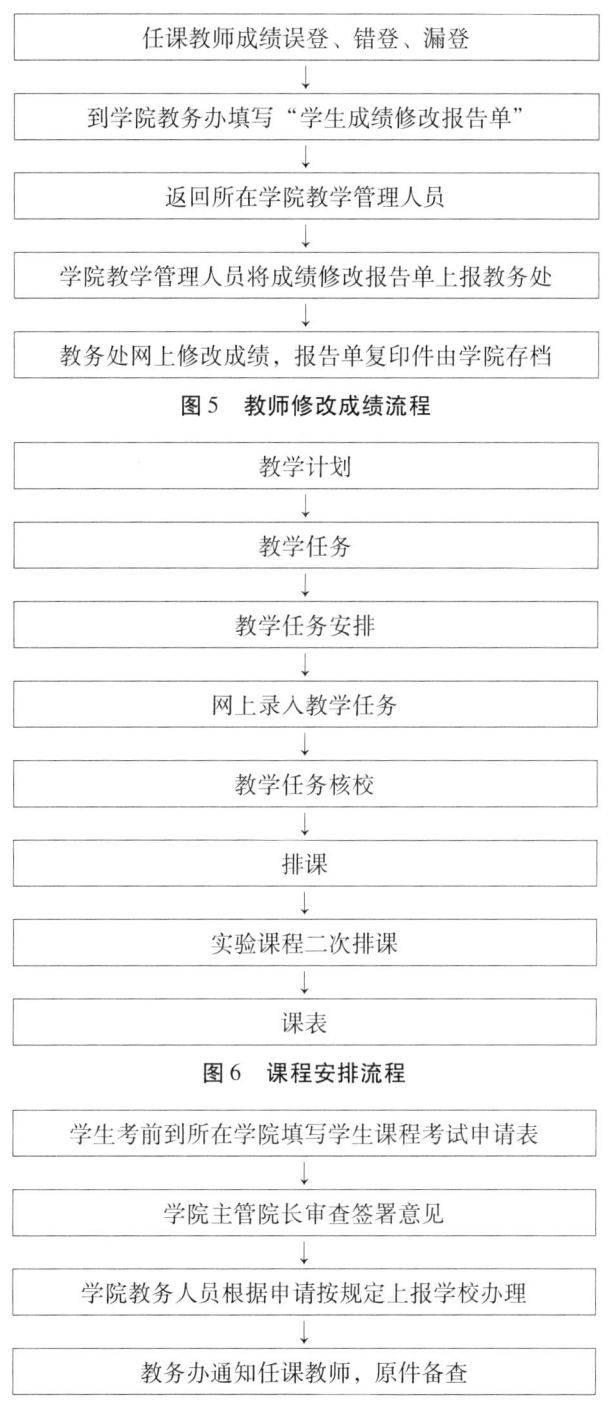

图5 教师修改成绩流程

图6 课程安排流程

图7 学生办理缓考申请流程

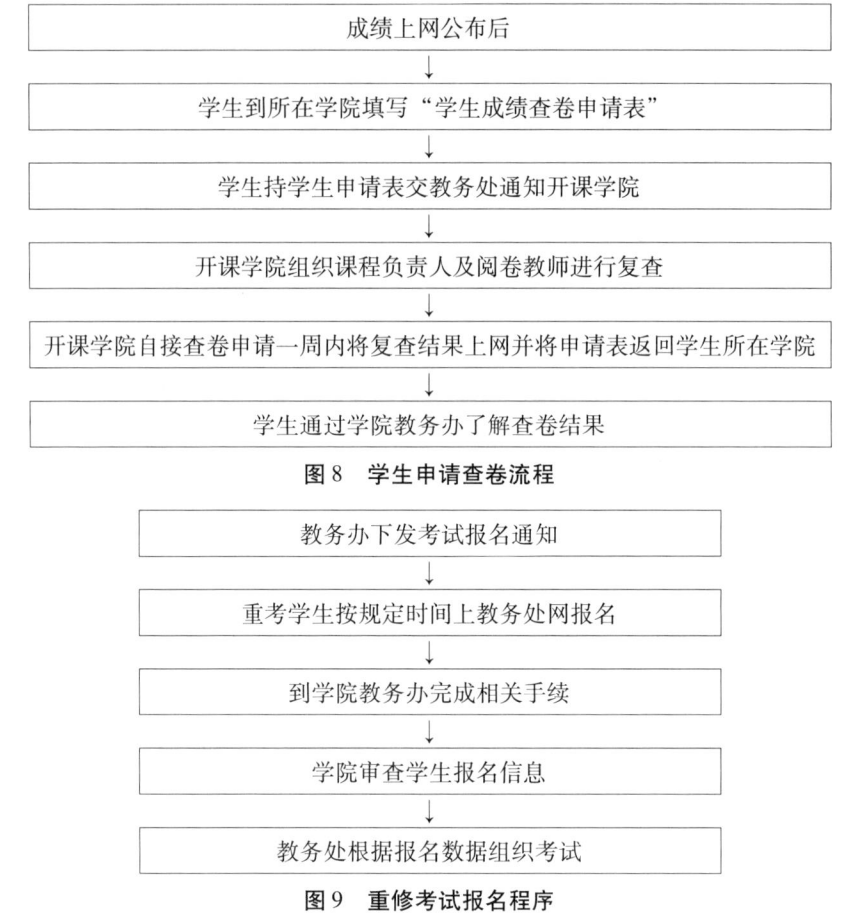

图 8 学生申请查卷流程

图 9 重修考试报名程序

六、工作成效

教务管理工作是一项烦琐、复杂的工作，教务管理人员作为教务管理工作的具体执行者、操作者，除了要完成常规的工作外，还要充分发挥纽带作用，在学生选课、课表管理、学籍管理、成绩考核等方面发挥积极作用。教务办人员在新的学年新的教学管理模式推行的情况下，要做好以下几点工作。

（一）要树立服务意识，成为一名好的服务者

教务管理工作者直接面对学生和教师开展日常工作，工作量大、繁杂、任务重，这需要教务管理工作者转变思想，树立全新的服务意识。其服务的对象是教

师和学生，服务的目的是如何利用现有的教学环境、教学资源，为学生和教师提供最为合理的教学安排，并能让学生和教师及时、高效地了解教学信息和教学改革动态发展。只有树立爱岗敬业、一丝不苟、任劳任怨的工作态度，把自己定位为服务者，才能把为老师、学生服务作为宗旨，才能实施有效的管理。

（二）要成为一名业务素质过硬并掌握管理理论和方法的优秀管理者

教务管理是高校管理工作的核心，教务管理工作人员必须有熟练的教务管理基本技能和方法，掌握教务管理工作中的各项原则、要求、程序等，具有组织各种教学管理、教学活动的协调能力，善于分析解决工作中不断出现的新问题、新情况，不断总结探讨新的管理方法和手段，从而高效率、高质量地完成教务管理工作。

教务管理工作人员还必须掌握一定的管理知识和相应的管理技能、技巧，根据教学活动的规律，运用适当的管理方法，使复杂的教学工作变得条理清晰，效果良好。一个好的教务管理工作者要通过不断学习和积累使自己具备较高的组织管理能力和良好的人际协调能力。拥有组织管理能力可以在同等条件下高效率、高质量地完成工作任务，使教师和学生在教学过程中积极配合教务工作共同完成教学任务，达到事半功倍的效果。"拥有良好的人际关系协调能力是因为教务人员的工作需要接触各个层次的人，上至校院领导、教务处，中至教师，下至学生，只有处理好各种关系，才能创造出有利于自己工作和个人发展的环境。"总之，一个优秀的管理者要在工作中做到既有原则性又有艺术性。

（三）要具备较高的教育理论水平，提高教务管理理念

教务管理工作者只有掌握了一定的专业知识，才能评价教学质量，才能制订出适应高校发展的合理教学计划和学生培养方案，使管理工作真正地服务于教学过程。一个优秀的教务管理工作者需要不断提高自己的理论水平和知识层次，积累丰富的教育教学经验，使工作得到创新。只有了解教学活动的特点和规律，明白教学目标和运行的全过程，才能知道哪个环节不合理、不科学，从而进行适当的、科学的调整，使整个教学运行过程正常运转。

总之，高校教务管理工作是一项目的性、计划性、适应性、创造性和科学性很强的工作，关系到高校教学秩序的稳定和教学质量的提高，高校的发展前景和人才培养的素质及能力也是学分制改革实践的关键。随着我校学分制的逐渐深入推行，教务管理面临着新的挑战和严峻的考验。教务管理人员必须熟悉了解学分

制下教务管理工作特征及工作职能的转变情况，进行正确的服务和管理角色定位，运用先进的管理手段，组织、协调、指挥与指导各方面人员的活动，实现教务信息化管理，以便高效率、高质量地完成各项教学任务。

七、结　语

通过教务办所有人员的努力，建筑工程学院院级教学管理工作在新校区搬迁、学分制教学管理体制改革等形势多变的情况下，依然能保持良好的工作状态，受到学校教务处和学院师生的好评。由于利用了网络资源，不仅提高了教学管理效率，而且在节省办公资源、节约管理成本上，也取得了一定的成效。

教务办公室，为了在工作中服务好师生，接受师生的监督，2011年4月还在办公室门外张贴了"服务承诺书"，得到了学院领导和师生的赞赏。

在对昆明理工大学各学院教务办、学工办工作状态的调查情况汇总表中，建筑工程学院教务办以4个工作人员、管学比1∶700的数据，显示了学院教务办以极高的工作效率，良好地完成了学校和学院安排的教学管理相关工作，工作成效显著。

在以后的时间里，教务办将继续在提高工作效率、保证服务质量、研究管理制度、提高本科教学质量、节约管理成本等方面，做出更大的贡献。

表3　教务办工作成效评价状况表

序号	评价单位	效　果
1	云南省教育厅	孙俊老师获得2004年省教育厅"先进教学管理人员"
2	学校教务处	2006—2009年，学院教学管理工作评价在全校名列前茅
3	学校教务处	获得2005年校"评建创优先进单位"，三人获得校"评建创优先进个人"
4	学校教务处	2008年，获得"学校教学管理先进集体"，两人获得"先进个人"
5	学校教务处	2009年获得校"青年教师讲课比赛优秀组织奖"
6	学校教务处	2010年，获校学科竞赛工作组织奖
7	学校教务处	2010年，获中青年教师多媒体教学竞赛工作组织奖
8	学院	在师生问卷调查中，获得90%以上好评

(本报告为昆明理工大学 2009 年校级教学改革研究项目"新校区学院教务办高效管理运行机制研究与实践"的成果报告)

参考文献：

[1] 陈黎. 浅谈多校区高校新校区教学管理体制中存在的问题. 教育管理，2009（9）.

[2] 张益新，罗立新，商辉. 关于新校区本科教学质量管理的探索——以华南理工大学大学城校区为例. 管理观察，2009（1）.

[3] 姚臻. 浅谈学分制下的高校教务管理. 文教资料，2010（12）：中旬刊.

[4] 吴振栓. 浅谈高等学校教务管理信息化建设. 广东工业大学学报：社会科学版，2009：增刊.

[5] 魏星梅，衡孝庆. 学分制下的高校教务管理职能转变探究. 文教资料，2011（1）：中旬刊.

昆明理工大学教师教学发展中心现状、需求分析及对策研究报告

陈庆华

（此报告完成于 2015 年 6 月）

在国家对高等学校教学条件进行大规模的投资和实施本科教学质量工程建设后，高等学校的教学条件和人才培养模式等外围建设得到了根本的改善。在未来几年甚至以后高校发展的过程中，作为高校实施人才培养的主体，高校教师的能力和素质提升，将成为高校教学质量提高和发展的关键因素。高校教师的总体水平和能力，将成为高校核心竞争力的具体体现。目前，高校教师的教学能力与素质不高，已成为制约高校发展的一个重要的环节。提升高等学校中青年教师和基础课教师业务水平和教学能力，完善教师教学发展机制，推进教师培训、教学咨询、教学改革、质量评价等工作的常态化、制度化，切实提高教师教学能力和水平，建设高素质教师队伍，已成为国家"十二五"期间对高等学校提出的要求。

为实施教育部、财政部《关于"十二五"期间实施"高等学校本科教学质量与教学改革工程"的意见》（教高〔2011〕6 号）有关建设内容，引导高等学校建立具有本校特色的教师教学发展中心，开展教师培训、教学咨询等工作，重点提升中青年教师业务水平和教学能力，加强高校教师队伍建设，提高教育教学质量，教育部在 2012 年启动了"十二五"期间国家级教师教学发展示范中心建设工作。首批获得资助建设的有清华大学、北京大学等 30 个部属高校的教师教学发展中心，每个中心获得国家 500 万元的资助，用于其进行探索建立适合本校实际的教师教学发展中心运行机制，开展教师培训、教学改革、研究交流、质量评估、咨询服务，以及为其他高校提供培训服务等。因此，促进各高校教师教学发展中心建设，加强教师教学发展中心管理，大力开展教师培训、教学咨询、教学改革、质量评价等工作，已成为高等学校迫在眉睫的工作。

昆明理工大学教师教学发展中心（下称"中心"）通过网上资料收集、电话访问、教学信息收集等渠道，调查了 30 多所学校（下称"对照学校"）的相关资料并进行分类分析，对相关学校教师教学发展中心的现状、高校教师在自我发展过程中教师教学发展的需求进行了分析比对，提出我校教师教学发展的对策，形成以下报告，供校领导参考。

一、现阶段国内高校教师教学发展状况分析

（一）同行业、省内重点高校基本校情及师资情况分析

昆明理工大学为"冶金系统类高校"，在 60 年的发展过程中，以原冶金部部属高校为根本，经过多年的发展，已发展成为一所以工为主，理工结合，行业特色鲜明，经济、管理、哲学、法学、文学、艺术、医学、农学、教育等多学科协调发展的综合性大学。

与昆明理工大学同为冶金系统的高校有：北京科技大学、中南大学、东北大学、内蒙古科技大学（原包头钢铁学院）、西安建筑科技大学。

在云南省内，我们调研了云南大学、云南师范大学、云南农业大学、云南财经大学。

相关学校的基本情况见表 1，由于相关信息获取渠道不同，部分数据不全。

从获得的数据分析，昆明理工大学在本科生规模、本科专业数、专任教师人数上，都具有一定的优势。但是从师资状况分析，我校教师高职称人数比、具有博士学位的人数比例，都和行业学校有一定的差距。在省内，与同属省属重点高校的几个学校相比，昆明理工大学虽在学校规模、基础条件、师资队伍建设上情况较好，但是，师资队伍的情况与学校建设高水平大学的目标还有一定的差距。

昆明理工大学教师有外校培养经历的教师占比较高，远高于其他学校，说明学缘结构较好；昆明理工大学 39 岁以下教师，占比为 49.1%，和其他学校情况相似。昆明理工大学教师在年龄结构上较为合理。专任教师中高职称教师和博士学位教师的比例，与 985、211 大学相比还有较大差距。昆明理工大学近年来新进大批博士补充到了教师岗位，是学校的新生力量，也是学校下阶段发展的中流砥柱，学校未来的发展，将依靠这些年轻的博士撑起一片蓝天。

表 1 对照高校校情基本状况表

（单位：人）

学校	在校本科生数	本科招生专业数	在职专任教师人数	教师中高层次人才数（国家级）	专任教师中高职称教师比例	35岁以下青年教师比例	专任教师中具有博士学位教师比例	非本校毕业的教师比例	生师比
北京科技大学	13267	46	1716	86	65.2%	37.35%	63.34%	52.16%	15.46∶1
中南大学	33710	94	3196	156	57.9%		53.6%		17.7∶1
东北大学	23865	65	2525	114	55.8%	34.3%	55.2%	57.3%	
西安建筑科技大学	20000	43	2800			83%（45岁以下）	35%		
内蒙古科技大学	25000	63	1400	5	51.42%				
昆明理工大学	29505	89	2335	13	49.3%	53.57%（39岁以下）	38.88%	83.8%	17.41∶1
云南大学	15694	85	1678	26	55.17%	29.34%	35.12%	59.84%	16.48∶1
云南师范大学	24320	83	1600	6					
云南农业大学	18000	63	1232	5	38.98%				
云南财经大学	21416	48	1079	3	48.65%				22.81∶1

（二）全国部分高校教师发展中心调研情况

1. 各高校教师发展中心、评估中心情况调查统计

2013年10月，教务办公室通过网络，对全国31所高校教师教学发展中心、评估中心进行了调查，在所调查的31所高校中，独立设置处级以上级别"教师教学发展中心"的学校有16所，占调查学校的51.6%；独立设置科级"教师教学发展中心"的学校有15所，说明了各高校对教师教学发展工作的重视程度。具体情况见表2。

表2　各高校教师发展中心、评估中心情况统计（31所高校）

项目	项目	教师发展中心	评估中心
机构独立设置学校情况	独立设置数	16个	
	副处级以上数	16个	2个
	高校名称	北京理工大学、北京航空航天大学、北京工业大学、北京化工大学、大连理工大学、吉林大学、华中科级大学、武汉理工大学、中南民族大学、武汉大学、四川大学、重庆大学、西南交通大学、西安交通大学、西南财经大学、山东大学	四川大学、昆明医科大学
	独立设置学校占比	51.6%	6.5%
非独立设置高校	科级设置数	15个	
	属教务处管理	13个（天津大学、东北大学、华北电力大学、湖南大学、华中师范大学、武汉地质大学、中南财经政法大学、湖南师范大学、电子科技大学、华南理工大学、云南大学、昆明医科大学、云南师范大学）	27个
	属人事处管理	1个（云南财经大学）	
	属教育学院	1个（西南大学）	
	属其他部门		2个（在教师发展中心下设）（山东大学、西南财经大学）

省外高校在开展教师发展、卓越教师培养、教师专业化教育等方面迅速开展了工作。许多高校成立了相对独立的教师教学发展中心,承担起学校教师的培训、教学研究和交流、教师评价、教师咨询、教师考核等工作,为教师的能力发展和职业规划提供了专业的平台。部分高校,如上海交通大学、江南大学等高校,借鉴国外高校教师发展的经验,已成立教师教学发展中心十多年,设置了独立的教师教学促进中心和教师卓越中心,下设多个办公室,专职工作人员都达到了 16 人以上。十多年来,这些高校的教师中心为提高教师教学、研究能力做了许多有益的工作,从总体上提高了教师素质,同时为学校培养了大批高素质的教师,学校教师优势已成为新时期高等学校的核心竞争力。

在调查的行业同类大学和云南省省属重点高校中,北京科技大学、中南大学、云南大学、云南师范大学都成立了独立的"教师教学发展中心",西安冶金建筑科技大学、内蒙古科技大学、云南农业大学、云南财经大学的"教师教学发展中心"都是在建中,没有独立设置相关的部门,以挂靠方式开展教师教学发展工作。

2. 各高校师资队伍建设、教师教学发展工作开展情况

通过调查,教师教学发展工作在国内高校中开展的情况各不相同,但是对师资队伍建设都是非常重视的。

各高校师资队伍建设都以引进高层次人才、同时走内涵式发展的道路,对本校教师实施培养。通过培养、培训提高本校教师教学、研究能力和提高个人素养是高校教师成长的必然的途径。

像北京科技大学、中南大学、云南大学等,教师教学培养工作都以制度保障为先导,通过"准入制" + "培养"的方式,引导教师参与到教师培训活动中。云南大学还坚持教学考评、培训与职称晋升挂钩的方式,在 3 年时间内,对 45 岁以下 1200 多名教师进行了教育技能轮训工作。

部分高校借鉴国外教师发展的经验,以服务教师的理念积极开展各类教学研讨活动。比如四川大学,几乎每周都有一个教学研究专题沙龙活动,每次吸引 30—50 名教师参与讨论。每月都聘请国内外教育专家,以主题"工作坊"的形式研讨教师关注的教育问题,让教师在学习、聆听、讨论、制订解决问题的方案过程中,提高自己教学和研究能力。四川大学的教师教学发展中心,在坚持不懈的工作中,让本校教师开始积极主动参与活动,关心自身的发展问题,反思在教学活动中的经验和不足,由被动培训转为主动学习,使教师教学发展中心成为教

师能力提升的加油站。

东南大学教师教学发展中心，在 2011 年成立时，就以高层次、高水平、强服务、高要求的目标建立，由原教务处教学评估办公室、人事处师资科、教育技术中心的相关科室组建，国家级教学名师、原外语学院院长任中心主任，中心成立后积极开展教师教学培训、服务、考核工作。中心构建了全校教师发展规划，对不同年龄、不同层次的教师培训制订了细致的培训计划。新入职的教师 3 年内不得授课，主要任务是为高职称教师助课、积极开展科研，3 年届满，需通过教学考评才能上岗；青年教师必须到国外进行学习和备课训练；申请高一级专任教师系列职称的教师，必须经过教学考评和教学竞赛获得一等奖以上，才能有资格申报。配合教师成长的需要，教师发展中心开展一系列的培训工作，并为教师的成长提供相应的条件，实施教学质量考核。

通过调研，我们注意到在国家政策引导和高校对教师教学发展急迫需求的形势下，全国高校教师教学发展正如火如荼地开展起来。2014 年 5 月在"山东省教师教学发展促进研讨会"上，来自全国 70 多所院校的与会代表，对如何将教师教学发展推进到新的高度和教师教学发展的本土化问题进行了深入的讨论，来自中国台湾、澳门地区，新加坡，美国等国家和地区的一些高校学者，介绍了各自学校教师发展情况，并与与会国内高校的代表一起分享了工作经验。国内高校教师教学发展工作呈现了在探索中不断前行的良好态势。

二、教师教学发展工作的需求分析

（一）当前高校中青年教师教学现状

在对各高校校情基本情况调查中，绝大部分高校中青年教师比例都占到几乎一半，随着近年来高校青年高学历教师的大量引入，未受过师范教学环节系统培训的教师填补了大学规模快速扩大带来的教师岗位的空缺。很多博士到校，直入讲师，两年后凭科研成果晋升副教授，本应承担的助教职位大部分由研究生助教替代，以往助教和讲师这一锻炼和培养青年教师教学能力的重要环节和阶段基本上被省略掉了。同时，现有对青年教师教学能力的培训也还存在"培训内容偏颇，培训机制不完善，少有职业化的培训教师，结合高校性质和自身特点而开发的个性化培训很少"等不足，青年教师教学能力发展及培养现状不容乐观，教师的成长缺乏专业化培训的过程，使教师的教学责任感、教师素养、职业强化过程明显不足，教师树立教书育人理念、成为卓越教师的意识较为淡漠。

在一份对教师课堂教学状况的调查表中，学生对部分中、青年教师的课堂教学总体情况、教师课堂教学态度、教学技能、课堂教学行为、课堂教学效果等方面表现都有较大意见。对有的教师在启发学生独立思考能力、教师教学语言表达、与学生交流学习心得、教学重点突出、上课使用的PPT等表示不满意，究其原因，是因为许多教师非师范毕业，没有系统学习教育理论，也没有经过教师基本技能训练等现实情况，造成了教师课堂教学技能不足和与学生交流产生困难等问题。

要想成为优秀的教师，必须经过一系列的学习、训练，才能掌握教学的技能、展现教学的艺术、提高教学的效果，成为一名优秀的教师。

哈佛大学"博克教学与学习中心"通过研究证明，"天生好老师"是一种误解，斯坦福大学也认为"年轻教师的教学水平直接影响着一所高校未来教学质量的高低""青年教师的培养是一个循序渐进、不断深化的过程，远非几天的备战教师资格课程所能奏效的""教师发展已经由教师个人教学发展转变为强调组织性的教学发展"，学校要为教师教学的发展承担起组织责任。

（二）高校教师对教学发展工作的需求分析

1. 昆明理工大学开展云南省工学骨干教师培训需求反馈情况

昆明理工大学在2013年12月与云南省教育厅联合，对云南省高校工学骨干教师进行了培训。在半个月的培训工程中，组织了教育专家专题讲座、名师课堂观摩、微课程教学评议、参观工程实验中心、云南省知名企业等培训内容。在培训过程中我们做了问卷调查，要求参训教师对培训工作的各个环节进行评价，并对培训工作提出建议。在回收的问卷调查表中，许多青年教师对教育专家的讲座、名师课堂观摩、微课程教学给予了较高的评价，认为课堂教学技能培训和专家指导是收获最大的培训内容。

教师们对我们将来开展培训，希望能多组织的活动，比较集中的要求有以下几个方面：多安排些名师讲座，多开展些教学研讨会，帮助教师解决教学中遇到的问题；教师都有提高教学效果和自身能力的良好愿望，急需得到一些与自身出现的具体问题相应的帮助；希望能得到一些有丰富教学经验的老师的教学指导和咨询，进行一些针对性强的培训；希望能有一些教学法的研究讨论活动；希望多邀请教学名师进行课堂示范，介绍授课技巧和经验；希望能进行传统教学和多媒体教学的培训，多提供交流讨论的机会。

从教师对我们的要求看出，一个教师的成长，不能单凭教师的悟性，不能实行粗放式的管理，而是要在学校层面进行专业的引导，提供专业的服务。特别是抓好青年教师入职前5年的黄金培养期是对于人才成长非常关键的。青年教师学历普遍较高、知识面较宽，但大多未接受过专门的教师职业训练，教学经验积累少，社会实践经验不足等成了制约其教学发展的重要因素。

2. 从教学改革发展、教师个人成长角度分析教师发展的需求

（1）20世纪90年代以来，发达国家高等教育发生了明显的变化，从关注教师的教到关注学生的学。这意味着在教学活动中，更加强调学生得到的学习的成果。教师不能单纯进行灌输式教学，而是要了解学生的学习心理、关注学生的学习效果，与学生形成学习共同体。教师的教学工作也将随之成为立体式教学，需要教师提高教学的能力和水平。

随着现代网络技术的推进，MOOC、网络课堂开始席卷教育行业，教师在飞速发展的社会中，面临着许多教学工作和与学生交流的困难。高校在这个社会变革过程中，通过为教师提供专业发展的支持，可以帮助教师得到专业的指导，并促进教师深度参与教学改革，丰富理论、实践知识，提高信息化社会教学工作的应对能力。

（2）教师在职业发展的不同阶段，也需要得到专业的指导，具体分为以下几个阶段：

刚入职1—3年的教师缺乏教学经验，需要迅速适应高校的教学环境，实现学生向教师角色的转变。这个阶段，急需给予教学理论、教学技能方面的培训和指导。

入职3—5年的教师，面临着教学、科研能力提升，追求教学卓越的阶段，需要得到专家、名师的指导，解答职业发展中的困惑，促进各方面能力提升。

工作8年后，面临职业发展的艰难阶段，需要得到职业生涯规划指导。

在教师发展的各个阶段，知识的更新、教育理念的更新、与时代发展同步，都需要自我学习和共同学习，教师教学发展工作都将承担着重要的使命。

三、昆明理工大学教师教学发展工作情况现状

（一）昆明理工大学教师人员结构、教学状况等基本现状

1. 学校专任教师结构及教师教学能力调查情况见表3

表3　昆明理工大学2013年师资队伍数量与结构

单位：人

专任教师学历结构									
年度	合计	博士		硕士		本科		其他	
		人数	比例	人数	比例	人数	比例	人数	比例
2013	2335	908	38.88%	956	40.94%	471	20.17%		
专任教师学位结构									
年度	合计	博士		硕士		本科		其他	
		人数	比例	人数	比例	人数	比例	人数	比例
2013	2335	908	38.88%	1087	46.55%	340	14.56%		
专任教师年龄结构									
年度	合计	<30岁		30—39岁		40—49岁		50—59岁		>60岁	
		人数	比例	人数	比例	人数	比例	人数	比例	人数	比例
2013	2335	196	8.39%	1055	45.18%	746	31.95%	337	14.43%	1	0.04%
专任教师职称结构									
年度	合计	正高级		副高级		中级		初级		未定职级	
		人数	比例	人数	比例	人数	比例	人数	比例	人数	比例
2013	2335	409	17.52%	742	31.78%	924	39.57%	91	3.90%	169	7.23%

在昆明理工大学质量监控体系的听课评教环节中，校督导和同行都发现了年轻教师的一些问题，青年教师刚入校时，都有成长为优秀教师的愿望，对工作对学生抱有极大的热情，在工作中认真、负责、努力上好每一堂课，但是由于是非师范毕业，缺乏教育理论、教学技能、教育心理学方面的知识，在授课技巧、课

堂控制能力、与学生交往方面都没有经验，在一段时间后就会出现对课堂教学不自信，与学生沟通不顺利，然后导致对教学工作的懈怠情绪产生，学校青年教师教学能力、教师师德培养情况不容乐观。

2. 学校在青年教师培养过程中已有的制度及执行情况

学校人事处在 2007 年 5 月出台了文件《昆明理工大学教师培训实施办法（试行）》，要求在教学、科研、教辅岗位工作且年龄在 35 周岁以下的青年教师，必须参加入校教育培训、岗前培训、教育技术培训、教学能力培训等，其中"教学能力培训"是指青年教师在导师指导下，按照教学岗位职责要求，提高教学实践能力，熟悉教学过程及教学环节，也就是通常所说的"青年教师导师制"。但是由于在执行过程中，缺乏专职部门的监督和专业人员的指导，许多工作都流于形式，使青年教师的培养工作落不到实处。特别是教师上岗没有制定相应的"准入制"，青年教师的考核与培训不相关联，使制度形同虚设。

在学校 2011 年出台的《教学、科研及社会服务绩效评价办法》文件中，对青年教师担任主讲教师授课课程助教的，给予所助课程 30% 计的教学工作量，但是由于各个学院对青年教师要求不同，本规定在全校各学院执行情况不同，效果也不同，没有真正起到助教的效果。学校多年来已不再实行青年教师助教制度，使德高望重、经验丰富的老教师的"传、帮、带"效应不明显，年轻教师的成长基本处于自发式形态，完全靠教师个人对教学经验的摸索和积累，这种状况将延长教师成长为优秀教师的过程。

3. 目前学校教师教学发展情况存在的问题

（1）长期以来，同许多高校一样，学校重科研、轻教学的评价制度已使得教师无心也无力去考虑自己的教学能力和课堂教学质量。特别是在学校实行"绩效工资改革"后，中、青年教师倍感压力，不仅要承担本科教学工作，还要完成科研绩效。从职称评定、年度绩效考核等综合因素来看，教学工作相对没有质量考核的标准，只有量的考核，而没有质的考核，这样的制度设计，导致学校教师对教学工作的重视程度相当低，教师把时间花在科学研究或其他事务上，放在教学上的精力相对就减少，缺少自我专业发展的制度和氛围，其教学观念难以与时俱进，教学能力难以持续提高。长此以往，将对学校本科教学质量产生严重的影响。

（2）学校缺少组织教师学习教育理论的制度环境和工作机制。只有极少的针对新入职教师的教育理论课程学习，往往起不到提高教师教学技能和能力的作用，教师对课程的学习仅仅停留在应付考试的层面。

（3）昆明理工大学是以工为主的综合性大学，工学类专业占到专业总数的62.4%，工程教育不能从书本到书本，而是需要具有工程背景、经历过工程实践锻炼的教师，在教学实践活动中对学生进行相关学科的工程训练和教育，这样才能培养出具有工程创新意识、动手能力、具有较高工程素养的学生。昆明理工大学教师很多都是从学校到学校，具有工科实践背景的教师数量明显不足，所以，在教师成长过程中，必须给予一定程度的工程实践锻炼，才是培养优秀工科教师必经的途径。

（4）在教师成长过程中，有专业的导师给予相关职业咨询，也是帮助年轻教师成长的重要环节。昆明理工大学虽然有青年教师导师，但是在执行过程中因为没有可量化的考核标准和指标体系，青年教师经过一年的培养，达到什么效果，难以衡量。而且由于各个学院对青年教师导师的指导情况不甚了解，这种制度也存在流于形式的状况。

目前很多高校都成立了教学咨询室，聘请校内外热心于辅助青年教师成长的教育专家、学校德高望重的教学名师、教龄 7 年以上的优秀骨干教师，定期为中青年教师进行教学咨询、分享教育教学经验、共享教学成果，并跟踪青年教师成长过程，将青年教师扶上马、送一程，使青年教师能够在专家的指导下迅速成长起来。

昆明理工大学目前在这个环节也存在缺陷，没有开展相关的工作。如果能开展起教学咨询工作，对昆明理工大学中青年教师的成长，必将起到非常好的效果。

（二）学校成立独立教师教学发展中心的必要性和紧迫性

1. 昆明理工大学教师教学发展工作现状

根据昆理工大校字〔2011〕150 号文件《昆明理工大学关于成立教师教学发展中心的通知》精神，学校教师教学发展中心于 2011 年 11 月正式成立。2012年，根据云教高〔2012〕131 号文件《云南省教育厅关于公布云南省高等学校教师教学发展中心的通知》，学校成为全省 8 个本科高校省级教师教学发展中心之一，并获批工学、管理学两个学科的省级重点中心。

目前工作机构设置情况是：成立了"昆明理工大学教师教学发展中心领导小

组"，组长由分管教学工作的副校长担任；副组长由教务处、人事处、教育技术与网络中心、校督导室主要负责人担任；成员由各教学部门负责教师教学发展工作的负责人担任。

教务处下设"教师教学发展中心"，同时承担"高教研究与评估中心"的工作。目前专职人员有3人，1名主任、1名副主任、1名教授，除教师发展中心相关工作外，还承担了高教研究与评估、质量监控、校语委办等大量的管理工作。

在工作模式上，教师教学发展工作职责分属教务处、人事处、教育技术与网络中心、校督导室等不同的部门，具体工作职能如下：

（1）教务处教师教学发展中心负责制订教师教学发展工作计划，组织开展校内教师培训、教学咨询、教师教学状态评估、教师教学能力评价等工作，参与学校培育省级及以上高端教学人才培养工作，组织开展省级工学、管理学骨干教师培养工作。

（2）人事处师资科负责遴选、管理、考核外出培训、访学、进修、到企事业单位挂职锻炼人员，教师的晋级、考核等。

（3）教育技术与网络中心负责参训教师的教育与信息技术培训。

（4）校督导开展对教师教学评价的工作指导和质量监控。

昆明理工大学从2011年学校成立教师教学发展中心至今，由于经费不足、人员缺乏，加之教师的培训和管理分散在多个部门，教师教学发展中心工作迄今仍未形成制度化和常规化的工作，仅停留在维持延续的教育厅和学校安排的工作的阶段。而且由于多部门的介入，使教师教学能力系统培训和考核工作，无法在同一个系统中进行统筹安排。

2. 昆明理工大学教师教学发展工作中存在的问题

首先，昆明理工大学由于师资培养工作没有完善的制度保障，政出多门，不能形成合力，使教师培训与教师教学发展工作不能形成系统工程。制度上的不保障，将不能保证教师培训工作的正常开展。

其次，未来教师教学发展工作将不单纯是一项行政工作，而是集师资规划、培训、考核、评价、咨询于一体的既有行政效能又有服务功能的机构，管理人员除一些行政工作人员外，还必须要有教育研究、师资培训的专业人员，教师发展中心开展的一系列培训、教学研讨、教师教学咨询、个人发展规划咨询等工作，必须要有一大批专、兼职的专家团队，否则教师发展工作职能停留在初级的培训工作上，达不到工作效果，不能为教师的发展保驾护航。

最后，昆明理工大学作为以工为主的地方院校，青年教师的工程实践能力有待提高。青年教师基本上从学校到学校，几乎没有什么工程背景和实践经历，这对于工科培养学生创新能力和实践能力是非常不利的。因此，今后要有计划探索增强青年教师工程背景与实验实践动手能力的培训，如让青年教师直接进企业工作一段时间、与企事业单位建立起紧密的产学研合作关系等。

3. 昆明理工大学加强教师教学发展工作的紧迫性

昆明理工大学在近几年，引进了大量的高学历年轻教师。急需为青年教师提供教师职业训练、搭建教学交流平台、为高校青年教师教学发展构建共同体，促使青年教师尽快融入教学研究的团队；让他们有更多的机会与教学名师、精品课程主持人等面对面交流；鼓励他们参加专题培训、协助他们开展教学研讨，让教学专家毫无保留地将自身的经验传授给青年教师。通过这些实践探索，充分调动高校青年教师对教学工作的热情，体现青年教师教学发展共同体的生机与活力。使青年教师能迅速成长为卓越教师，成为教学、科研的领军人物，这将为学校长远的发展提供人才支持。

四、昆明理工大学教师教学发展中心工作对策

（一）中心建设总体目标

中心将深入贯彻国家教育部《关于"十二五"期间实施"高等学校本科教学质量与教学改革工程"的意见》与《关于全面提高高等教育质量的若干意见》文件精神，以提高本校教师教育教学能力，满足教师个性化专业化发展和人才培养特色的需要，全面推进教育教学质量为目标，构建教师教学发展体系，统筹全校教师教学发展工作，积极开展教师培训、教学改革、研究交流、教师教学质量评估等工作，逐步开展教师教学及职业生涯规划咨询服务等各项工作。

（二）中心建设主要内容

中心成立，将为学校教师的成长提供良好的平台和支持，中心应在以下几个方面开展相关工作：

1. 构建教师教学发展培养体系

以全面提升教育教学质量，孕育培养一批卓越教师、教学名师与青年骨干教

师为目标，整合学校教师教学发展工作，建立全面的教师教学发展培养体系；以提升教师教学能力为核心工作，构建涵盖教学技能培训、教学改革、研究交流、质量评估、咨询服务等工作的教师教学发展体系，满足教师专业化与个性化发展需要。

（1）加强青年教师入职技能培训。继续推进与加强青年教师入职技能培训工作，以近三年参加工作的青年教师为培训对象开展教育教学基础技能为主要内容的培训，通过专题讲座、技能实践、交流指导等多种形式帮助青年教师掌握基本教育教学技能，了解学校人文文化，尽快适应并融入新岗位。将入职教育培训作为青年教师入职的准入资格与人才评价的必要依据。

（2）开展教师专项能力轮训工作。针对目前教师队伍存在的主要问题及教师个性化发展需要，以及部分发展更新较快的学科专业，分级分批地开展专项教师教学能力轮训工作。

（3）提升青年教师合作交流能力。结合学校教学团队建设，积极引导青年教师参与教学团队工作，培养合作交流能力，扩大学科专业视野。通过教学沙龙、专题培训等形式，帮助青年教师，特别是新进教师提高合作交流能力，增强环境适应能力，缩短角色适应时间，尽快成为教学团队骨干。

（4）构建多样化的教学发展模式。围绕提升本科教学质量为核心构建多样化的教学发展模式，针对不同层次、不同队伍的特点，逐步由本科教师队伍辐射至教辅人员与教育管理人才等队伍，为实现本科人才培养质量的全面提高提供保障。

2. 搭建教学发展与交流支持平台

以促进教师教学发展为目标，通过开展教学专题讲座、教学交流活动，搭建资源学习平台，开展教学发展服务，帮助教师解决教学问题，为教师教学发展搭建支持平台。

（1）大力开展教学交流活动。围绕教师教学发展与提升教育教学与人才培养质量为主题的交流机制，将教学交流制度作为基本教学活动，每年定期开展教学技能大赛、教学公开观摩课、全校性的教学研讨会等活动，鼓励各个学院开展形式多样、主题丰富的教学沙龙活动，为教师分享教学心得、经验搭建支持平台，定期邀请省内外教学名师来校指导交流，在全校范围内营造良好的教学交流氛围。

（2）搭建教学发展资源支持平台。与教育技术和网络中心合作，借助"昆明理工大学教育在线"网络资源，建立教师教学发展资源平台，为教师自主学习与个性化发展提供平台与技术支持。建立针对本校教师队伍的在线教学技能培训与支持系统，为教师提供方便快捷的教学教育资源服务。

（3）开展教师发展支持服务，聘请校外教育教学咨询专家与本校教学名师、教育专家，共同组建教师教学发展服务团队。根据教师教学发展需要，提供教师教学发展相关支持服务，建立教学艺术、教育技术、心理咨询指导小组，满足教师个性化发展需要。在条件成熟时，建立教学咨询室，开通咨询热线，接受教师教学方法与艺术、现代信息技术在教学中的使用、教师职业生涯规划等方面的咨询与服务。

3. 加强教师教学发展管理工作

推进教师教学发展管理制度改革，以改革为动力，推动教师团队建设与教学能力整体水平的提高。

（1）建立以评促建的质量评估制度。进一步推进与完善教学评估与质量保障制度，通过教学督导、网上评教、技能评测等方式帮助教师发现与解决教学方面的问题，促进教师教学发展工作的开展。在绩效考核中体现教学质量标准。

（2）进一步深化人才评价模式改革。进一步加强与完善人才分类评价模式，尊重学科与人才发展规律，充分利用职称评审、岗位聘用、绩效考核等行政职能在人才发展过程中的导向作用，稳定一批优秀教学人才安心从事本科教学工作；创新人才评价模式，鼓励教师潜心从事教学工作，探索"教学型"教授制度，加大教学在人才评价中的比重。

（3）实施新任教师"准入制"，完善教师考评体系，通过考评合格的人员才能站上讲台；实施教师晋升职称教学考核制度，必须通过课堂教学考核或参加教学竞赛获奖者，才能申报高一级职称；实施教师聘任考核制度，教师必须参加教学考核，考核合格者5年有效，否则不得聘任在教学岗位上。

（4）加强学科教学师资队伍建设。根据教学及人才培养需要，制定科学的教师队伍建设规划，落实学校"人才强校"战略，引进、培育一批学科教育领军人才，培养一批学科教学优秀后备人才。

4. 开展校本特色教学发展研究

充分发挥省级教师教学发展中心的优势，通过立项资助等多种形式组织专家开展针对工科、管理学科师资队伍教学发展实证研究，调研师资队伍基本情况，分析存在的问题并制订解决方案，为有针对性地开展培训工作提供理论引领与政策咨询。

5. 加强师德师风与职业道德教育

进一步加强教师职业信念、师德师风与职业道德教育，健全师德师风考评制度，将师德师风与职业道德作为人才评价的首要内容，实行师德师风与职业道德"一票否决"制度，将教师职业信念的建立与高尚师德师风的形成作为教师教学发展活动的重要内容。

（三）教师教学发展中心工作职责

教师培训：请专业团队为学校教师提供教学理念和技能、研究能力和方法、学术道德和师德等方面的培训；组织教师进行交流，帮助教师规划职业生涯，促进教师卓越发展。

质量评估：进行教学质量评估，通过调查研究建立本科教学数据库，开展教学评价研究。建立教师教学质量评价系统和评价指标体系，对教师进行客观、公正的评价，为教师培训提供基础数据。

研究交流：开展"教"（教师）与"学"（学生）的理论与方法的研究，开展教师发展研究，促进不同学科专业教师间的交流与经验分享。

咨询服务：通过课堂观摩、录像及分析、微格教学、教与学咨询等为师生的教与学提供服务。为学校职能部门和专业学院提供教育教学政策的制定、实施、评价等方面的服务。

（四）机构设置

1. 方案一

学校成立昆明理工大学教师教学发展中心领导小组，组长由分管教学工作的副校长担任；副组长由教务处、人事处、教育技术与网络中心、校督导室主要负责人担任；成员由各教学部门负责教师教学发展工作的负责人担任。

教师教学发展中心办公室设在教务处。

教务处负责制订教师教学发展工作计划，组织开展校内教师培训、教学咨询、教师教学状态评估、教师教学能力评价等工作，参与学校培育省级及以上高端教学人才培养工作，组织开展省级工学、管理学骨干教师培养工作。

人事处负责遴选、管理、考核外出培训、访学、进修、到企事业单位挂职锻炼人员。

教育技术与网络中心负责参训教师的教育与信息技术培训。

校督导开展工作指导和质量监控。

2. 方案二

学校成立独立的教师教学发展中心，可放在教务处，也可放在人事处，或独立成立。

将原人事处师资科、教务处教师教学发展中心、教学研究与评估中心、教育技术与网络中心技术部等部门原有职能集合在一起，人员进行优化配置，形成独立的教师发展部门。

中心下设综合办公室、教学研究部、教学评价部、教学资源部、教师发展部，全面负责全校教师的师资规划、教师培训、学习交流、考评、考核、教师职业规划咨询等工作。另外，中心需建立培训专家团队（专、兼职）。

（五）经费保障

学校设立教师教学发展专项经费，用于教师教学发展相关活动的开展及中心的日常运转，每年中心办公室根据工作计划，制订经费预算报学校审批。

若机构设置采取方案一，专项经费分两部分，一部分用于教师发展中心建设、日常运转、安排培训及教师教学发展咨询等费用，由教务处管理使用；另一部分用于参训教师外出培训、调研、访学、进修、企事业单位挂职锻炼等活动费用，由人事处管理使用。

若机构设置采取方案二，则学校应按机构设置拨付相关的办公费及教师培训专项经费。

专项经费支出范围：购买与建设教师教学发展软硬件平台与资源费、聘请专家（含校内）讲课费、专家咨询费、项目评审费、中心人员外联工作差旅费、教学沙龙午餐会餐费、办公费、参训教师外出参加培训等活动会务费、差旅费、外聘专家接待费、交通费等。

五、预期效果

（1）在计划任务执行完成，经费、制度保障的情况下，通过对按入职年限划分不同层次教师的培训和轮训，在 5 年时间内，可对 45 岁以下教师全部培训一轮，并通过考核验收，全面实施教师岗位"准入制"和"岗位聘任制"，使教师队伍素质得到提高。

（2）通过对"云南省青年卓越教师特殊培养计划"的落实，结合学校教学团队、教学名师等项目建设，对有发展潜质的优秀教师进行重点培养，培育出优秀教学领军人才和一大批骨干教师，优化教师队伍，使我校教师成为学校发展的核心竞争力，实施人才强校战略。

（3）通过完善教师教学评价系统，建立科学合理的教师教学质量评价指标体系，对教师进行教学质量评价，对在教学过程中存在问题的教师，给予有针对性的辅导，为教师职业发展提供良好的服务，使教师在职业生涯规划过程中改进教学、树立信心，为学生提供高质量的教学。

（4）教师教学发展中心通过长期坚持不懈的工作，开展各类教学研讨、教学咨询、教学服务工作，使我校教师能通过不同类型的研究活动，将前期的制度推动教学研究工作，转化为教师自身发展的要求，使教学研究活动在学校内蔚然成风，促进教师专业整体的发展。

总之，希望能通过教师培训、质量评估、研究交流、咨询服务等工作，促进教师发展，提升教育教学水平，帮助学生有效学习，提高昆工教师队伍水平和人才培养质量。

（此报告为昆明理工大学 2014 年校级教学改革重点项目"昆明理工大学校级教师教学发展中心运行及持续改进机制研究与实践"的阶段性成果）

参考文献：

[1] 刘小强，陈明伟．大学教师教学发展：现状、特点与对策——基于 3 所地方教学研究型大学的实证研究．国家教育行政学院学报，2012（1）．

[2] 沈文淮，谢幼如，柯清超，尹睿．高校教师教学发展中心促进教师教学能力发展的机制与模式．中国电化教育，2012（12）．

[3] 林杰．哈佛大学博克教学和学习中心：美国大学教师发展机构的标杆．清华大学教育研究，2011（4）．

[4] 王中向．我国高校教师发展的新探索——以教师教学发展中心为例．湛江师范学院学报，2012（4）．

[5] 樊陈琳．试论我国高校教师教学发展机制建设的动因与对策．职业与教育，2012（12）．

"基于'卓越教师'理念的教师教学能力发展模式构建与实践"成果总结报告

陈庆华 王 鹏

（此报告完成于 2018 年 9 月）

一、项目背景

（一）学校教师教学发展现状

教师是教育事业发展的基础，是提高教育质量、办好人民满意教育的关键。百年大计，教育为本；教育大计，教师为本。从 2012 年出台的《国务院关于加强教师队伍建设的意见》到 2018 年出台的《中共中央国务院关于全面深化新时代教师队伍建设改革的意见》，无不体现党中央、国务院历来高度重视教师队伍建设。

2011 年，教育部、财政部《关于"十二五"期间实施"高等学校本科教学质量与教学改革工程"的意见》文件中指出："引导高等学校建立适合本校特色的教师教学发展中心，积极开展教师培训、教学改革、研究交流、质量评估、咨询服务等各项工作，提高本校中青年教师教学能力，满足教师个性化专业化发展和人才培养特色的需要"，从国家层面积极推进高校教师教学发展工作。时隔 7 年，教育部在 2018 年 6 月，召开了"新时代全国高等学校本科教育工作会议"，陈宝生部长作了重要报告。在报告中，陈部长要求高等学校要"以本为本"，推进"四个回归"，按照总书记对教师提出的"政治素质过硬、业务能力精湛、育人水平高超、方法技术娴熟的要求，让教师潜心教书育人，更好担当起学生健康成长的指导者和引路人"，再一次强调了对教师提高素质和能力的要求。

"基于'卓越教师'理念的教师教学能力发展模式构建与实践"成果总结报告

昆明理工大学作为一所以工为主,理工结合,行业特色、区域特色鲜明,经济、管理、哲学、法学、文学、艺术、医学、农学、教育等多学科协调发展的综合性大学,截止到2017年,学校共设本科专业110个,招生专业97个,全日制在校生39959人。学校有教职工3859人,生师比达到17.59∶1。现有专任教师2339人,其中40岁及以下青年教师占到教师比例的47.9%,具体见表1。大部分中青年教师是学校教学的主力军,承担着繁重的教学任务。

表1 昆明理工大学2017年专任教师情况一览表

(单位:人)

专任教师学历结构									
年度	合计	博士研究生		硕士研究生		大学本科		其他	
		人数	比例	人数	比例	人数	比例	人数	比例
2017	2339	1168	49.94%	751	32.11%	419	17.91%	1	0.04%
专任教师学位结构									
年度	合计	博士		硕士		学士		其他	
		人数	比例	人数	比例	人数	比例	人数	比例
2017	2339	1169	50%	911	38.9%	244	10.4%	15	0.6%
专任教师年龄结构									
年度	合计	≤30岁		31—40岁		41—50岁		51—60岁		≥61岁	
		人数	比例	人数	比例	人数	比例	人数	比例	人数	比例
2017	2339	96	4.1%	1025	43.8%	722	30.9%	491	21.0%	5	0.2%

作为地方工科院校,学校中青年教师多为近年来引进的博士,虽然在专业学术研究上有一定的造诣,但是缺少专门的教师专业教育,对教育教学基本知识、技能所知甚少,对高等教育和大学生的特点几乎一无所知。学校一直以来执行青年教师导师制,但是青年教师跟导师学习到的更多是专业学术方面的指导和少量的教学经验,而非系统的教育教学理论学习。学校开展的入职教育,也是简单的学校校本培训和少量的教学理论课程学习,教育教学理论学习不系统、无针对性。2013年,教务处教师教学发展中心曾对学校教师教学发展状况做了一个调查,其中教师教学状况以问卷的方式调查,共发出400份问卷,收回有效问卷

356份。问卷分析,大部分青年教师没有接受过正规的师范教育,对自己课堂教学状况不满意,教学能力主要依靠教师自身的实践摸索和个体反思,缺乏专业的教学指导,因此教师教学水平和能力提升较慢。特别是入职3年内的教师,在教学活动中遇到困难和挑战更多,对教学培训的需求有非常迫切的诉求。

从图1中可见,只有31%的老师认为学习教育教学理论知识非常有帮助。大学教师对教学理论学习的"无视"严重影响了学校教学质量。在对部分学生的教学满意度调查中发现,学生对中青年教师的课堂教学有很多意见,满意度也呈现下降的趋势。

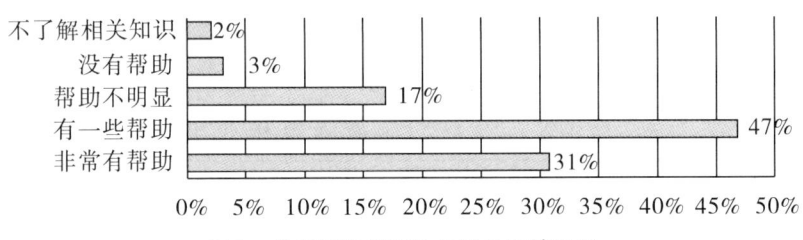

图1 教师对教学理论知识认知情况图

2008年以来,学校通过实施本科教学质量工程建设和教学基本设施建设,使学校的教学条件得到极大的改善,但主要解决的是人才培养模式、专业、课程、教材、实验室等宏观和硬件方面的问题,这些仅仅是教育教学的外围基础性的工作,而教师这一教学的主体,其人才队伍建设一直没受到特别的关注。教师是教学的直接执行者,教学质量提升的核心要素,只有通过高素质的教师、高质量的教学,才能真正保障教学质量的提高。

一方面是国家、社会对高校教师提出的更高的要求;另一方面是学校教师培训工作的简单化、形式化、非专业化,教师的教学能力发展问题,已呈现出非常突出的矛盾。如何利用现有资源,改进教师教学能力发展模式,让更多的中青年教师受益,是学校迫切需要解决的关键问题。

(二)教师教学发展存在的主要问题

学校在2011年11月成立教师教学发展中心,开始探索开展教师教学能力发展相关工作。开展活动初期,中心邀请校内外教育专家举行名师论坛、开展优秀教师课堂教学观摩、举行微课程教学等活动,但是效果并不理想,教师主动参与意识不强,只能通过行政命令要求教师参加活动。经过调查分析,主要存在以下

"基于'卓越教师'理念的教师教学能力发展模式构建与实践"成果总结报告

问题：

1. 大部分教师缺乏科学的教育教学理念，教师教学能力提升活动主动参与率较低

如图1所示，学校大部分教师认为教学是自然天成的事情，而无视教育教学应该具有的"教学学术性"。大学老师的主要精力应该放在学术研究，只要自己专业学术过硬，一定能教好学生。特别是教龄在9—15年的教师，觉得不再需要教学指导。只有教龄在3年以内的教师认为自己课堂教学满意度较低，很难把控学生学习状态，迫切需要教学指导。

还有部分教师甚至认为，只有教学评价较差的老师，才被要求参加教学能力培训活动。如何让教师主动参与到教师教学能力提升活动中来，始终是一个棘手的问题。

其实，如何吸引教师主动参与教师教学发展活动，是各高校都普遍存在的问题。即使像世界一流的哈佛大学，建成了著名的"博克教学和学习中心"，也只有10%的老师对教学情有独钟，愿意主动参与教学研讨活动；有10%的老师对教学研究毫无兴趣，从来不参与相关活动；"博克教学和学习中心"也在努力争取其他80%的哈佛教师到中心来参与教学促进活动。

2. 学校缺乏专业的教师教学发展人员，无法建构完善的教师教学能力发展规划

教师教学发展工作不同于一般的人力资源管理，需要参与教师发展工作的人员系统学习教育哲学、心理学、人力资源管理、院校研究、课程研究等相关专业理论知识，同时还要有丰富的教学经验，对教师发展工作具有高度的热情、勤于思考、善于学习。我校由于是工科类高校，有教育理论研究经历背景的人极少，具有丰富教学经验、德高望重的教学名师也不多，形不成专业的教师教学发展团队，无法建构全员参与的教师教学能力发展规划。

3. 教师教学发展模式单一，开展工作时缺乏针对性，流于形式

过去的高校教师教学能力培训，强调外部推动，基于社会、高校的要求为出发点，往往只是开设一些简单的教育理论、政策解读类的讲座，学习形式单一，缺乏针对性，流于形式，忽视了教师自身学习提高的主动性和"内需力"，不能形成促进教师自主性和教学个性化的发展模式。仅仅停留在培训层次的活动，与教师教学能力发展有着较大的区别，具体差异见表2。

表2　高校教师培训与发展比较表

	教学培训	教师教学能力发展
目的	技能获得	教学行为的整体改善
理论假设	获得技能，促进教学行为改变	持续的学习、实践、反思，循环提升，改进教学行为
内容	公共知识为主，自我实践为辅	注重过程性知识，注重个体体验、实践与反思
方式	传授式为主，以培训者为中心	参与式、实践体验式为主，以参与学习者为中心

4. 学校保障"卓越教师"脱颖而出的制度、措施不健全，使教师发展工作停滞不前

学校在改革发展的过程中，过去的关注点主要在学科、专业、课程等平台建设和设备、建筑面积、图书、教学条件等方面的投入，而对于教师是教学质量建设的直接参与者和核心关系者认识不到位。重点关注的是教师的学者身份，看中教师的科研成果，而非"教育者"的身份。教育部2000年颁布的《教师资格条例实施办法》中甚至还明文规定，具有博士学位的大学教职申请者还可以免于参加教学能力测试和普通话测试。

学校对教师教学能力发展的激励措施和制度保障不健全，教师教学发展只停留在教师个人自发行为层面，没有上升为学校主导行为，使教师教学发展工作停滞不前。

5. 学校对教师教学评价和激励机制不健全，挫伤了教师开展教学研究、探索教学改革的积极性

学校从2005年以来，实施了学生评教制度，学生评教覆盖率虽高，但是由于学生评教缺乏科学的指导，部分学生对评教工作的意义认识不到位，在评教时不能公正、客观、负责地进行评教，评教数据很大程度上不可能成为评价教师教学质量的依据。而学校开展的督导评教、领导干部听课评教制度，由于覆盖面不宽，针对性不强，也没有起到指导教师教学的作用。另外，学校的评教都是终结性评价，教师教学中存在的问题不能及时被发现和反馈。

"基于'卓越教师'理念的教师教学能力发展模式构建与实践"成果总结报告

教师以提升教学质量为目标开展教学研究，造就优秀的教师，需要投入大量的时间和精力，但是学校政策上对优秀教师在教学活动中取得的成绩和成就，没有给予及时的鼓励和表彰，挫伤了部分教师开展教学研究的热情和积极性。

（三）改革思路

大学教师发展（Faculty Development）不是单纯的教师培训（Faculty Training）。在20世纪70年代，源自于美国的哈佛、斯坦福等大学的教师教学发展专业化运动，开启了全球各国高校教师发展的新理念与新模式。心理学和行为科学的研究成果证明"天生好老师"是一种主观偏见，斯坦福大学也认为"年轻教师的教学水平直接影响着一所高校未来教学质量的高低""青年教师的培养是一个循序渐进、不断深化的过程，远非几天的备战教师资格课程所能奏效的""教师发展已经由教师个人教学发展转变为强调组织性的教学发展"，学校要为教师教学的发展承担起组织责任，"帮助教师成为好的研究者与好的教学者"。

教师不仅是一个职业，更是一项神圣的事业。每一个教师，只有对学生、对课堂心存敬畏，在教书育人的同时，渴望成为善于学习、实践，努力成为"引导学生打开世界之窗"的卓越教师，才能有不断参与教学研究和学习、提升自身教学能力的愿望，将努力成为卓越教师作为职业发展的价值取向，基于学生视角的高校卓越教师的个性特征指标见表3。

表3　基于学生视角的高校卓越教师的个性特征指标

一级指标	二级指标	三级指标
师德	人格特征	师德高尚、责任心、严谨认真
师风	性格特征	亲和力、风趣幽默、宽容、耐心
	心理特征	冷静、稳定
师能	专业知识	渊博的知识结构、精湛的专业技能、科研创新能力、实践应用能力
	教学技能	先进的教学理念、多样的授课方法、丰富的授课内容
	通用能力	交流能力、管理能力、表达能力

本课题研究，从学校政策、制度建设、教学实践方面入手，以成为"卓越教

师"为导向，制订相关教师教学发展计划，激励教师以成为"卓越教师"为内在动力，积极参与教师教学能力发展工作，提升自身的师德、师风、师能。学校教师教学能力发展工作，通过满意度调查，不断调整教师教学发展工作开展模式，形成学校独有的教师教学能力发展模式。

（四）解决措施

2012年起，学校以成立"教师教学发展中心"为契机，以卓越教师理念为引领，改进教师教学能力发展方式，构建"一平台两机制全方位"的教师教学能力发展模式。教务处、人事处以"教师教学发展中心"为平台，从政策上完善教师教学能力发展的制度，实施《高端教育教学奖励办法》《校级教学名师管理办法》《教学型教师高级职称评审条件（试行）》《本科'优质课程'管理试行办法》等制度；从管理措施上改进《教师课堂教学比赛管理办法》、改变《领导干部听课评教办法》、完善《本科课程教师课堂教学质量评价办法》；在人才培养项目上，启动"卓越青年教师特殊培养项目""骨干教师培养项目""省级教学名师培育项目"等鼓励教师成长的项目计划；在培训方式上，采用名师讲坛、工作坊、研讨会、教学沙龙、观摩教学、一对一或多对一教学指导等方式，激励教师潜心教学，将学校对教师发展的政策激励机制内化为教师成为卓越教师的价值追求和自觉行为，促进教师个人发展的自我激励机制形成。

为扩展教师教学能力培训专家队伍，充分发挥二级教学单位开展教师教学能力工作的积极性和主动性，学校设立"教师教学能力提升研究、实践综合课题"，以项目合作的形式，与教师发展工作有基础、有愿望、有资源的外国语言与文化学院、理学院、计算中心、教育技术与网络中心等二级教学单位协作，多举措、多层级地促进教师教学能力提升工作的开展，提升教师参与教学能力提升相关活动。

"一平台两机制全方位"的教师教学能力发展模式，贯彻"以学生为中心，以成果为导向"的核心教育价值观，重点解决上述教师教学发展中存在的普遍性问题，推进学校教师教学能力发展工作，见图2。

"一平台"，就是依靠学校教师教学发展中心，建立学校教师教学能力发展的平台，为老师提供政策保障、教学指导、教学研讨、教学咨询的平台。

"两机制"，一是教师发展政策层面的外部激励机制。学校完善与教师教学能力发展相关的制度、政策、措施，从学校层面发挥政策、资金、资源等优势，实施绩效评估引导,激励教师积极参与到教师教学能力发展活动中。二是教师个人教学发展诉求的内生激励机制,激发教师个人成为"卓越教师"的荣誉感、成就感,产生自我发展需求,主动参与教师教学能力发展的活动。使教师的个人发展与学校发展的共同愿景密切结合起来。

"全方位",就是在开展教师教学发展活动过程中,从政策引导—条件保障—工作实施—信息反馈—反思改进—教学评价全方位,形成教师教学能力发展工作的保障体系,涉及教学理念、教学方式方法与手段、建立科学合理的教师教学评价体系等各个方面,全方位对教师开展教师教学能力发展工作,为进一步提升教师教学能力和人才培养质量提供保障。

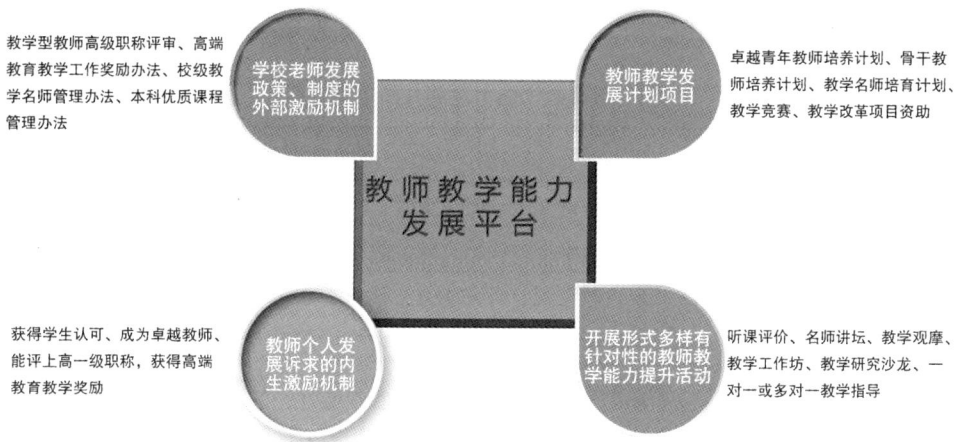

图 2　一平台两机制全方位教师教学能力发展模式

二、主要工作

学校从 2011 年成立教师教学发展中心开始,始终坚持以教师为本的原则,以教师需求为出发点,开展中青年教师教学状况和发展需求调查,制订"需求—设计—实施—评价—反馈—改进"的教师教学发展路径,根据卓越教师成长规律,以教师的成长和教师荣誉感作为激励措施,结合教师发展的需求差异,开展有针对性的教师教学能力发展模式。

(一)搭建教师教学能力发展平台,开展丰富多样的教师教学发展活动

2011 年 11 月,学校成立了"昆明理工大学教师教学发展中心"。2012 年 11

月,学校教师教学发展中心成功申报"云南省高等学校教师教学发展中心",2013年6月,学校申报成功"云南省高等学校工学、管理学骨干教师培训基地"。2015年12月,整合学校资源成立新的"昆明理工大学教师教学发展中心",教务处教师教学能力发展科继续承担"教师教学能力发展"相关工作。

1. 制订工作方案,实施分类培养

2012年,教师教学发展中心根据教师入职年限、阶段性成长需求,制订不同培养方案,实施分类培养。组织开展分类别的培养体系、针对"卓越青年教师培养计划""教学名师""骨干教师"和参与教学改革项目研究的教师、新入职教师、参加教学竞赛的教师制订不同的培训计划。以卓越教师发展的要求,实施分类培养,鼓励教师积极参与教师教学能力培训,见表4。

表4 教师教学能力发展分类培训方案

培训类别	培训对象	活动内容
新教师入职培训	入职1—3年教师	教育理论学习、教学观摩、教学设计、校本培训、微课教学实践、教学平台使用实践、沟通能力、交流能力、教学技能
骨干教师培训	入职4—15年教师	现代教育观、研究能力、管理能力、专业实践能力、教育技术应用能力、批判性思维
卓越青年教师培训	卓越青年教师培训计划	现代教育观、研究能力、管理能力、专业实践能力、教育技术应用能力、批判性思维、合作能力、督导与管理团队能力、教学影响力
教学改革专项培训	项目负责人	针对不同的申报项目,开展课程建设、专业建设、课程评价、成果申报等相关培训
MOOC及教学技术培训	全体教师	针对MOOC制作、课程设计、教育技术应用于教学能力的相关培训
教学管理人员培训	教务管理人员	提高管理能力、服务意识、大局意识、信息技术辅助教学管理的能力培训
教学竞赛专项培训	参加教师教学竞赛者	针对参赛教师,进行课程教学指导、竞赛心理辅导、竞赛技巧培训
个性化指导	有教学指导需求者	对教师教学过程中需要指导和咨询的,聘请专家、名师开展一对一教学帮助

2. 开展多元化的活动形式,吸引中青年教师参加

基于教师能力素质、培训需求、开展项目的主题,开展多元化的活动形式,吸引教师参与教学研讨活动。具体有名师讲座、观摩教学、教学工作坊、微课程教学评价、教学主题沙龙、参观学习等,见图3。

图3 教师教学能力提升活动部分照片

(二)建立、完善教师成长保障机制,激发教师成长内生动力

教师教育是一个可持续发展的终身教育过程,只有稳定的、激励的政策制度保障,才能保障教师教学发展工作稳步推进。

1. 以政策为主导的"卓越教师"成长保障机制

学校以"高端引领,持续发展,服务优先,公平评价"为导向,制订了一系列鼓励教师专注教学和研究的政策、措施、奖励办法和教学绩效评估机制。

2013 年 9 月发布《昆明理工大学"云南省高等学校卓越青年教师特殊培养项目"管理办法》，对青年教师中的优秀者进行重点培养。

2015 年 9 月发布《昆明理工大学高端教育教学工作奖励办法》，对教师获得省级以上的教学竞赛予以奖励。

2017 年 9 月发布《昆明理工大学校级教学名师管理办法》，使教师名师评选和省级教学名师培育工作形成常态工作。

2017 年 10 月发布《昆明理工大学"省级教学名师培养对象"申报通知》，使有教学热情和潜质的教师能脱颖而出。

2018 年 3 月发布《昆明理工大学教学型教师高级职称评审条件》，对潜心教学的教师职称晋升提供了通道。

2. 激发教师个人发展的内生机制

以上制度的实施，以政策制度的外部激励，让教师在专注教学活动和教学研究的同时，自身的师德、师风、师能素养得到提高，在获得学生认可的同时，也能得到学校政策和经济上的支持。搭建的平台，活动内容有较强的针对性，形式多样，在要求特定人群参加的同时，带动了许多对教学研究有兴趣的老师参加活动，将组织要求转化为教师内生成长的动力，激励教师主动参与教师教学能力提升活动。经调研统计，从 2013 年到 2018 年，教师主动参与教师教学能力培训的人数逐年上升，保证了培训工作的顺利开展。

（三）改革教师课堂教学竞赛模式，助力青年教师成长

从 2009 年开始，学校重新启动青年教师讲课比赛，将"青年教师课堂教学比赛"作为教师教学能力提升的重要途径。但原有教师竞赛环节主要就是现场教学比赛，对青年教师平时的教学状况和教学能力提升成效不大，表演性作用大于能力提升作用。

从 2014 年起，教务处实施了教学比赛"日常教学—预赛—决赛"新模式，使教学比赛贯穿在实际教学过程中，教学比赛回归到教学本真状态。

2017 年，学校在"日常教学—预赛—决赛"新模式基础上，将参与教师教学能力与提升活动积分挂钩，凡是参加活动的老师，直接将积分加到决赛分中。参加教学比赛的老师，积极参与教师教学能力提升活动，也带动了一大批对教学提升有愿望、有要求的老师参与。在 2017—2018 年度教师教学比赛中，经过教师教学能力培训，专家一对一指导，学校教师在教学理念、教学设计、教育技术与教学的深度融合等方面能力得到较大提高。特等奖获得者在参加"云南省第二届高校教师教学大赛"和"第四届全国高等学校青年教师教学比赛"中，都获得了好成绩。

（四）启动教学实践项目，推动二级教学单位及教师参与教师教学发展工作

学校目前没有独立的教师教学能力发展机构，设在教务处的"教师教学能力发展科"，承担着学校教师教学能力发展、教学质量监控、高等教育研究、校语委办的多项工作职能，工作人员只有3人。组织教师教学能力发展工作，需要有研究、有规划、有实施、有信息反馈，工作任务繁重。为推动二级学院和教学单位积极开展教师教学能力发展工作，同时利用学校资源搭建教师教学发展平台，2016年9月教务处以启动"教师教学能力提升研究、实践综合课题"为契机，选择了在二级教学单位有较好教师教学发展工作基础的计算中心、外文学院、理学院、教育技术中心以项目协作的方式，共同开展教师教学能力发展活动。在二级学院和项目组的支持下，2016—2018年，学校组织开展活动数量和参与人数大幅提升，见表5。

表5 教师教学能力培训情况统计表

序号	日期	名称	人次
1	2013年	云南省高等学校工学骨干教师培训	250
2	2014年	云南省高等学院工商管理、计算机学科骨干教师培训	300
3	2015年	青年教师教学比赛培训	150
4	2015年	教学管理人员培训	80
5	2016年	青年教师教学能力培训、教学竞赛培训	200
6	2017年3月23日	昆明理工大学—智慧树共建实践教学基地揭牌仪式暨慕课课程建设讲座	157
7	2017年4月24日	本科毕业设计（论文）查重专题培训	80
8	2017年6月7日	"混合式MOOC是什么江湖？——在线教育的创新逻辑与设计预期"在线课程建设培训	40
9	2017年6月12日	首届云南省高校教师教学大赛昆明理工大学参赛教师培训	12

续 表

序号	日期	名称	人次
10	2017年6月21日	"教学语言艺术漫谈"讲座	100
11	2017年11月9日	昆明理工大学教师教学能力提升系列活动启动仪式暨"学生为中心的教与学"主题讲座	138
12	2017年11月11日	高等学校"互联网+"数字教育高层论坛	110
13	2017年12月21日	"如何进行课堂教学设计"主题沙龙	40
14	2018年4月25日	昆明理工大学创新创业师资训练营培训班	88
15	2018年4月26日	昆明理工大学创新创业师资训练营培训班	90
16	2018年4月27日	昆明理工大学创新创业师资训练营培训班	80
17	2018年5月	复旦大学徐敏教授开展名师讲坛	120
18	2018年5月15日	昆明理工大学2017—2018学年课堂教学比赛动员培训会	120
19	2018年5月24日	"雨课件"培训	50
20	2018年6月2日	云南省本科院校信息化课堂创建培训班	60
21	2018年6月5日	昆明理工大学2017—2018学年课堂教学比赛培训会	120
22	2018年4—9月	参加省级教师教学比赛、全国高校青年教师教学比赛一对一、多对一教学指导10次	60

（五）整合校内外资源，构建合作互助式教师发展模式

昆明理工大学是地方工科院校，没有专门的教育教学研究机构，没有专业的开展教师教学能力发展工作的人员，在信息技术迅猛发展的时代，需要依靠校内外各方的资源和师资，才能获得专业的师资、高品质的教学资源开展高质量的教师教学能力活动。学校按照校内积累资源，校外扩展资源，合作互助的形式开展活动。

1. 学校教育技术中心教学资源建设和信息采集

学校教育技术与网络中心，通过"教育在线"网络教学平台，构建了支持

教学资源整合及多种教学模式的数字化教学环境，促进全校网络教学资源的积极建设、共享和充分利用。注册用户72383人，开设网络课程996门，教学资源431924余条，其中自主开发、自主建设和引进开放课程、精品课程、视频公开课、教学播客等资源12535余条，平台总访问量18765万人次。为学校教师的教育资源建设和互联网应用于课堂教学做好条件保障工作。

2. 利用国内教育教学在线平台资源，开展教师教学能力培训，聘请国内教育专家到校进行教师教学能力提升培训

学校与"学堂在线""智慧树""优课联盟""爱课程""超星"以及各大出版社联合，借助公司和出版社在国内高教界的影响力，开展一系列的教师教学能力提升活动。以专家讲座、工作坊、教学沙龙等形式，对教师的教学理念、教学技能、教学艺术进行培训。比如"基于互联网技术的教学设计""互联网＋智慧教材"等等。

利用公司资源，共建课程建设基地，比如"树下昆工·格致课栈"，学校提供教室，公司建智慧教室，资源为我所用。

3. 利用校内外的优质师资资源，开展互助合作的教师教学能力提升活动

昆明理工大学经过六十多年的发展，在专业建设和师资队伍建设上，有了长足的进步。学校现有24名省级以上教学名师、70多位校级教学名师，还有近百名经历了教师教学大赛的特等奖"十佳"青年教师，这些老师，都有着深厚的学术基础、高尚的师德、高超的教学技能，深受学生们的喜爱。

通过聘请优秀教师作为专家，为参加培训的教师做教学观摩、教学指导、教学咨询，成为教师教学能力发展工作的重要师资队伍。

除了校内资源，学校还通过与周边高校合作，互换培训教师，共享省外聘请专家的方式，获得专业的、高品质的教师培训资源，取得良好的效果。

（六）建立教师教学发展工作反馈机制，不断提升教师教学能力发展工作成效

教师教学能力发展的效果，需要获得学生、教师本人、教学评价机构的信息反馈，才能发现问题，改进工作方式，提升培训质量。

1. 制订和实施科学、合理、公正的评价措施，开展全面的教学评价

2012年9月修订了《昆明理工大学领导干部、同行开展听课评教的办法》，

学校开展学生评教，督导评教，领导干部、同行听课评教，扩大听课评教的覆盖面；2017年8月实施《昆明理工大学本科课程教师课堂教学质量评价的指导意见》并及时反馈评价信息，有针对性地对出现教学能力问题的教师进行帮助。

全国高校第一家全校使用"雨课堂"专业版搭建智慧教学平台，监控学生平时的学习状态，覆盖课前—课上—课后每一个环节，帮助教师及时了解学生的学习情况（见图4）。

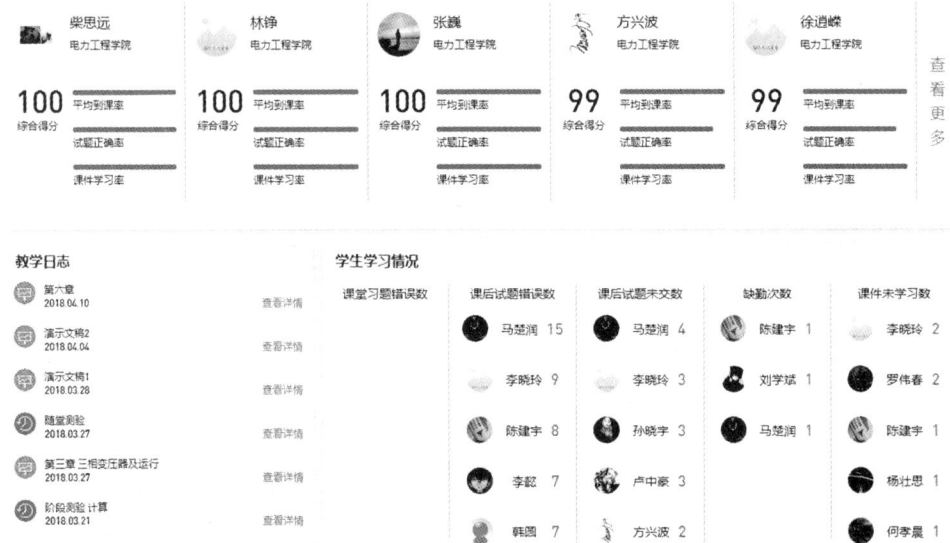

图4 通过"雨课堂"专业版随时了解学生学习状态截图

2. 开展教师教学能力、教学满意度、学生教学满意度调查

2013年，为推进教师教学发展工作，学校开展了教师教学发展教学机构设置、工作开展情况以及教师教学现状的调查，形成调研报告，作为研究工作的基础。

2016年、2018年，学校作为中国教育科学研究院开展"全国高等教育满意度调查"的选样单位，开展了学生教育满意度调查、教师教学满意度调查工作。

借助第三方机构，对教师教学能力、学生对教师教学满意度进行评价。学校与麦可思公司合作，开展学生学习状况及满意度评价。

通过调查数据，进行数据分析，实时调整教师教学能力提升工作方式。

三、项目成效及影响

通过以卓越教师理念构建的"一平台两机制全方位"的教师教学能力发展模式,学校有效解决了教师教学能力发展活动参与度不高、学校教师教学发展培训师资不足、教师教学研究缺乏制度保障、学生对教师教学满意度不高的难题。学校创新教师教学能力发展的模式,得到了兄弟院校和云南省教育厅的认可,教师教学竞赛成绩也显著提高。

(一)教师教学竞赛成绩显著提高

学校在中国高等教育学会《2012—2017年全国高校教师教学竞赛状态数据》中,排名全国第35位,是云南省唯一进入百强的高校。

2018年8月28至30日,中国教科文卫体工会全国委员会主办"第四届全国高校青年教师教学竞赛",建筑与城市规划学院教师姚青石获得工科类二等奖的好成绩,实现了学校青年教师在国家级教学比赛二等奖的突破,也是云南省参赛历史上的最好成绩。

学校教师在省级以上教学比赛中成绩提升明显,获得省级以上教师教学比赛奖项的人数及等级逐年提升见图5。

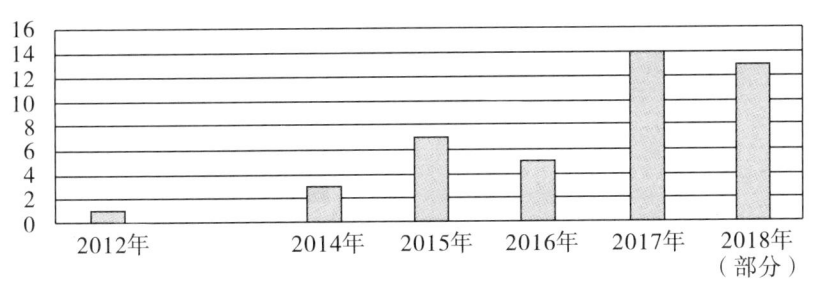

图5 2012—2018年获省级以上教师教学比赛奖人数统计表(单位:人)

(二)创新教学比赛模式获肯定

将随堂听课、教学培训等多环节纳入教学比赛,真正做到"以赛促教",提高了教师参与教学能力提升的活动,获得了云南省教育厅和兄弟院校的肯定。2017年、2018年连续两年学校承办了"首届云南省高校教师教学大赛""第二届云南省高校教师教学大赛",获奖人数为各高校之首。2015 年西南林业大学也开始采用该模式举行教学比赛。

(三)学生对教师教学的满意度提升

在麦可思《昆明理工大学应届毕业生培养质量评价报告(2017)(三年版)》中,学校近三届毕业生在校期间与任课教师课下高频交流的比例逐届上升,对教学的满意度稳步提高,对于学校教师教学工作的认可程度稳步提升,见图 6—图 7。

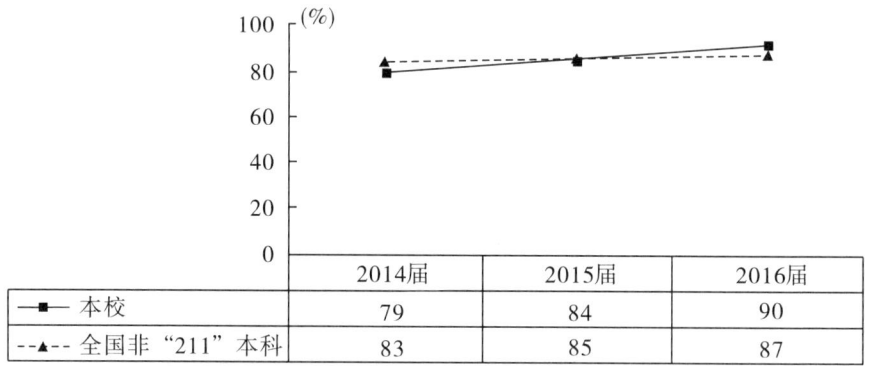

图 6 2017 年麦可思报告表明毕业生对学校教学满意度逐年提升

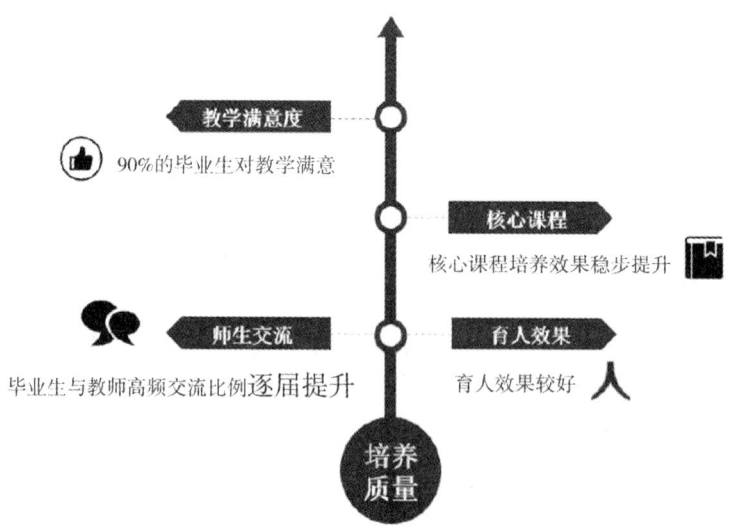

1. 教学工作整体开展效果持续提升且较好,毕业生在校学习体验进一步提升。

本校近三届毕业生对教学的满意度评价(分别为79%、84%、90%)逐届上升,本届与全国非"211"本科平均水平(87%)相比已具有优势;同时毕业生对学习实践环节、调动学生兴趣等方面的期待改进需求下降较多,反映出本校的教学工作取得了一定成效,毕业生对于学校教学工作的认可程度稳步提升。此外,近三届毕业生在校期间与任课教师课下高频交流("每周至少一次"或"每月至少一次"课下交流)的比例(分别为40%、47%、53%)逐届上升,同时"每周至少一次"或"每月至少一次"课下交流毕业生的教学满意度(分别为94%、93%)相对较高,师生之间的有效交流是激发学生学习兴趣的重要途径之一,对于提升教学培养效果有着积极影响。

图7 2017年麦可思报告肯定学校培养质量

(四)"卓越教师"理念引领教师能力发展工作见成效

通过实行一系列的政策制度,教师能够潜心于教学研究,主动参与教师教学能力发展活动,主动要求进行教学咨询和辅导,见图8—图9。在更新教育理念、提高教学艺术、应用信息技术、开展教育教学研究等方面的情况得到极大改善。

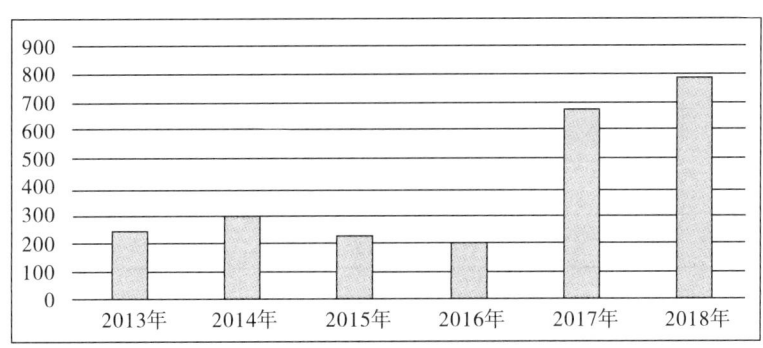

图8 2013—2018年教师参与教学培训人数统计表(单位:人)

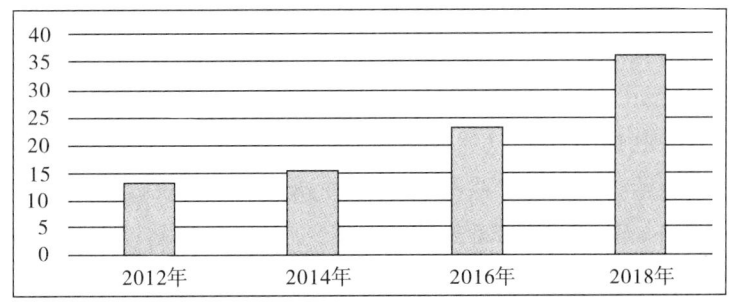

图9 2012—2018年教师申报教学名师人数统计表(单位:人)

教师通过开展教师培训，申报教学改革项目的人数增多，获得省级以上教改项目的也大幅提高。

2017—2018学年学校教学研究与改革方面取得了显著成效，获批省部级教育教学改革研究项目多项：在教育部高教司认定的首批国家级新工科研究与实践项目中，学校4个项目榜上有名，入选数量在全国地方高校中排名第一。获批全国青年教师教育教学研究课题8项，工程训练教学指导委员会教学改革研究项目1项，教育部混合式教学试点项目1项，教育部在线教育研究中心在线教育研究基金项目1项，教育部高教司与有关企业支持的产学合作协同育人项目21项，省级和国家级虚拟仿真实验教学项目各1项，云南省高等教育大数据中心建设项目1项，云南省普通本科高校卓越人才协同育人计划4项，云南省哲学社会科学教育科学规划项目3项，云南省高等学校大学外语教学改革项目1项，见表6。

表6 2017—2018学年校级本科教学改革项目

序号	项目名称	项目数（个）
1	慕课建设项目	18
2	"智慧教学"教育教学改革与研究项目	70
3	课程考核改革项目	113
4	课堂教学模式探索研究项目	32
5	虚拟仿真实验教学项目	4
6	教学名师培养项目	10

（五）教师应用"互联网+"教学能力提升

通过系列"互联网+课程"教学模式应用能力的培训，许多教师应用MOOC、SPOC等技术的能力得到较大提升，学校教师开展MOOC、SPOC课程建设的积极性、主动性加强。目前，学校已建设慕课44门，建设数量和质量均为云南省首位。其中18门课程已建成在校内运行，并有6门课程上线爱课程、学堂在线等平台对外公开选课，省外选课学校超250所，选课学生超13万人次。鉴于在"互联网+课程"建设中取得的成绩，"全国地方高校优课联盟"推选学校为西部地区唯一的联盟副理事长单位。云南新闻联播报道了学校利用慕课加强思想政治教学工作的经验。

全国高校第一家全校使用"雨课堂"专业版搭建智慧教学平台，2017年云南电视台以"昆工引入教学'黑科技'，功能强大受欢迎"为题，对学校基于"雨课堂"专业版，提升课堂教学质量进行了专门报道。

获教育部在线教育研究中心2018年度"智慧教学示范项目"。贵州省教育厅邀请学校专家在2018年"贵州省高校智慧教学研讨会"作"昆明理工大学智慧教学实践"专题报告。"学堂在线"2018年在昆明理工大学召开"全国智慧教学研讨会"，邀请学校专家作专题报告分享智慧教学的先进经验，并参观学校的智慧教学成果。

教学模式改革，极大地提升了学生的学习兴趣、自主学习能力和研究性学习能力，强化了学生的创新思维，提升了教学质量。目前学校"在线教育综合平台"共上线982门课程，总访问量1.836亿人次。

（六）教师评价体系赢得广泛认可

学校通过评教体系改革，扩大评教范围；实施本科课程教师课堂教学质量评价等措施构建起的对教师全方位的教学评价体系；通过"雨课堂"多维度教学数据实时展示和分析，更加宏观、科学、精准地了解教学全局；通过将过程性评价纳入考核指标，构建全面科学的学生形成性评价体系，使评价结果更加科学合理。教师教学评价的科学、合理、公平性获得广大教师的认可，成为本科专业"红黄牌"预警评价、教师绩效考核、职称晋升、名师推荐的重要依据。

四、成果总结

学校以卓越教师理念为引领，改进教师教学能力发展方式，构建一平台两机制全方位的教师教学能力发展模式，将学校对教师发展的组织要求内化为教师成为卓越教师的价值追求和自觉行为，成为教师个人发展的内驱力，见图10。经过多年的探索—实施—改进—提升，学校教师的参与度大大提高，教师教学能力发展工作质量持续提升，学生对教学的满意度也大幅提高，独特的教师教学能力发展模式、教学竞赛成效、教师评价机制得到其他高校和省教育厅的认可，社会影响不断扩大。

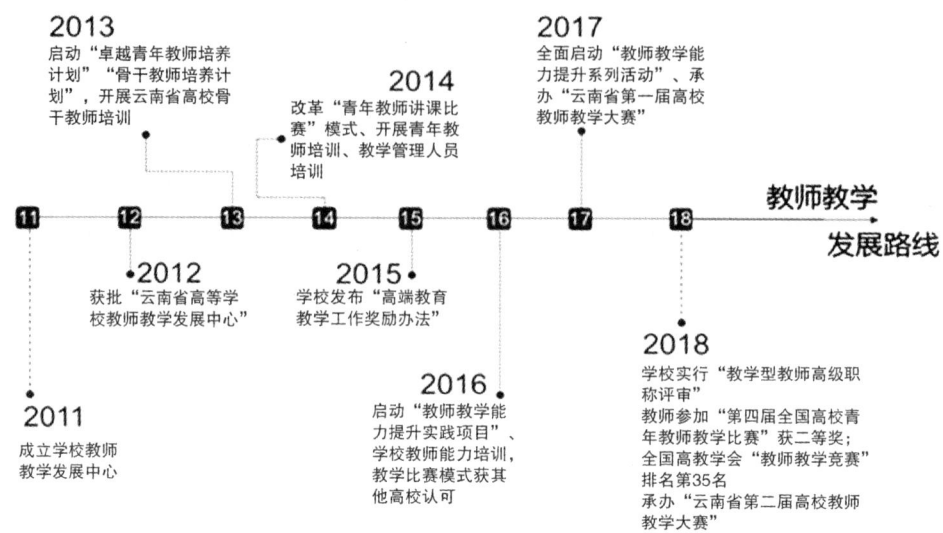

图10 昆明理工大学教师教学发展路线图

党的十九大报告指出:"建设教育强国是中华民族伟大复兴的基础工程,必须把教育事业放在优先位置,加快教育现代化,办好人民满意的教育。""新时代全国高等学校本科教育工作会议"要求高校坚持"以人为本"、推进"四个回归",更好落实本科教育基础地位和本科教学中心地位。教师是教育工作的主体,是教育资源中最重要、最具有发展性的资源,抓好高校教师队伍建设是提高高等教育质量的根本保证。

在资源有限、缺乏专业指导教师的条件下,学校积极拓宽教师教学能力发展道路,以制度为保障,以卓越教师为理念,构建起一平台两机制全方位的教师教学能力发展模式,成为昆明理工大学教师教学能力发展的特色,具有一定的推广应用价值,对其他地方高校教师教学能力发展工作起到了较好的示范效应。

(此报告为昆明理工大学2014年校级教学改革重点项目"昆明理工大学校级教师教学发展中心运行及持续改进机制研究与实践"的成果报告)

参考文献:

[1] 陆道坤. 高校教师教学能力发展的"教""学"融合模式——基于耶鲁大学教与学中心的研究. 高校教育管理,2017(3).

[2] 孙敬霞. 工科类地方高校教师发展研究. 武汉：华中科技大学，2016（5）.

[3] 徐玲. 青年教师教学能力影响与培训模式创新. 现代教育科学，2009（2）.

[4] 范彦彬，沈贵鹏，周萍. 项目推动的高校青年教师教学发展共同体构建研究. 江南大学学报，2012（3）.

[5] 王贵林. 教学型大学教师专业发展——在"个人主义"与"教师合作"之间保持张力. 教育研究与实践，2012（4）.

[6] 汪洁. 高校青年教师教学能力的影响因素及培养. 辽宁行政学院学报，2014（12）.

国内外高校学分制实施情况调研及分析报告

王 鹏 陈庆华

（本报告完成于 2018 年 11 月）

2018 年 8 月 14 日，云南省政府陈舜副省长主持召开云南省 9 所具有一级学科博士点高校校长或书记参会的工作会议，部署推行完全学分制工作。昆明理工大学作为全省省属重点高校，也成为云南省学分制改革试点院校。8 月 23 日，学校领导到教务处部署完全学分制推进工作，并着手正式起草《完全学分制推进实施方案（讨论稿）》，同步开展校内 31 个教学单位调研。9 月 29 日，云南省教育厅组织 12 所高校分管本科教学副校长、教务处长召开专题会议，布置完全学分制推进计划及各高校调研任务，制订了时间表和任务书，开展前期调研。根据云南省教育厅安排，结合学校实际，昆明理工大学选择西北大学、日本京都大学、中国香港地区中文大学（深圳）作为调研高校。我们通过与调研学校深度交流、实地考察学习、资料查阅等形式获悉三所高校学分制的运行情况，主要从教育理念、机构运行、专业选择、课程建设、学费水平、管理体制、实践环节、毕业环节等方面，从学生入学到毕业的人才培养全过程考察了解学校的基础、特色、亮点及遇到的困难。

一、日本京都大学调研情况

日本高校分为国立、地方公立和私立三种类型。目前共有大学 780 所，其中国立大学 86 所，地方公立大学 90 所，私立大学 604 所。日本京都大学创建于 1897 年，最初名为"京都帝国大学"，二战后正式更名为"京都大学"。学校本部位于日本京都市左京区，是一所学科齐全、规模宏大的日本顶尖研究型国立综合大学，在日本的地位仅次于东京大学，在 QS 世界大学排名（QS World University Rankings 是由英国教育组织 Quacquarelli Symonds 所发表的年度世界大学排名）、THE 世界大学排名（Times Higher Education，英国泰晤士高等教育）、ARWU 世界大学排名（Academic Ranking of World Universities，上海交通大学高等教育研究院）等几大最权威排名中，日本京都大学都比较靠前。2018 年京都大学 QS 排名为世界排名第 37 位，亚洲综合排名第 17 位，日本排名第 2 位。作为日本国内的最高学府之一，京都大学在全球都享有很高的声望，被誉为"科学家的摇篮"，其毕业生在科研学术界乃至政界、商界普遍拥有举足轻重的地位。全球获诺奖国家 TOP10 中，日本作为亚洲国家唯一跻身前 10 的国家，共获得 27 人，排名第 6，其中京都大学共获得 10 人。学校共设 10 个学部，分别为综合人间学部、文学部、教育学部、法学部、经济学部、理学部、医学部、工学部、药学部、农学部，共设 62 个系。

（一）调研方式

（1）与学校留学日本京都大学归国教师深度交流；

（2）通过归国教师与日方现留学人员及日方教务管理人员、教师等渠道沟通获取信息和文件；

（3）互联网上查询学校基本办学情况；

（4）全面了解对方人才培养管理细节。

（二）学分制的"日本模式"

日本高校最初学分制是学习德国，二战后受政治因素影响，日本的高等教育改革是参照美国模式进行改革。但是，受到文化与政治结构的影响，日本的学分制虽然源于美国，但并没有采用美国的完全学分制，而是引入了与学分制息息相关的平均绩点制、学分互换及插班入学制、学分上限制度等，构成了一个适合自身发展的"日本模式"。

1. 平均绩点制

平均绩点制是一种国际通行的学习成绩评估体制，又被称之为 GPA（General Points Average），即用平均学分绩点来衡量学生的学习质量。可以利用平均学分绩点来确定学生奖学金及学费减免的判定标准，作为对学生进行个别学习指导、提前毕业或提前学历提升及院生（研究生）入学选拔标准等。

2. 学分互换及插班入学

学分互换是指除了学习原来学校课程之外可以学习其他大学的相关课程，所修得的学分可以转换为本校学分，同时本校学分也为其他大学所承认（与我国高校的校际交换生类似）。

3. 学分上限制

京都大学规定学生在一学期其修读的学分数不得超过 21 个学分，一学年的时间里其修读的学分数不得超过 42 个学分。根据日本教育部门的规定每个学分必须满足 45 个学时（小时）的学习时间（课内 15 个小时，课外 30 个小时的预习和复习时间），因此每学期，学习时间是一定的，其目的是保证选修课程的学习时间和学习质量，避免过度选修。这也是避免学生过度选课而造成学习质量不高、教学资源浪费的办法。这一点与美国模式的学分制区别较大，也是"日本模式"的重要特征。

（三）调研观测点

1. 管理机构

本科生管理实行校部二级管理。校级最主要的管理机构为教务部、事务部、就业指导中心三个部门，管理机构相对单一和集约化。教务部，主要职能是制定本科生培养规划，负责本科生基础课程学习安排等工作；事务部负责服务师生常规非教学的事务性工作，如学费计算及收缴等；就业指导中心负责学生职业生涯规划及学生成长咨询，功能与中国大学基本一致。负责本科生日常管理主要为学部和专攻（系），负责学生具体事务特别是专业课程的学习安排，具体安排由专攻（系）执行；负责研究生日常管理为大学院的研究科，二者形式上是两套系统，但人员是重叠交叉的，学部的教授也是研究科的教授。以工学部为例，工学部划分为地球工学、建筑工学、物理工学、电气电子工学、工业化学、情报学 6 个学科专业，而工学研究科却划分为土木工学、资源工学、环境工学、原子核工学、航空宇宙工学等 22 个专攻（系）。工学部共有教授 150 余人，副教授 130 余人，助教（助手）近 200 人，管理和实验人员 239 人，本科生 4500 余人，生师比 7∶1 左右，远低于中国大学的平均生师比 17∶1。

2. 考试录取

京都大学属于日本国立大学，是优秀学子向往的理想大学，对生源质量要求较高，跟中国高校相似也是属于"严进"性质，入学门槛较高，高中毕业生需参加国家统一考试和学校组织的校考。日本每年一月举行第一次高考，这是全国性高考，主要是基础学科，国语、英语、数学、理科（物理、地理、化学、生物）、社会学科。二月至三月中旬举行第二次考试，由高校自行举行，考试的内容属于综合能力测试。高校根据两次考试成绩排名决定是否录取，并对录取的学生发放录取通知书。

3. 入学报到

入学时被录取学生向事务部提交录取通知书，日本高校对财务要求极其严密严谨，学生必须先缴学费才能入学，学生持邮局或银行的学费汇款证明方可报到。对于逾期不缴学费的学生，可以取消学籍或开除学籍，这一点要求相当严格，没有类似绿色通道的做法，与中国大学现行入学报到管理方法差别较大。

4. 学分学费

工科专业学分在130个左右，文科类专业120个左右。学费收缴按学年收取，以工科专业为例，第一学年为公共基础课程和极少部分专业课程开设，学费为180.8万日元（折合人民币约110035.93元），课程数量相对较多，学费也相对较高。第二、三、四学年的学费为每学年156.8万日元，三年总计470.4万日元（折合人民币287560.44元）。四年总学费折合人民币约40万元。如果按学分计算，总学分130个学分（日方叫单位），单位学分收费约合人民币3058元，收费标准比中国高出很多（目前我校的初修单位学分收费为人民币90元，重修单位学分收费为人民币60元）。

另外，学费只占日本大学生就读期间费用的四分之一至三分之一，在大学期间的学费、生活费、房租费、学习相关费用四年下来总费用折合人民币高达120万至150万元，所以京都大学的学生非常珍惜学习机会，对于每一课程的选择都非常慎重，选择的课程学习也非常认真，尽量避免课程学习最后考核通不过的情形出现，因为课程学习考核通不过，意味着重新学习，增加时间成本的同时必然带来更大的经济负担。

5. 专业确定

日本高校专业设置自主性较高，文部科学省只作描述性统计和公布，不作审批。京都大学属于日本一流大学，学生的专业志趣很早就确定，学生根据统一考试与综合能力考试成绩确定报考专业，在专业选择上，日本京都大学根据录取专业进行培养，学生不能转专业。学生的职业生涯规划相比中国学生较早进行，从中学就开始分流，跟中国的中专（技校）、大专（高职高专）、本科梯度式设计相似，但能够上大学特别是国立大学的学生专业意向很早就已基本确定。所以京都大学学生进校后一般也不会提出转专业的申请和要求。

6. 主辅修制度

京都大学也实行主辅修制度，规定在取得主修毕业的前提下，可以选择一个其他专业学习，学习学分为核心课程 20 个学分左右即可，修满发放专业认定证书。

7. 修读学制

京都大学基本学制为 4 年，最长修读年限为 6 年。达到最长修读年限，仍未毕业就退学。

8. 选课选师

京都大学课程建设与学生选课有其自身特点，课程开设偏向基础性，因为日本技术前沿一般掌握在企业界中，高校的定位还是基础知识的学习。另外，对开设课程的数量也是量力而行，不以数量为硬指标。

（1）课程开设结构。课程开设分为外国语教育科目、综合教育科目、专门教育科目、学部内通用科目、学部间通用科目、自由科目六类。其中第二外语、学部内通用科目、学部间通用科目又统一归为综合教育科目认可计算，实际计算学分按以下三类：

外国语（此处指英语，第二外语归到人文社科类科目学分）：8 个学分。

综合教育科目：群 1 体育类 2 个学分 + 群 2 人文社科类 12 个学分 + 第二外语、体育素质类、学部间通用科目和学部内通用科目共三类科目中选择至少 8 个学分 + 群 3 理科基础类 10 个学分，共 32 个学分。

专门教育科目：必修科目 23 个学分 + 选修必修科目 46 个学分（力学类 16 个学分 + 设计计划类 20 个学分 + 方法类 10 个学分）+ 选修科目（选择没有具体要求，所修读课程都给予认可计入总学分）。最低学分为 69 个学分。这 69 个学分除必修课程没有选择自由度外，其他的都有一定的课程选择自由度。另外专业选修科目还开出了 89 个学分共 48 门课程供学生选修。学生选修的课程资源较为丰富。

以上三大类学分共计 109 个学分，距毕业要求总学分 130 个总学分还差 21

个学分，这21个学分可以从学部内通用科目、学部间通用科目、选修科目中选择。另外自由选择课程是不计入毕业总学分。人文社科类、学部内的少部分科目、学部间的少部分科目是不分年级的，学生可以根据自己的安排学习。而其他课程开课是分年级的，有一定的修读顺序，学生一般不能跨年级选课，极少数学有余力的学生需特殊申请方可跨年级选课。

（2）课程教师选择。基础课程会有多个教师开设同一门课程的情况，学生可以根据自身的兴趣和教师的特点来进行选课。一门专业课程一般只有一位老师负责，学生无法选择教师，但学生有部分选择课程的权利。专业课程也分为必修、必须选修（在一定范围内选修纳入毕业要求）、自由选择（可不计入总学分）三类。

（3）激励淘汰。课程选择后学生有2至3周的时间最后确定，在这期间学生可以到各教室去试听，若对之前所选课程不满意，在最后确认前还可以通过退（补）选进行修正。这样可以激励教师不断改进教学，吸引更多的学生修读自己开设的课程。但一般情况下，每个专业都有10门左右的专业核心课程，专业核心课程的师资都较强，核心课程教师一般不会出现被选掉的情况。若某门课程的某位教师没有学生选择或达不到最低人数要求则取消该门课程，另选择其他课程代替。对于个别教师开设课程确实教学质量较差，对学生吸引力度低，教师将无法从事主讲教师，可能转为助教或实验及管理人员，当然有教授头衔的教师则会另选其他高校从教。

9. 实践课程学习

京都大学开设的实践教学有演习类（不完全实验实践）、实验类、实践类、设计类、实习类等类别。实验实践课程较多，学习时间较长，一个实验实践的学分对应的学时最高可以达30个学时，一个实习学分对应学时可以达40个学时。以都市环境学专业为例，共207科目，其中人文社科及大二外语类科目67门。在扣除人文社科及第二外语课程外的140门课程中，实践、实验、演习、实习类课程数量为46门，占比32%专业课。实验实践演习类课程所占比重较高。

他们通过观察、实验、记录数据等独立完成实验报告。从大三下学期开始，各学业导师根据每一位学生的特长和爱好分别组织学生到不同的社会机构、岗位实践。日本经济能高速发展与教育做出的巨大贡献是紧密相连的，这也正是教育服务于社会、社会回馈于教育的良性循环结果。

10. 课堂教学

根据日本教育部门的规定，每个学分的学习时间是 45 小时为基准（实习、实践除外），每个学分的学习时间并不单纯的是上课时间，还包括课前预习时间和课后复习时间。京都大学教师十分注重课程教学设计，对教学非常尽责。学校规定了每一门课程依照培养方案目标详细制订教学大纲，包括上课时间安排，每节课教授的内容。对于课前需要的准备和阅读的文献，课后如何复习，如何提交总结论文等每一步都做了详细的规划和说明。教授内容上更倾向于课外学习时间的设计，确保每个学分的学习时间满足获得学分和授予学位的基础条件。

11. 课程考核

考核方式是学生们选择选修课程的一个重要衡量标准。考核分为三个板块：平时成绩＋平时作业＋期末成绩。日本的大学更看重学生平时的表现，而不是只看期末的分数。如果平时认真出席课堂，完成平时作业，那么便有可能拿到 50% 甚至更多成绩。此外，期末成绩的考核不局限于考试，例如，期末论文、期末课堂展示等都可以作为考核的形式。虽然日本的大学选课较为自由，但是如果出勤率达不到一定的标准，学校会剥夺其相应的考试资格。也就是说，平时不去上课，只交平时作业的话是无法参加最终考试取得学分的。

12. 学业指导与导师制

京都大学有学前指导，指导学生选课，每年四月开学前有专门的指导课，学校会印发或者在网站公布《讲义要目》（类似于选课指南），一般情况人手一册，内有全部课程介绍。同时对选修资格、教学内容、对学生要求、考核方法、教科书等都有简要介绍。有的课程（一般情况只有基础课程）由多名教师同时开设，每个教师在《讲义要目》中对自己讲课的侧重点与自己研究内容加以简明陈述，以便学生了解。学生根据《讲义要目》进行选修，与必修课程不冲突的前提下，在自由的时间段内选择自己喜欢的课程。学业指导以材料提供为重要前提，也是学生选择的主要参考。导师制是京都大学学分制的重要组成部分，由系里教师开会确定具体指导学生名单，各专业老师负责的学生，每学期约见两次。基于日本大学生生活比较自主，比较珍惜大学时光，学生学习也非常认真，自主约束力强，导师也不会对具体学业规划进行过度干预，导师的作用主要是科学研究的引导，对今后发展进行必要的影响，所以导师一般不会干预学生的日常生活。

13. 助教助学

由于教师特别是教授时间有限，但都会带研究生，教授们也会请自己的学生助教助学，前提是教授要有科研经费，否则是不能请研究生助教助学的，助教助学的工作主要是实验课程和课外辅导，一般情况每月发放给助教的费用为10万日元左右（折合人民币6163元），日本的劳动力成本相当高。

14. 住宿管理

京都大学是没有统一的学生住宿安排，学生通过自行在校外租房等途径解决。京都大学没有学生处，学生没有常规归属管理教师或者辅导员等，但对"问题学生"，系里教师会对学生进行单独辅导。

15. 毕业设计（论文）

京都大学的本科生一般于四年级10月（毕业生离校时间为次年3月）进入各研究室接受具体的专业教育，着手准备毕业论文（设计）。选择进入哪个研究室由学生自由选择，学生有选择研究室的权利，但教师没有选择或拒绝学生的权利。尽管如此，各研究室都有争取优秀学生的强烈愿望，因为实行的是学分制，也有学生5—6年不毕业的情况，教师不希望学生长久待在研究室及实验室。工学部为吸引优秀学生进入研究室，研究室会组织博士或硕士进行宣传活动，通过接待参观、张贴广告、建立网页等形式向大学生们宣传研究室的优势，如本研究室的研究题目很有趣、教授非常幽默风趣、棒球水平很高、假期国外集体旅游非常有意思等。如果有太多的本科生希望进入某个有人气的研究室，则学习成绩好的学生具有优先权，或者通过抽签的办法决定，具体办法由教务部规定。刚进入研究室的本科生先花1—2周的时间熟悉本研究室的研究特色。然后由学生和教师一起确定每个人的毕业设计（论文）题目。研究室一般不会让本科生选择新的研究题目，原则上在研究室的传统题目中选择，强调"小题深做"，不提倡"大题浅做"。一方面是因为每个研究室必须设法继续发展自身的特色；另一方面本科生的主要任务仍然是学习，教授只要求他们切实掌握科学研究、创新设计的基本方法，激发研究兴趣，熟悉毕业设计（论文）撰写的基本原则，夯实论文书写规范基础。

（三）日本京都大学的学分制模式实施特点

二战后日本高等教育不断向欧美国家学习，京都大学虽然作为日本一所知名的研究型大学，办学水平仍在不断提高，特别是诺贝尔奖获得人数之多，可以说京都大学是日本诺贝尔奖诞生的摇篮，在世界高校中也是屈指可数的。受东方文化的影响，京都大学实行的并非是严格意义或者说是欧美学分制标准下的完全学分制管理，学生学习的自由度和个性发展达不到欧美国家的程度和水平，实际管理体制与运行机制和中国高校有许多相似之处，当然也有许多自身特点。

总体来看，京都大学与日本其他大学的学分制在大的框架上是基本一致的，但也有其自身的学校特色。总结下来有以下七个方面的特点：

重独立享自主。京都大学自古以来就有独立自主办学的优良传统，独立性和自主性是京都大学办学的基本特征，办学自主与独立性，自身确定的方向长期坚持，受外界干扰影响较小。学生本身有其自主性与独立性，学校也非常尊重学生的独立性和自主性的培养，京都大学拥有多样性与和谐性兼顾的教育体系，在注重交流的前提下实现自主学习，使学生在取得卓越知识的同时能够拥有创造性精神。

重基础不功利。从专业设置来看，京都大学的理科专业有数学、物理学、宇宙物理学、地球行星科学、化学、生物科学等专业，这些专业都不是中国传统意义的市场需求大的专业，却是学校科研教学体系最重要的基础。从课程设置来看，京都大学更看重本科生阶段对人成长的基础性作用，如开设经济学、心理学、英语、汉语、哲学、伦理学、艺术学、微积分等课程，对学生完整人格塑造和今后多元发展成长成才都能奠定较好的基础。这些课程的开设是着眼学生未来发展和成长的关键，这些非功利性的基础课程的设置正是高等教育对人的成长的体现。

重质量强整合。从专业课程开设来看，专业课程与经济社会发展较为紧密，区域特征更为明显，课程数量并不多，但课程质量相对较高，每一门课程都代表着该专业发展的一个基本面，核心课程整合程度更高，课程内容的丰富程度超过国内高校，课程设置几乎不存在碎片化，基本不存在因人设课的情况。学生在学习这些课程的时候可以学得更深，涉及范围能够更广，而不是表面或皮毛。而且核心课程内容更新较为及时，除了基础课重思维重结构外，专业核心课程主要看中前沿科技对专业知识的基础性需求。

重特色不照搬。在学习欧美国家学分制的过程中，京都大学并没有机械地照搬照抄欧美模式，如专业选择上，京都大学的学生职业生涯规划较早进行，进入大学后几乎不需要再进行二次选择专业。另外在课程资源上，我国高校一提到学分制都要求需求课程与开设课程要达到 1:1.5 的比例。限制学期或学年修读学分，保证修读质量，避免造成大量的资源浪费和学生精力无效消耗，这一点也值得我们学习。京都大学的课程资源并没有达到该比例，而是结合师资条件和专业需求，在满足基本要求的条件下，最大限度整合课程内容，实现核心课程真正核心，课程含金量较高。

重学术憧未来。京都大学非常重视学术自由，大多数工学部学生都看中学历提升的机会，学校高度重视毕业设计（毕业环节），学生会全身心花近一年的时间在研究所（室）实际参与科研活动，但并不是一定要求有多少创新之处，更多的是培养学生的科学研究的习惯、方法，让学生具有较强的科研精神，形成学术志趣，确定新的更远的成长目标。教师也能从毕业设计（论文）的实验和撰写过程中发现学生才干，选拔优秀的学生进入硕士阶段学习，这种机制是京都大学自由的学术生态的重要组成部分，也是学术可持续发展的基础。

学分低学时少。京都大学工科专业毕业学分要求较低，总学分大约 130 个学分，单位学分对应学时数为 15 个学时（不含课前课后 30 个学时）。而昆明理工大学的工科毕业总学分为 200 个学分，单位学分对应学时数为 16 个学时（课前课后没有明确要求）。学分低对课程资源数量要求就少，学生课堂时间占用自然就少，学生学习的自由度相对来说就大得多。学分学时低一方面保证了学生的学习质量和教师的教学质量，不片面追求数量的多少，以质量为目标；另一方面也留白了学生的成长空间，让学生有时间、空间、精力投入到非专业规划领域，为成长提供了更多可能。

外似松内实紧。从形式上看京都大学的学分制比较松散，毕业学分总体较少，毕业设计论文也不重视创新等。但是，其一，高昂的学费、生活费、房租费等对学生造成了一定的经济压力，学生一旦学习懈怠、学习成绩不好，必然会带来更大的经济负担，这就迫使学生珍惜学习机会，确保学习质量。其二，入学门槛较高，京都大学不是每一个学生都能进入学习的，所以学生也非常看重学校的"品牌"效应，自觉努力学习。其三，京都大学的教学和实践任课教师非常看重学生的过程学习，如体育课程，考查学生的锻炼态度远大于考查学生的实际的体育能力，实践实习及毕业设计教师更关注的是科研的过程和资料的查阅，重在学术志趣的引导。这些要求和实际情况铸就了京都大学学生学习外松内紧的特点。

（四）日本京都大学的学分制值得借鉴之处

其一，完全学分制的学制可以基本保持不变。昆明理工大学目前的学年学分制基本学制4年（部分5年），最短修读年限为3年（5年制为4年），最长修读年限6年（部分为7年），与京都大学一致，而且多年来社会对学制3—7年已认可且不存在延长的期望。总体看来，学制不是影响学分制最关键的因素，学制是教育规律遵循的条件之一。如果学制设置太长，得考虑管理平台的数据承受力和学校资源的有效利用率。

其二，学生住宿及管理需要创新跟上时代发展。由于国内体制与国外高校不一样，立德树人的根本任务的落实需要学团部门创新学生管理，在学生住宿、安全、思想政治教育、理想信念养成等方面要积极引导，构建适合国情的学生管理新体系，在注重引导、关心、支持的条件下，构建学生独立成长意识、安全意识、社会责任感、家庭责任感、成长危机感相统一，校内校外相协调的成长环境。在学生住宿上可以探索多种方式满足学生住宿需求，以校内外结合、自主选择与统一安排相结合等方式，在学生的教育管理上，以目标为导向，重视立德树人的结果，创新过程管理模式等引导学生提高自我管理、自我教育、自我服务、自我监督的意识和能力，培养学生形成自我负责的责任感。

其三，重能力重基础降学分降学时留出空间时间。昆明理工大学工科专业毕业要求200个学分，比京都大学多出70个学分，学生课时负担较重，学生个性发展受到制约，学生自学时间和空间受限。考虑留出大学生学习时间和成长拓展空间，让学生有自我描绘发展蓝图的更大的机会，引导培养自我成长的意识和行为。基础课程质量不高，人文、艺术等塑造完整人格的课程仅列在人文素质任选课程，且课程难度较低，不能全面覆盖，对人的全面健康成长支撑力度不够，在这方面可以借鉴京都大学。在课程设置上，特别是基础课程设置上尽量减少功利主义倾向课程设置，考虑多设置一些"无用"之课程，无用之用才是大用，如加大数学、语文、艺术学、心理学、政治学等具有基础性地位的课程开设力度。

其四，科学地加大学术启发在专业选择导向中的引导力度。昆明理工大学属于理工科学校，学生专业选择上大多数学生是以就业为导向，但是不得不承认，大学阶段是人生成长奠定基础的重要阶段，大学专业只是今后成长成才的基础，在今后的工作中专业与职业直接相关的比例并不是很高，"所学非所用，所用非所学"问题仍然突出。昆明理工大学今后在对学生的专业引导上，可以加大学术启发的引导力度，让学生对未来成长有更长远的规划，这样有利于学校优势学科专业吸引更多优秀的学生加入，为学科发展注入新的高质量的血液，这也是学校学科专业可持续发展和学生的持续成长的必由之路。

其五，课程提质整合注重"金课"内涵打造。京都大学每个专业的核心课程数量并不多，但就是这为数不多的课程设置的高校，却成为诺贝尔奖的摇篮，秘诀就在课程建设的质量上。相比昆明理工大学的课程，专业课程设置碎片化，课程数和课程名脉络不清晰、关联度不明确，课程之间各自为政，都以知识结构的完整性强调课程的重要性，造成了课程有机整合度低、课程内容重复率高，学生疲于应付较多课程的考核，无法学深学透，无法形成良好的开拓性、创新性的学习能力。整合专业课程，减少专业课程数量，融入实验实践课程，打造课程难度、挑战度高的"金课"，让学生对课程学习有吸引力、有挑战度、有成就感，有未来继续向上前行的欲望感和自信心。

其六，毕业设计（论文）重视方法能力值得学习。京都大学毕业设计（论文）的撰写值得借鉴，毕业设计（论文）撰写的目的是为学生培养基本的科研设计（论文）写作方法，但并不是说学生只是理论上掌握科研过程，而是让学生在实际的科研过程中掌握科研思维和方法，科研习性与能力形成放在第一位，而本科阶段的成果是放在第二位。结合昆明理工大学的实际，在毕业设计（论文）的撰写上，可以借鉴京都大学，理工类学生四（五）年级阶段，让全部学生进入学院的实验室，全流程参与科学研究的过程，全过程体验科研创新，培养学术志趣，培育科研能力。

总之，对于京都大学学分制管理，经过调研考察学习，我们发现教育质量的提高不在乎"形"，真正的学分制看中的是"质"，特别是学习的质、学术的质、成长的质、提升的质。

二、西北大学调研情况

西北大学位于古城西安，现有太白校区、桃园校区、长安校区3个校区，总占地面积2360余亩。现有23个院（系）和研究生院，86个本科专业。学校现有24个博士学位授权一级学科、37个硕士学位授权一级学科、14个专业学位授权类别。现有教职工2740人，其中中科院院士3人，双聘院士（教授）10人，国际科学史研究院院士1人，"长江学者奖励计划"专家20人，国家"万人计划"项目入选者12人。全日制在校生25467人，其中全日制本科生13526人，研究生7592人，留学生1036人。

（一）调研方式

2018 年 10 月 15 日，为期一天的实地考察学习。

（二）基本特征

西北大学完全学分制于 2017 年 7 月开始推进，历时一年的准备筹划，于 2018 年 7 月开始正式运行。首批面向的对象为 2018 级学生，目前总体框架已经规划，配套改革正在推进。总体特征为学年学分制的升级版，弹性学制、选课制、导师制等这些特征都具备，但与预期目标还有很大的差距，还处在改革初期，目前还处在"立柱架梁"阶段，"内部装修"刚开始，改革同样面临着巨大的压力。

（三）调研观测点

1. 改革目标

专业选择。建立专业自主选择机制，扩大学生跨学科自主选择的范围；目前学生专业选择改革的力度还较小，学校对专业选择只制定比较宽泛的指导意见，具体指标由各学院自定"一院一案"的标准，最多的接纳指标为招生人数的 15%。

学籍注册。建立按学年注册、按学分收费、按学分毕业、按绩点授予学位的学籍与学费管理机制，目前学籍管理模式没有多少创新的内容，还处在探索阶段。陕西省也没有批准按学分收费的政策。

培养模式。"以选课制—导师制"为核心，以重修制、主辅修制、学分互认等为辅助的教学管理模式。导师制建立导师库，学生在导师库内选择，导师库由专任教师、辅导员、管理人员等组成，贯彻"全员育人"的理念，导师的指导也从学业指导扩展到大学生活学习指导。

配套支持。深化教学、人事、财务、后勤和学生管理制度改革，积极整合配置学校教育教学资源，为实现完全学分制改革创造必要条件。反复酝酿，多次征求意见，并将征求意见装订成册，作为支撑材料，下达任务分解书。配套改革教务处涉及 42 项，占绝大多数，充分彰显教务处主导与责任落实的地位和发挥的作用。其他配套改革也作为支撑材料，构成完全学分制的整体框架。

信息服务。完善教学管理及教学信息服务体系，提高教学管理信息化水平，提供便捷的信息获取途径及完备的教学信息服务。目前招标为浙江正方集团，费用为 50 万元，费用较低，不过厂商承诺能够实现相应的技术标准与满足完全学分制的要求。

2. 主要内容

（1）优化本科专业结构。按照"通识教育与个性发展相融通、本科教学与学科建设相融通、拓宽基础与强化实践相融通"的理念，结合学校专业选择、专业建设水平、专业发展前景和就业状况等，调整现有专业结构，建立专业持续发展的生态机制。坚持"统筹管理，分类指导"，指导学院（系）根据教学资源情况和学生的学习表现确定专业方向，引导学生结合自身兴趣、爱好和特长，自主选择专业，加大学习自主权。目前特色并不明显，相比之下，昆明理工大学专业结构优化调整的前期工作做得更好，参考指标较多，我们更应该增强办学自信。

（2）完善人才培养方案。通过优化课程设置，建立"专业准入准出"和"人才培养分流机制"，构建多样化人才培养模式，形成适应完全学分制改革的本科人才培养体系。强化专业对学生基础、能力的要求，相关文件正在研究制定中，参考价值并不大。

①压缩毕业学分要求。毕业学分不超 150 个学分，压缩必修学时，增加选修课时，选修课学分数占总学分数比例不得低于 40%。目标很具体，重点内容不是压缩，而是压缩后的课程内容整合。

②调整优化课程体系。构建适应学分制要求的课程体系，加大课程开放力度，课程结构包括通识通修课程、学科专业课程、开放选修课程、实践教学课程和其他课程。目前课程建设力度不够大，相比昆明理工大学的"金课"打造计划更能促进教学改革。

③增加选修课程比例。加大学生选课指导，增加课程数量，给学生提供更多的选择机会，让学生自主选择课程、教师、上课时间和学习进程，允许学生跨学科、跨学院、跨学校、跨专业、跨年级选修课程。目前尚在理论层面探讨，实际操作并没有体现出来。

④强化实践教学。把创新创业教育融入人才培养全过程，加大实践教学比例，构建以课程实验（社会调查）、课程实习（专业生产实习）、专业实习、学年论文、创新创业教育实践、毕业论文（设计）为主要内容的实践教学体系，培养学生的创新能力和创业意识。

(四)西北大学完全学分制改革的特点

西北大学与昆明理工大学同属于西部省属高校,西北大学办学成果丰硕,较之西北大学,昆明理工大学本科生办学规模更大,实现完全学分制面临更大的困难。从改革目标和内容上看,我们认为西北大学有以下几个特点。

1. 目标明确

西北大学的改革目标就是完全学分制,即实现个性化培养,把选择专业、选择课程、选择教师等一系列的自主权赋予学生,最终实现完全学分制。

2. 理念较新

对于西北大学提出的"专业准入准出"制度理念较新,各专业对学生转专业提出了入和出的要求,在赋予学生转专业权利的同时,也提出了素质、基础、能力的要求。导师选择范围扩展到相关管理人员,建立导师库,"全员育人"理念得到彰显。

3. 稳字当头

西北大学与国内其他高校一样,过去实行的都是苏联式的学年学分制,但从学年学分制向完全学分制推进,都需要一个过程,都不是一夜之间就完全实现的,同样面临着理念滞后、收费体制不畅、学团管理、后勤服务、人事管理、教学资源不能完全配套等方面的限制。虽然从2018级新生开始实行,但改革步伐不大、力度有限。

4. 舆论为先

西北大学学分制从酝酿、调研、方案准备、方案上报、方案征求、意见反馈、落地落实、任务分解、持续推进等方面非常注重舆论引导,充分发挥学校基层教学单位、一线教师参与的积极性和观点的表达,学分制的正式宣布和落实,邀请了教育部高教司、陕西省教育厅相关领导出席,以大会、论坛等方式全方位、立体化的进行宣传造势,也为学分制的真正落实形成舆论正向导向。

(五)昆明理工大学在西北大学的完全学分制改革推进计划中可以借鉴的地方

1. 着眼未来目光更远一点

西北大学提出的学年注册、弹性学制、导师制等一系列的措施,昆明理工大学目前实行的学年学分制已经具备相应的特征，而且专业建设、课程建设、学科竞赛、教师培训等方面的优势也较明显。如弹性学制，昆明理工大学近二十年来每年都有 10 个左右的学生能够提前毕业；自主选择专业，昆明理工大学学生自主选择专业的比例由排名前 5% 扩大到 10%，再到 15%，2017 年已经扩大到 30%，学生的自主选择专业的机制已经很成熟；已经在部分学院实现入学到毕业的全流程导师指导制；等等。昆明理工大学学分制的规划以着眼未来十年对人才的需求为出发点，目光更远一些，步子可以更大一点，筹划更周密一些，忧患意识更强一点，改革的紧迫感更迫切一些、措施力度可以更大一点。

2. 压缩学分力度更大一些

西北大学毕业要求学分为 150 个，与京都大学的 130 个左右的学分已经相当接近，而昆明理工大学现阶段的理工类的毕业学分达 200 个学分，与国外高校和国内研究型高校的学分相比确实高出许多，所以完全学分制的实施重点在内涵建设。

3. 面对未来信心更足一点

按照目前昆明理工大学落实新时代全国高等学校本科教育工作会议精神而研究制订的"3515"行动计划，即分三个层面、五个阶段、采取十五条具体措施深化本科教育改革，将会对完全学分制的推行起到重要的支撑作用。面对规划，学校有信心在专业建设、课程建设、教师发展、学生自由选择权等方面有所突破，成长目标个性化定制的完全学分制目标必将能够实现。

4. 对外宣传力度更大一点

昆明理工大学在专业认证评估、学生学科竞赛、师资力量、国家级实验室等方面有一定的优势，我校实施学生弹性学制、学生转专业的权利与开放力度也不小，但我们对外宣传力度不够，社会对学校的了解不够多。以西北大学为例，近年高调宣布启动完全学分制，以传统媒体、现代媒体、自媒体等方式持续推送，社会、考生及家长反响强烈，咨询和报考人数激增，获得了很好的社会效应。

三、中国香港中文大学（深圳）调研情况

中国香港中文大学（深圳）（The Chinese University of Hong Kong, Shenzhen），简称"港中大（深圳）"于 2014 年经教育部批准设立，办学者为中国香

港中文大学和深圳大学，由广东省人民政府依法进行管理。目前学校在校生 4000 余名，分为经管学院、理工学院、人文学院 3 个学院共 15 个专业。学校长远办学规模为国内外学生 11000 人，其中本科生 7500 人，硕士及博士研究生 3500 人。港中大（深圳）主要面向国内招生（云南也是被招生省份），纳入国家普通高等学校招生计划、参加全国普通高等学校统一入学考试，提前批次录取。

（一）调研方式

2018 年 10 月 16—17 日，为期两天的现场考察交流学习。

（二）调研观测点

1. 治理体系

在管理体制上，港中大（深圳）采用理事会领导下的校长负责制，学校的最高权力机构为理事会，由港中大与深圳大学各委任 8 人组成，理事长由港中大校长出任，有最终决策权。

2. 学科建设

港中大（深圳）已组建完成机器人与智能制造国家与地方联合工程实验室、深圳市机器人与智能制造工程实验室、深圳市半导体激光器重点实验室、深圳市大数据研究院、深圳高等金融研究院、港中大（深圳）机器人与智能制造研究院以及星河 WORLD 港中大（深圳）创新创业基地。总体着眼于未来的科学技术发展。

3. 专业建设

学校开设理科、工科、经济管理类和人文社科类专业。目前本科招生专业包括金融学、会计学、国际商务、市场营销、经济学、统计学、数学与应用数学、计算机科学与技术、电子信息工程、新能源科学与工程、生物信息学和翻译等 15 个本科专业；硕士研究生招生专业包括金融工程、金融学、经济学、会计学、数据科学、翻译、同声传译和供应链与物流管理；博士研究生招生专业有计算机与信息工程专业。专业建设契合经济社会对经济金融、电子通信、能源生物等就业前景好、学历提升空间大的专业。

4. 师资力量

港中大（深圳）教师水平全球一流。截至 2018 年 9 月，学校已引进诺贝尔奖得主 3 名，图灵奖得主 2 名，菲尔兹奖获得者 1 名，中国工程院院士、中国科学院院士、美国工程院院士、美国科学院院士、加拿大皇家科学院院士、加拿大工程院院士等 11 名，IEEE Fellow 13 名，国家"千人计划"专家 15 名，国家杰出青年基金获得者 3 名，长江学者 2 名，广东省领军人才 2 名，深圳市杰出人才 4 名、深圳市孔雀计划人才 58 名，深圳市鹏城学者 7 名等。

5. 招生录取

港中大（深圳）招生录取参加国内统一高考的学生，生源质量较好，排名前千分之一以内的学生有机会被录取。

6. 学时学分

毕业学分要求为理工专业 120 个学分，文科及管理学分稍低一点。每个学分对应学时为 16 个。

7. 学生住宿

港中大（深圳）提供统一住宿，学生也可以选择校外住宿，学校按随机的方式分配宿舍，不按学院专业安排。其初衷是鼓励不同专业学生相互影响相互促进，也为学生多样化选择学习课程提供交流机会。

8. 课程结构

课程分为大学必修（相当于公共基础课）36 个学分、学院必修（相当于专业基础课）10—20 个学分、专业必修（相当于专业课程）及其他任选课程（50—72 个学分）。学校没有专门的毕业设计（毕业论文）和毕业实习的课程，至于设计或论文都包含在平时的普通课程中，学校不组织专门的毕业实习，但允许学生自主到相应的岗位参与实习。

9. 专业分流

新生录取按学院录取（类似于大类招生），第一年在学院内不分专业。第一学年结束后，学生在学院内可以任意选择，但鉴于港中大（深圳）总专业数至 2018 年为止只有 15 个，每个学院的专业数基本在 5 个左右，学院专业分布较为合理。学校也为有意选择学院外的专业提供机会，由于目前办学规模较小，提出转专业的学生也相对较少，学校赋予学生跨学院转出的权利，但必须由转入学院专业考核合格。

10. 导师制

港中大（深圳）实行的是入学至毕业的全程导师制，导师制主要负责学业指导，每个导师每个年级指导的学生约10人，四个年级共40人左右。

11. 课程评价

对教师教学质量评价以学生评价与同行评价为主，学生评价采用最传统的由学校教务处随机抽取时间现场发放纸质调查表，学生现场填写调查表，允许学生不评教。同行评教由同行教师听课并填写评价表格。参考的主要是学生评价。因该校教师均无编制，对于学生反映教学效果差的教师，经学校核实后给予一定时间的提醒和改进，效果依然不好的，学校将直接解聘，有效保障了教学质量。

12. 课堂教学

港中大（深圳）引进的师资整体水平较高，课堂教学质量较高，但是由于生源主要来自于国内，"单声道"课堂教学还是很普遍，特别是理工科课程，学生准备和课堂讨论的情况依然不够理想，但对于经管类课程、人文社科类课程讨论式、研讨式教学开展较好。

13. 思政改革

港中大（深圳）不采用我们的思政体系，思政体系包含在通识课程里面，哲学、经济学、心理学等课程都有，将思政课程全面融入通识课程中。

14. 书院特色

书院制可以为港中大（深圳）充分发挥特色，其教学理念是学生在大学学习期间学院为"父"，书院为"母"。父亲负责知识传授与能力培养，母亲负责德育、体育、美育、劳动技术教育方面的养成与培养，以行为、行动为内容，将育人活动融入书院的日常生活。书院作为学生住宿、生活、成长的场所，提供以生为本、以学为中心的全人教育和关顾辅导，加强师生间的交流和互动，凝聚学生对书院和母校的归属感。书院的导师为校内校外兼职，书院制以导师的人格魅力感召人、以系列积极活动感化人、以跨学院跨专业交流激发人、以文化科技环境引导人，从而达到导师感化、活动引领、环境育人的目的，书院制打破学院藩篱和专业壁垒，导师面对的是全校的学生，学生接触的也是来自各学院各专业的教师。目前港中大（深圳）共设立4所书院，进行以学生为本的教育，有利于最大限度地发挥学生的潜能，培养全方位品学兼优、人文素质高、科学底蕴厚、后发潜力大的开创育人新模式。对于理工科大学特别有值得借鉴的意义。

15. 学分限制

港中大（深圳）也采用了学期选修学分限制，每个学生每学期最高选修17

个学分，学年最高 35 个学分，其目的也是提高学生学习的质量。但如学生确实学习能力很强，也可以通过申请的方式多选课程学习。

16. 预警退学

港中大（深圳）也采取预警与退学机制，退学主要集中在大一，退学的原因主要是出国留学和不适应环境和教学模式的，大二后退学的很少。

（三）香港中文大学（深圳）学分制的特点

港中大（深圳）的办学模式、办学规模与昆明理工大学相差较大，管理模式是效仿本部的，且它的办学规模较小，专业数量只有 15 个专业，运行和管理成本较低。虽然许多指标不在同一数量级别上，但港中大（深圳）的学分制还是具有鲜明的特点。

1. 别具一格

港中大（深圳）结合学科专业特点、办学规模、本部的机制体制，结合国内办学要求，形成了独具特色的办学模式和学分制模式。

2. 以生为本

在专业选择、课程选择、修读年限选择都赋予以学生的特点、兴趣、志趣为本的自主权利。

3. 环境营造

营造了强化教师责任担当的意识，除了对教师的高薪保障外，也建立了较为先进的软环境。教师的工作量、绩效等方面并没有明确的精确量化，而是采用了大家工作基本相同即每年每个教师大概 3 门课程左右。对于教师积极性的调动一方面是学生的肯定（学生评价），另一方面是激发教师爱校乐教的归宿感、荣誉感。

（四）港中大（深圳）学分制对昆明理工大学的启示

1. 课程选课

港中大（深圳）课程建设也没有满足完全学分制的课程需求与供给的 1∶1.5 的比例，而是打破学院壁垒，在保证核心专业课程的前提下，允许学生跨学院选择课程。学生选课也有选课上限，保证学生选课学习质量和课程资源利用率。

2. 书院制建设

书院制打造不同专业不同学院的学生、教师共同学习的"学习圈""生活圈""朋友圈",让优秀的教师导师由学院人变为学校人,让不同专业的学生都变成书院人、学校人,不同专业不同类型的学生相互影响,正向促进,构建全面发展的育人生态。人文素养、科学素养作为昆明理工大学的短板,可以借鉴书院制丰富学生教育管理的内容,提升育人质量。

3. 软环境建设

构建以生为本的育人环境和培育教师爱校乐教、强化责任担当的教师成长的和谐生态环境,实现环境育人、环境成才。

四、昆明理工大学完全学分制的构思

为全面稳妥推行学分制管理,学校调研了一所国外大学、一所西部内陆大学、一所沿海发达地区合作办学高校。高校分布具有区域代表性,办学模式具有各自独立性,办学历史具有长短不一性,办学成效各有千秋。昆明理工大学选择考察学习的高校都各具有一定的参考价值,但都绝不照搬照抄,因为办学环境、办学条件不一样,结合调查研究和学校的办学实际以及昆明理工大学前期学分制的起草工作。昆明理工大学下一步将从以下方面着手。

(一)坚定信心,目标导向,努力实现完全学分制管理运行机制

完全学分制作为普遍认可的先进的高等教育管理模式,已经在全世界很多国家高校建设和发展过程中取得较好的成绩,首先要肯定完全学分制在全球高等教育领域已经获得大多数国家的共同认识。当然由于国情和办学具体情况差异,各高校的学分制没有完全统一的模式和要求。通过对三所高校的考察学习,进一步坚定信心,加强学习先进教育理念和成功管理经验,一定能够建设特色鲜明的满足社会需要的学分制管理体制。昆明理工大学已经有10多年的学年学分制管理经验,在选课制、弹性学制、导师制等学分制该有的基本特征上,昆明理工大学已基本具备。下一步在选课制的范围广度、弹性学制的自由度、导师制的实际效度、课程整合度上做文章,目标是以生为本,以学为中心,尊重个体成长发展。

（二）着眼未来、顶层设计、着眼长远和前沿，满足新时代个性发展需求

昆明理工大学主动适应新时代对人才的多元需求，以"尊重个性特点、满足差异需求、实现多元化成长"为主线。昆明理工大学在现有学年学分制管理体制基础上，继续解放思想，转变观念，革新教育理念，创造条件分步分阶段实现开设专业竞争选、学习年限自主定、开设课程皆可选、规定课程自主选、同课教师自由选、学业导师双向选的自主性、自控性、自构性、竞争性学习模式和育人成长环境，分步分阶段，按照统筹规划、整体设计、分步实施、彰显特色、注重实效、全面配套的原则稳步推进，最终实现全日制本科教育完全学分制。

（三）自我革命、内涵建设、降低学时学分、整合课程资源是建设重点

目前昆明理工大学理工类专业毕业要求200个学分，文科类、经管类180个学分，与调研高校和周边高校相比学生学业负担较重，学生个性成长时间、空间受限。因人设课现象存在，不少课程是任课教师用二十年前的教学方法，面对21世纪新时代的大学生传授五十年前的科学知识，如不改变这样的现状，不建立"课程准入与淘汰"的生态机制，任何改革都是徒劳的，再好的学分制规划也是水中月。下一步的重点是下定决心调整毕业要求学分，整合课程资源，深化教学改革，建立适合新时代本科教育需要和满足学生需求的"课程准入与淘汰"的生态机制。

（四）回归初心、夯实基础学科课程建设，走出专业面渐窄、基础渐薄的困境

作为以工见长的综合性高校，昆明理工大学"工"的特征越来越明显，"理""文""艺"等方面的课程供给越来越弱。目前我国理科专业设置数量几乎没有增长，而工科专业增长数量相当惊人，在实用主义、功利主义的影响下，工科专业越来越受到高校的追捧，而理科专业办学点逐年萎缩，在这样的局面下，工科专业的课程中，基础课程在高校中的地位越来越低，不少专业甚至希望基础课程知识点能够一一对应支撑专业课程点上的需要，实属完全的实用主义和狭隘的功利主义。昆明理工大学应探索基础学团制，加大基础课程的有效供给和高质量供给，回归人才培养的初心，构建适合人成长成才的课程体系。

（五）创新体制、配套改革，保障完全学分制改革

深化人事、财务、学团、后勤等教育教学服务机制改革，有效对接完全学分制的管理体制与运行机制的要求。重点创新学生管理模式，有条件探索学生住宿及教育管理改革，将书院制与学团管理相结合，创新学生管理模式。同时以书院制为抓手实现人文素质、科学底蕴的提高，以学团制与书院制的紧密结合，落实立德树人的根本任务。

（六）构建优势学科专业大部制，支撑学分制

探索建立优势学科专业大部制，为学生在相近领域自由成长提供相应的条件和环境，改变专业面越来越窄的局面。大部制的推行将在现有资源整合的情况下，实现专业课程供给的结构优化和质量提升，为学分制的推行奠定专业课程的高质量供给。

（七）舆论引导，保障师生知情权与参与权，确保改革落地、落实

学分制改革是学校的综合性改革，涉及学校的发展、学院利益、专业利益、教师利益、学生利益等一系列的改革及调整，要充分发挥舆论引导的作用，让各教学单位、职能部门、广大师生有充分的知情权和参与权，也尽可能的集思广益，打开改革思路，构建适合学校发展的"昆工模式"。